大变局与新动力

中国经济下一程

厉以宁◎著

中信出版集团 · 北京

图书在版编目（CIP）数据

大变局与新动力：中国经济下一程 / 厉以宁著 . --
北京：中信出版社，2017.5（2023.3重印）
ISBN 978-7-5086-7362-2

I. ①大… II. ①厉… III. ①中国经济－研究 IV.
① F12

中国版本图书馆 CIP 数据核字（2017）第 052119 号

大变局与新动力——中国经济下一程

著　　者：厉以宁
出版发行：中信出版集团股份有限公司
（北京市朝阳区东三环北路27号嘉铭中心　邮编　100020）
承 印 者：北京诚信伟业印刷有限公司

开　　本：880mm×1230mm　1/32　　印　　张：12　　字　　数：256 千字
版　　次：2017 年 5 月第 1 版　　印　　次：2023 年 3 月第 6 次印刷
书　　号：ISBN 978-7-5086-7362-2
定　　价：58.00 元

目 录

—— 第三章 —— 大变局和新动力

—— 第四章 —— 经济方式必须转变

—— 第五章 —— 市场的道德与效率

—— 第六章 —— 政府和企业该做什么

前 言

寻找红利的"新源泉"

中国的改革已经走过了60多年的历程，现在正处在一个剧烈的变化时期，很多人都关心中国经济的下一程，中国经济的新动力。

关于改革，我过去发表过很多文章，做过很多演讲，也出过一些书。改革不是一次到位，改革没有终点，我们现在要做的不是以后不改革，而是还要不停地改革。

在这本书里面，我将我多年来关于改革的重要看法和观点，重新整理了一遍，对于我们的改革是怎么走过来的，我们在制度、理论上有哪些创新和发展，对于中国当前面临的改革难题，以及未来的红利，都做了一些梳理，希望能让大家对于我们60多年来走过的改革的路有一个整体的了解。同时，我也想再讲一讲我对未来的看法。

我最近一直在强调，中国正在涌现新的红利。这是我们未来改革的新动力。但新的红利不可能自发地涌现。如果没有一种新的体制或新的机制，新的红利就缺乏相应的机制、体制，涌现是不可能的。

红利的新源泉首先蕴藏于新的体制之中。这表明，必须有新的体制，才能产生新的机制，新红利才会出现。新体制、新机制就好像一种新的制度环境，不仅能催生新红利，而且能保护新红利的获得者。

红利的新源泉来自亿万群众和千万家企业的活力。他们也是新红利的获得者。他们在新的体制和机制下，发现了发展机会，同时认识到自己必须抓紧机会而不能放弃机会，这才有可能得到新的红利。

有了新体制，再加上群众和企业有活力，新的红利就会涌现。如何使红利在经济发展中不断涌现并把经济社会引向新的方向，这就要求既不能放松每一个有志于创造和营利的群众和企业的拼搏，也不能把致富和发展的信息局限在狭小的圈子内，必须在新体制的激励下使群众和企业的活力充分发挥出来。

既然新红利首先来自体制改革，那就应当明确近期最需要改什么。近期最需要改革的项目之一，是农村土地确权和农业产业化。关于这一点，我在这本书里前后多次写到它们的重要性。土地确权和农业产业化是 20 世纪 80 年代开始的承包制改革的继续，但最重要的是：当年的承包制没有明确产权，当然也就谈不到农村的合作制和农业的产业化。因此，农村土地确权实际上可以开辟一个新的环境。

近期最需要改革的另一个项目是供给侧的结构性改革。在企业改革方向，结构性改革是十分迫切的。首先要形成有活力、有竞争力、产权明确的企业，包括国有企业、国家控股企业、混合所有制企业和民营企业，这样才能涌现新改革红利。正是供给侧的结构性改革，才能完善企业主体，才能降低成本，才能调整结构，才能创新，从而才能有改革红利。

这两个项目的改革取得明显的成果后，会给中国带来改革红利，也就是普遍的红利。农村土地确权及此后进一步的改革，不同类型企业成为有活力企业后的进一步措施，都会带来改革红利。二者是并重的，缺一不可，二者都是新常态下最重要的改革。在讨论新改革红利时，一定要把保护产权放在重要位置。国有企业通过改革明确产权，民营企业应明确产权，对私人投资形成的产权进行保护。

新人口红利的涌现，实际上表明人力资本的升级以及由此带来的新优势。这里一个重要的经验是，“教育不公平→就业不公平→收入不公平→生活不公平→下一代不公平”的恶性循环将被打破，这是新人口红利产生的前提。劳工市场也会随之变化。无论农民的人力资本存量增加，还是农民的人力资本增量增加，都是农民人力资本的升级。

在农村，土地确权的改革会造成成千上万农民成为有知识有能力的“职业农民”。通过农村土地确权，农民不再是一种身份，而变为一种职业，或称为“职业农民”。他们可能成为“家庭农场主”，并通过土地流转（租赁、转包）扩大规模；也可能引进合作者，解决资金不足、农业科技不足和农产品销路不畅等问题。“城归”是新现象，是人力资本的新突破。这样，农村中的新人口红利就涌现了。

新人口红利的另一个来源，就是职业技术教育推广所带来的

“新工匠精神”。农村土地确权以后，农民外出务工的积极性增加了，而且也放心了。这就会继续吸引农村劳力外出。但21世纪以来多年的经验告诉人们，社会上缺乏的是技术工人，是工匠。所以职业教育的推广是必然的，这就是新人口红利的另一个来源。

科学研究队伍的壮大和发展是水到渠成的事情，这会不断带来新的“人口红利”。科学研究队伍的壮大和发展会提供新的人口红利，这是毫无疑义的。这取决于两方面的工作进展。一是教育的发展和教育质量的提升；二是科研力量的优化配置，动员各方面的科学人才，使科研成果有创新、有突破，这样就会有源源不断的新人口红利。

新科学技术、新工艺、新设备、新产品，无一不来自创新，而创新，又无一不与创意有关系。先有创意，然后有创新和创业。只有新科学技术的发明还不等于创意和创新。

创新只有在市场竞争中才能实现，垄断条件下，任何创新都没有必要性，甚至没有可能性。垄断，不仅扼杀了创新，而且扼杀了创业。但如果完全没有垄断，只有市场竞争，那么企业都处于观望状态，等待别人发明创新，自己盗用。所以垄断是有一定积极意义的，这就是：对于发明创新需要保护知识产权，容许一定时期的专利。

政府在创新中的作用主要在于：规划、引领、反垄断，以及支持创新主体、创新活动。规划是最重要的，如果缺乏规划，科技创新活动难以取得成绩，特别是难以走向世界前列。这需要政府来领导规划的制定。中国的科学技术的进步就是证据。

创新不可能停止，因为市场竞争不会停止，竞争者既来自国内，更来自国际。科技创新即使有成绩，也不能忽视市场竞争一直存在，包括国内的竞争和国际上的竞争。对于这些竞争，不用担心，竞争既是压力也是鞭策，因为创新活动不会停顿。

资源红利是指土地、矿产、水资源等方面的优势，一旦供给趋紧，这种优势就会消失。在经济发展前期，土地、矿产、水资源等资源丰富与否，是当时各个国家走上工业国道路发展实力强弱的反映。当时列强之间的争夺，与掠夺廉价资源有关。这种情况至今没有根本改变，所不同的只不过是采取合同方式或合资经营来掩盖掠夺、独占的行为。

新资源优势来自科学技术的不断进步，也就是说新资源优势来自技术创新。但不管怎样，原有资源处在枯竭过程中，人们不断依赖科学技术去发展新资源。新的资源红利随科学技术进步而产生。对稀缺资源、资源替代品的研究和开发，已经取得越来越多的成绩。可以认为，新资源红利同新科学技术红利是不可分的，新资源红利也可以被看成是新科学技术红利的组成部分。

水、土地、矿产等资源，只要是在技术创新条件下就不会枯竭，因为总有替代品。所有资源之所以不会枯竭，如果从人类社会的特殊性来看，可以找出三个原因：第一，人类社会从古至今，始终有寻找稀缺资源替代品的愿望和对策；第二，人类社会从古至今，还一直在选择原材料和饮食原料，不停地舍弃不易得到的资源；第三，人类社会从古至今，还在利用不断迁移，甚至远距离迁移，来避免资源供给不足的困境。

因此，新资源红利同样是创新的产物，不停创新，新资源红利就会长存。新资源的发现，利用和产生新的红利，是社会经济不断发展和壮大的保证。这对世界不同国家都是重要的。可以说，不会转换资源选择和开发利用的国家，最终必然落后、衰落。

社会和谐红利的特殊性主要体现在三个方面：一是它是无形的，而不是像其他红利那样，通过某个主体行为而表现；二是它是累积而形成的，或者说它可能是通过持久的工作而逐渐形成的；三是它是无声无息扩散的，默默地影响人们、渗透到人们之中，从而形成一种社会风气。

收入分配制度的改革，实际上是社会和谐红利涌现的前提，医疗保健的新措施也如此。要实现社会和谐，既要深化收入分配制度改革，又要扎实推进医疗保健制度改革，这两方面的改革都同民生问题紧密相连。具体来说，如果社会上收入差距过大，以及医疗保健制度改革迟缓，都会影响社会和谐，使社会和谐红利显示不出来。

社会资本是一种无形资本，是一种人际关系，人们相互信赖的关系。也就是说，社会资本来自诚信。没有诚信，社会资本不存在，社会和谐也不存在，从而也就谈不到社会和谐红利的涌现。

社会和谐红利之所以是影响最深远的红利，是因为它同广大人民群众密切相关。社会和谐红利的产生，实际上与所有的改革有关。这就是说，所有的改革综合在一起，最终必定带来社会和谐红利。社会和谐红利是国内经济社会发展和稳定的成果。

以上提到的新改革红利、新人口红利、新科学技术红利、新资源红利和社会和谐红利是互相关联的。新的红利不止一种，但各种红利一直是相互联系的。它们作为改革的成果，可能相互启发，相互促进。这是规律，但任何规律都必须在实践中经受检验。这样，新红利就能被人们所熟知了。“失败为成功之母”，不完全正确，思路要改——“成功为成功之母”，这是对的。

所有这些红利今天仍处于刚开始涌现或即将涌现的阶段，但这已是很好的开始。刚进入21世纪时，国内不少人担心旧红利会陆陆续续消失，但就在这个时期，新的改革开始了。例如农民工流动、农民工学技艺、农民工创业相继增多，新的人口红利涌现了。又如，改革的深化，特别是党的十八大以后，新改革红利、新科技红利、新资源红利不断涌现。因此，人们的信心增加了。

所有红利都依赖于我们的创造，创造既指“从无到有”，也指“推陈出新”。“从无到有”，提出新产品、新能源、新设备，当然属于新创造。“推陈出新”，使已有产品增加功能，使已有设备更有效，使新能源采掘更容易、用途更广泛，这些同样是创新。重要的不是生产要素重组，而是信息重组。21世纪是信息重组时代。

只要不停地有新红利涌现，我们就不用担心我们的经济和社会会衰退。经济发展到一定阶段，原有发展方式的不足之处就会相继反映出来，这就是红利丧失的主要原因。但只要不停地有创意、创新、创业，发展方式就会更换，新的红利就会出现，经济就会又上一个台阶。创新可以因发展阶段不同而不停出现，这就是前景。全世界皆如此，无一例外。

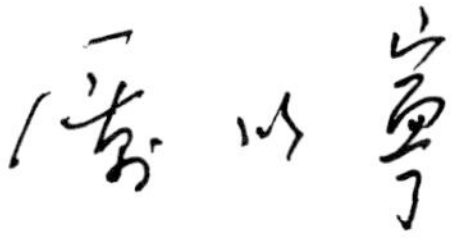

第一章

改革走过的路

60 年回顾和当前的改革[①]

中国的三次突破

第一次突破是 1949 年的制度更替。1949 年以前中国长期是半封建半殖民地制度，到 1949 年中华人民共和国建立，我们很快就进入社会主义阶段，并最后建成社会主义计划经济体制。这是一种制度替代另一种制度，社会主义制度替代了半封建半殖民地制度。

第二次突破是 1979 年开始的体制转换。1978 年底十一届三中全会以后我们在体制上开始转换，开始从社会主义计划经济体制转到社会主义市场经济体制。这 30 年我们基本上已经过渡到市场经济这条道路上。改革尚未完成，今后还要继续在健全和完善社会主义市场经济体制方面努力。

第三次突破是 2003 年以后经济增长模式的改变。在此以前，我

① 本文创作于 2009 年 10 月。

国的制度和体制已经确定。2003 年我们开始转变经济增长模式。从前的增长模式是速度型的而不是效益型的，是粗放型的而不是集约型的。传统的发展观支持和支撑了以往的经济增长。2003 年以后我们逐步做到以科学发展观来指导经济增长。科学发展观和传统发展观的区别体现在四个方面。

第一个区别：传统的发展观重物轻人，重物质生产，而对人并不是特别重视；科学发展观把“以人为本”作为原则和指导思想。

第二个区别：传统发展观重生产轻生活；科学发展观关注民生问题，致力于提高经济增长质量。

第三个区别：传统发展观把 GDP（国内生产总值）看成是最重要的，甚至是唯一的，不管是粗放型还是速度型，目的只是提高 GDP；科学发展观认为 GDP 是重要的，但是绝不是唯一的，因为经济增长是基础，必须要发展，但是不能只以 GDP 为主，而应该重视经济增长的质量。

第四个区别：传统发展观不重视可持续发展，从某种意义上讲，这种速度型的发展就是掠夺型的发展，就是竭尽能源换取发展；科学发展重视的是经济和社会可持续发展，重视节能减排、保护生态，走循环经济的道路，强调这样才能做到社会的可持续发展。科学发展要树立这样的信念——环境不是我们这一代所独有的，而是我们跟子孙后代所共有的；资源也不是我们这一代所独享的，而是我们跟子孙后代共享的。我们必须走循环经济的道路。

循环经济至少有四个特征：

第一个特征：要充分利用资源，不能浪费资源。比如一个铜矿，里面可能有各种伴生的矿，不能只开采铜而其他都不要，必须要综合利用和充分利用资源。

第二个特征：尽量减少废水、废气、废渣的排放。

第三个特征：要从已经排放的这些废水、废气、废渣中回收可以利用的物质。比如废水中还有很多东西可以提炼，废气中还有很多东西可以回收，废渣也不完全是废物，比如煤矸石就可以用作建筑材料或者燃料。

第四个特征：实在无法利用的就应当做无害化处理，不能乱丢，比如深埋等。我们要保护生态，保护子孙后代的健康。

现在我们正面临一个挑战，即环保的概念有所延伸和发展。这也是当前经济增长方式转变中要注意的问题。以往我们的环保着重的是有没有毒，比如产品中是不是含有农药，产品是否安全、可靠，或者废水排出去以后是不是有危害人的健康的东西，环境是否清洁、安全。近年来环保标准已经改变，即使没有毒的东西也不能胡乱排放。比如二氧化碳的排放跟气候变暖有关系，如果大量排放就可能最终导致气候变暖，这对全人类都是灾难。

现在已经不再是有没有毒的问题。二氧化碳没有毒，但是会影响到人类的未来，关系到人类的生存。所以在这种情况之下，就要实行低碳经济，碳排放分存量和增量两个方面，我们工业化起步比较晚，历年排放二氧化碳的量加起来不多，可是我们的增量很大。这是国际谈判的重要指标。国际上认为我国现在排放得多，可是我们过去排得少，存量少。但是如果不注意，增量就会慢慢地变成存量，也许将来某一天世界其他国家就会抵制中国产品的出口，他们会说我们的产品不符合低碳经济的标准。所以我们的增长方式必须转换。现在还没有大突破，但是方向已经定了，我们正在改变经济增长方式。

这就是我对 60 年的简单总结。

一分为二地看计划经济

1949 年我们开始循序渐进推行计划经济，到 1979 年体制转轨刚好是 30 年。我们应该怎么评价实行了 30 年之久的计划经济呢？

首先，得承认这是历史环境造成的。1949 年中华人民共和国成立，当时发达国家对新中国是抵制的，不跟我们来往，所以我们主要跟苏联阵营和部分第三世界国家来往。我们当时可以学习的，并且跟中国能够联系上的、对中国有帮助的，就是苏联十月革命以后建立的计划经济体制。在当时受到封锁的历史条件下，我们很自然地向苏联学习。

此外，我们从国民党那里接过来的是一个烂摊子。国民党时期私营经济不发达，主要的大矿山、钢铁公司、铁路都是官僚资本的，也就是国营的。大矿山和大钢铁企业都归国民党的资源委员会管。我们把这个摊子接过来，当时不能设想卖掉这些国有企业，因为外国人不会来投资，中国的私营企业又都很弱，当时也没有考虑过这个问题，当然只能学苏联搞国有化。

对计划经济时代，我们要一分为二地评价。在当时这既是必需的，也是必然的，我们只有走这条路。苏联援助的 150 多个项目都是国有企业，这为我们以后的工业发展奠定了一定的基础，应该予以肯定。但是也应该看到，计划经济体制存在问题，主要是效率比较低，也没有真正解决公平问题。

在革命胜利以前，社会主义者的著作大都在宣传资本主义有各种毛病，都认为计划经济能够解决资本主义的两大问题，将来革命胜利了一定要实行计划经济。

一是短缺问题。凡是建立社会主义的国家，都是生产力还不发达的国家，并不是如马克思当年所讲的在发达的资本主义基础上建立社会主义。比如十月革命的俄国是西方帝国主义国家当中最不发达的一个国家；中国就不用说了，半封建半殖民地社会。在这种情况下，只有通过计划经济组织全国的生产，安排各种原材料的分配，在短期内使经济上去，解决短缺问题。

二是资本主义社会不平等问题。通过计划经济能够把重要的生产资料都组织起来，原材料经过配置，最后产品也得到公正分配，贫富差别就可以缩小，于是公平问题就能够解决。

但后来的实践证明，这两个设想是不切实际的。为什么？

首先，实践证明计划经济不能解决短缺问题。

第一，要解决短缺问题，就必须调动生产者的积极性，可是在计划经济体制下企业没有积极性。因为计划体制下的企业不是真正的市场主体，不过是行政机关的附属物；个人在平均主义分配模式下也没有积极性。生产者没有积极性怎么能够使产量大幅度上升，解决短缺问题呢？

第二，增加供给，就是要增加有效供给。有效供给必须建立在市场基础上，要满足市场需求。而计划体制是排斥市场的，完全是根据计划实行的，增加的供给中有一部分是无效供给，生产了就积压在仓库。无效供给不仅解决不了短缺问题，反而使短缺更加严重，因为资源被浪费了。

第三，增加供给，就必须增加投资。投资应该是有效投资，生产出来以后能够提高生产力，能够满足市场需要，然而计划体制下很多投资是无效投资，因为这种投资不承担风险，躺在国家身上吃大锅饭，所以很多投资迟迟不能形成生产力。这就浪费了资源，使资源短缺更严重。

第四，计划体制是一个封闭的体制，在封闭体制之下不能实现资源的转换；而市场体制是一个开放的体制，可以实现资源转换。例如，瑞士是一个小国和山国，资源很贫乏，可是瑞士资源不短缺，因为它实现了资源的转换，利用很好的旅游资源换取外汇，购买它所需要的任何东西。日本是一个资源不足的国家，要铁没有铁，要石油没有石油，煤也不多，可是日本资源不短缺，因为第二次世界大战以后的日本，依靠自己的高科技换回自己所需要的东西。而计划体制下的苏联尽管地大物博、资源很丰富，可是体制封闭，短缺很严重。

根据以上四点，当初设想计划体制能够解决短缺问题，不符合实际。凡是实行计划经济的国家没有一个是不短缺的。这就说明历史事实否定了计划经济能解决短缺问题。

其次，计划经济能解决公平问题，同样不符合实际，也从四个方面来分析。

第一，什么叫最大的公平？共同富裕是最大的公平。计划体制下连短缺都不能解决，这怎么能达到共同富裕呢？贫穷不是社会主义，如果贫困很普遍，就不能够实现最大的公平。

第二，机会均等是公平。什么叫机会公平？运动场上大家站在同一条起跑线上，谁有多大本事就跑多快。也就是说出发点是相同的，差别是竞赛能力。而计划体制下不是这样，比如百米赛跑，有些企业和人在起跑线上，有些得到照顾在起跑线之前 60 米，有些受到排斥，在起跑线之后 40 米，还有些不让参加比赛，这公平吗？三四十年前的多数年轻人能够上大学吗？即使他成绩好，也由于各种原因被剥夺了机会，大家不能站在同一条起跑线上。1977 年以后恢复高考，让一切有资格来参加考试的人都站在了同一条起跑线上，这就是公平。

第三，生产要素的充分流动是公平。今天社会上有很多农民企业家，这些农民企业家从哪来的？过去怎么都默默无闻？过去不可能有成绩，因为生产要素不让流动，他被束缚在生产队里，不能自由流动，不能到城里来找工作，更谈不到自己创业。而改革开放以后，走向市场经济，农民企业家有发挥自己长处的地方，经过多年的努力有了一定成就。生产要素不让流动是极不公平的表现，计划体制下就是这样。

第四，计划体制下最大的权力是分配的权力，分配的权力就掌握在那些机构和负责人的手里。比如说当年到农村插队的有好几十个知青，上面来了 10 个招工指标，给谁不给谁完全由当地的领导说了算。送礼、走后门就是从这个时候开始的。所以说分配权力的滥用是极不公平的表现。

因此，苏联从成立到解体，计划经济实行 70 年，依然是一个既无效率又不公平的国家。

我们对计划经济体制应该有一个清醒的认识，既要承认当时的历史必然性，肯定它起过的作用，同时又必须认识到体制转换的必要性。

体制改革有利于社会主义制度的延续

一个社会可能有两种或者更多的体制。比如，西欧的封建社会是一个刚性的体制，贵族是贵族，农奴是农奴，贵族世世代代是贵族，农奴世世代代是农奴，没有人身自由。这个看起来好像挺硬的体制，实际上就跟一个铁锅一样，禁不起砸，一砸掉在地上就碎了。在西欧封建社会的刚性体制下，每个庄园都能够自给自足吗？不能，因为很多东西它没有，庄园不一定能生产好的武器，不一定有好的马匹，不靠海边没有盐，必须到市场去购买，而且没有钱，因为你生产粮食别人也生产粮食，你生产葡萄酒别人也生产葡萄酒，你生产橄榄油别人也生产橄榄油，你有什么东西好卖？所以说没法捞钱。大农场主就想方设法捞钱去买东西。有一个办法，就是让那些有手工技巧的农奴，别在田里干活，到外面去，会做鞋的做鞋，会织布的织布，赚了钱以后回来交租就行了。有一批农奴就离开了，聚集到集市上，形成了城市。最早的市民都是农奴。城市一旦建立就要争取自己的独立地位，就要自治，于是逃亡农奴就往城市里跑，城市就聚集了越来越多的人口。这样，西欧封建社会就出现了城市这一新的力量，城市市民就是最早的市场经济主体。城市慢慢壮大起来，资本主义就代替了封建社会。

中国情况就不一样，在魏晋南北朝时也是典型的刚性体制，上面是豪门望族，下面是一般老百姓，做官的都在上面。但是从隋朝以后就开始转变，比如科举制度，家里再穷，只要考取了科举就可以做官。而官员的儿子如果没能考取功名，即使家里有钱，但也不能做官。欧洲庄园是领土，领土不能分散，一分散势力就会变弱，就会被别的庄园吞并，因此欧洲的土地是一子继承制，或者大儿子，或者最小的儿子，很多国家是传给长子，但也有一些国家是传给幼子，因为幼子是最弱的，哥哥们到外边去闯吧。古代中国的土地是分家制度，如果做官赚了 3 000 亩地，5 个儿子一分，一人 600 亩，5 个孙子又一分，一人 120 亩，再往下分，不断分就变得平衡，社会在不断流动。经过中晚唐五代二百年过渡，中国封建社会体制从宋朝开始转变，已经变成一个弹性体制的封建社会，以科举制度为基础，做官不能世袭，商人可以买地，社会可以不断流动。接下来，从北宋 10 世纪开始到 20 世纪初，中国封建社会延长了 1 000 年。如果不是鸦片战争，外来强大力量摧毁了封建社会，中国封建社会可能还要延续一段时间。

这表明，西欧的封建社会刚性体制不改，很快就出现城市，结果是推翻了封建制度；中国的封建制度在体制上改了，结果中国封建社会就延续下来。不改体制丢掉制度；改了体制，制度就保存下来了。西欧的封建社会刚性体制不改，资本主义就出来了；中国的封建社会到宋朝最后变成了弹性体制的封建社会，封建社会还是封建社会，制度还不变，但是延续下来了。

同样，如果社会主义制度不改体制，计划经济体制再继续保留下去，可能就会遭遇苏联那样的状况。中国体制改了，社会主义还是社会主义，但是制度做了调整，这样中国的社会主义就可以延续下去。

经济改革的开头“三板斧”

在中国的社会主义制度下进行体制改革，从哪里着手呢？中国的经济改革是怎样开始的？

计划体制很牢固，中国的改革应该说是从计划经济链条的最薄弱环节突破的。计划经济最薄弱的环节在农村。农村跟城市不一样，城市的生产是国家管制的，生活是国家包下来的，比如城里人只要愿意工作，服从分配，哪怕种树、修路、打扫卫生，30 多元一个月工资就有了。生活上也是，再怎么物质短缺，有粮票、油票、鸡蛋票、肉票，一个月 3 两也好、5 两也好，反正都有。但农村就不一样，农村生产是管制的，生活则不包，所以在农村，被逼得没办法了，安徽凤阳小岗村 18 户农民在油灯下签了协议，搞承包，这就是后来的联产承包制度。中国的农村改革就开始了。

农村改革开始，几年之后农贸市场什么东西都有了，农村的劳动力也富余出来。富余出来的劳动力想办法到城里找下脚料，靠村里的劳动力生产产品，到上海大城市找退休工人来指导，乡镇企业开始兴起。20 世纪 80 年代初，火车、长途汽车上到处都看得到推销员提着包，带着样品找地方推销，于是在计划体制外出现了一个乡镇企业产品的市场。接着在靠近香港的深圳建立经济特区，按市场规则运行，高楼一栋栋起来，短短几年内深圳全变样。在市场经济下我们的经济一样可以高速度发展，内地的发展速度不低于香港。

家庭联产承包责任制的推广、乡镇企业的兴起、经济特区的建立，这就是中国改革开放初期进行的三项重要改革。这好像是给平静的水面丢下三个石头，从此中国经济激起层层波浪，再也不可能回去了。

企业改革是经济改革的关键

从 1984 年开始，农村改革了，乡镇企业兴起了，经济特区也建立了。这时人们盯着城市怎么改。

两种改革思路就开始出现。一派认为，要改价格。跟穿衣服一样，第一个扣子扣错了，所有下面的扣子全错了。第一个扣子在哪里？就是价格。因此放开价格就行了。当时国外专家以联邦德国为范例，也推崇这种办法。第二次世界大战前，联邦德国经济很强，可是战后联邦德国被英、美、法占领，物价飞涨、物品短缺、匪盗猖獗、失业严重，怎么办？西德在美国的帮助之下进行改革，把物价全部放开。果然西德经济就乱了，但是经过几年之后的恢复，20世纪50年代中后期就开始复苏。外国专家就建议，西德能这么改，中国为什么不能这么改。

当时国务院准备采纳这个方案，各种方案都在酝酿怎么放开价格。在这个紧要关头，1986年4月底，北京大学在办公楼礼堂举办五四科学讨论会，由我做了一场报告。这场报告叫“改革的基本思路”，人山人海，我的座位后面全是人，窗子上都是人。我的报告第一段话就提出，中国经济改革失败可能就是由于价格改革失败，中国经济改革想成功必须依靠所有制改革的成功。改所有制就是要改企业，从企业改起。那场报告反响热烈，国外报道中国出现了另一种改革思路，就是改所有制。

那年夏天，我带几个学生到哈尔滨去讲学，讲完之后本来是黑龙江有一些招待活动。但是课刚讲完，大家就要准备第二天坐火车的行装，因为北京来电话催我连夜回北京，谈谈为什么不主张改价格。当时我的汇报是这么说的：

第一条，西德是个私有制经济的社会，企业都是私营企业，把价格放开，企业就会自我调整，优胜劣汰，经过这关，西德经济就可以发展。但是中国不行，中国是公有制，企业都是国有企业，国有企业定价格要听上面的，如果亏损还是国家埋单。所以条件不一样。

第二条，西德是在美国援助下搞的改革。当时有马歇尔计划，物价上涨之后，通过进口面包、面粉、黄油、汽油，就可以稳定物价。中国的改革不可能寄希望于哪个西方发达国家，它们不可能大量地援助我们。我当时感觉这两个理由很充分了，但是似乎没有打动听我汇报的领导，于是就提出了第三条、第四条。

第三条，根据马克思主义辩证唯物主义的原理，内因是变化的根据，外因是变化的条件。放开价格是改善环境，改革的内因是企业改革；不改企业，价格怎么能起作用。

第四条，根据马克思主义政治经济学原理，生产第一性，流通第二性，生产决定流通，流通反作用于生产。中国的价格改革是流通领域的改革，而关键是生产领域的改革。不改企业，不改生产领域是不行的。

最终价格改革暂停，方向转到了企业改革，推行股份制。可是股份制的推行波折很多，有重重阻碍，几次受到批判。1992 年邓小平南方谈话，说市场西方国家有，我们一样可以有，不好将来再关嘛；股份制西方有，我们一样可以有嘛。于是开始做试验。到十五大，中央正式提出股份制是公有制的一种实现形式。

因此，价格改革不是整个改革的出发点，而是整个改革的最终成果，价格全部放开是改革的最终成果，到现在还要继续改，比如有些资源价格要放开。但是企业改革是关键，企业改革最重要，要重新塑造社会主义经济的微观经济基础。

中国经济“刹车容易启动难”

当前中国经济改革和发展需要注意的第一个问题，当前的经济回升的基础还没有牢固，宏观经济政策最近也不必急于变动。

回升基础不牢固主要有三个方面的原因：

一是目前的经济回暖靠投资带动，而投资带动的只是中间需求，并不是最终需求。投资所需求的是用来再进一步生产的原材料，而最终需求是民间的消费。

二是投资中又以政府投资为主。政府投资对民间投资有挤出效应，政府投资多了反而把民间投资向外挤了。应该是政府投资带动民间投资，不能挤它，而要带动它。

三是某些指标还不理想。其中有三个重要指标不理想。第一个指标，2009 年后半年港口的集装箱吞吐量虽然比年初要好，但没有恢复到过去水平，这主要是因为我们无法决定对外贸易，它受到欧美国家复苏缓慢的影响。第二个指标，公路上货柜车的通行量不如以前，这表明国内各省之间的运输没有恢复到以前水平。第三个指标，厂房的闲置率还比较高。这主要是我们在广东调查所得出的看法。过去港澳台的投资撤走了，厂房马上就被租用，因为新盖厂房慢，买现成厂房要快一些；但是现在不同，投资撤走了，厂房长期闲置在那。这就表明外资来投资的愿望不如以前，所以说基础是不牢固的。

但是目前更重要的是结构问题。现在流动性偏大，不是量的问题，而是结构问题。要注意两方面的问题：

一要注意让信贷的量真正进到实体经济，而不能停留在虚拟经济当中。我们在外面调查遇到的情况是，很多大企业不想借钱，可是还要借给它，因为银行有任务。结果钱没有进入实体经济，而是进入股市楼市，还在虚拟经济中。

二是中小企业的贷款难问题。中国中小企业范围太广，雇 3 000 人以下的都叫中小企业，雇 10 个人的也是中小企业，这么大一个范围，全国 99% 是中小企业，大企业很少。我们去调查，他们告诉我，中小企业贷款有的给了，给的是中等偏上企业。中等的、中等偏下的、小企业很难贷到款。我们在广东省跟那些企业家谈，平时流动资金还是需要的，小企业贷不到钱怎么办？因为我是教授，他们讲话比较随便，说你不知道，我们只能全借高利贷，高利贷利息很高，政府也不管。我们到工商局反映，工商局说这些借贷是双方自愿的，是签了协议的，我们不管。

这个方面需要改革。2009 年全国政协会上有一个委员曾提出，要细分中小企业，中等就是中等，小就是小，不能混为一谈。小企业还要分出微型企业，就是雇 10 个人以下的或者自己单干的最小的企业。大银行对大企业，中等银行对中等企业，小银行对小企业和微型企业，指标细分。现在含混地讲中小企业，结果贷款的全是中等偏上企业。

围绕宏观经济政策（积极的财政政策和适度宽松的货币政策）究竟要不要变这一问题，学术界有两种观点。第一种观点认为应该变了，因为重点应该转到防止通货膨胀的反弹。假如在这种情况下通货膨胀又来了，就应趁早防着；现在货币政策再这样适度宽松是不行的，要开始调整。但另外一方意见认为，现在不宜变动，因为通货膨胀现在还没有迹象，消费品价格现在是平稳的，个别的生产资料价格有所上升。

考虑到经济回升的基础还不牢固，特别是存在结构性问题，宏观经济政策暂时还需要继续不变。但是这不等于不可以微调。可以进行微调，在某些方面适当地调。也不是说一直不变，而是要再观望一下。

中国经济的特点是怕冷不怕热，稍微热一点没有太大关系，但是一冷以后，什么问题都出来了，比如就业问题。中国经济跟一辆汽车一样，刹车容易，起步难，你让它刹车，一踩刹车马上就停了，但是启动很难，发动半天也发动不起来。

原因何在？刹车的主导权在政府，政府把财政闸门一关，货币阀门一关，马上就刹住了；但是经济的启动需要民间消费、民间投资的带动；民间不消费、不投资，只观望，政府一点办法也没有。如果对经济前景没有信心，三年不买衣服、不换电器、不换家具，日子照样过。

解决就业问题要靠民营企业

第二个问题，就业始终是中国最大的问题。

经济学中有一条规律，叫作经济增长和就业增长的不对称性。这是美国经济学家奥肯提出来的，称为“奥肯定律”。经济开始滑坡，就业并不会立刻滑坡，就业滑坡是滞后的。因为经济滑坡了企业不会裁员，要观望一段，现在把人都裁了，万一接到订单以后怎么办。如果过一段时间实在没有订单，就业率就下来了。经济上涨，就业率也不会立刻上升。因为企业会先使用现有人力，发挥他们的潜力，不急于招人；等潜力发挥得差不多了再开始招人。所以经济增长周期和就业周期是不对称的。而且由于技术在进步，人均资本的装备率在提高，对工人技术水平的要求比以前也更高，每一次经济增长所需要的劳动量并不多。我们一定要懂得这个规律。

我们还要懂得，中国就业有自己的国情和特点。2008 年 11 月，国际金融危机已经发生，我在西欧跟那边的经济学家开座谈会，西欧的经济学家就提出一个问题：西欧国家年增长率保持在 2%~3% 就心满意足了，不会发生就业问题，因为退休的工人下去了，岗位空出来了，新达到就业年龄的工人就填补上去。西欧如果发生就业问题，那不是本国工人的就业问题，而是北非来的移民的就业问题。他们不理解中国为什么非要保持经济增长率 8%。

我的回答是，你们的工业化已经有 200 年，农村劳动力都释放完了，农业人口比例很小，而且都是有家庭农场和住房的农民，生活过得还可以。另外，城乡社会福利的待遇也是一样的，农村的社会保障跟城里一样，他们没必要进城。

中国不一样，中国城镇化率只有 45%，农村人口 55%，农村户口的人数比例比这还要高，因为农民工进城以后还是农村户口。20 世纪 80 年代中期或以后出生的新生代农民工跟老的农民工不一样。80 年代中期出来打工的一些农民工，文化水平不高，初中或者小学毕业，但是打工目标非常明确，在外面挣了钱回家盖房子、讨老婆，是要归根的。新一代农民工根本就不想回农村，他不是为了收入，主要是因为农村跟城市居民的待遇相差太大，他们要留在城里，取得跟城市人一样的待遇。如果中国的城镇化每年提高一个百分点，意味着 30 年以后我们才达到 75%。一个百分点意味着 2 000 万人要进城找工作，有那么多工作岗位吗？新生代的农民工要取得跟城市人一样的待遇，孩子要在城里上学，住房、医疗、社会保障都跟城里人一样，所以就业压力很大。

这个问题怎么解决？国家投资修公路、修铁路，解决了一部分就业，可是不能解决现在的农民就业问题。因为现在沿海一带企业倒闭了，出口加工企业倒闭了，那些回乡农民去修公路吗？他在外头干了十来年，30 岁到 40 岁，习惯了城市生活，在工厂里有了一定的技术，修公路他是不去的。修公路是另一批人，18 岁到 20 岁的，男的。修公路又能增加几个人呢？办个大钢铁厂、办个大工厂能安置几个人就业？

现在如果放宽政策，让小企业、微型企业能够融到资，公平准入问题解决，将会吸收大量劳动力。全国的个体户上千万，日子好一点，每个个体户找一个亲戚来做帮手，每一个小企业增加几个学徒帮工，就可以解决几千万人的就业。就业问题不是靠国家自己投资解决的，主要靠政策。把融资政策解决了，个体户税负减轻一点，正常情况下工作有保证，就业马上就会增加。

农民工回乡以后，如果田租出去了，租约没有到期不能把田收回，一般人也不愿意务农了，怎么办？创业吧。在县城住、在镇上住，自己出一点钱，有一点积蓄，亲戚朋友帮助一点，再给他一点小额贷款，几万块就够了，开个小店，办个小作坊，就可以维持下来。比如，在沿海服装厂工作过的，开个裁缝店没问题；在沿海鞋厂工作过的，开一个卖鞋、修鞋的小店也没问题。或者在村里办一个养鸡场、养猪场，也可以解决自己的就业，但也得有贷款。

当前林权制度改革是一个大事情，林权制度改革可以说相当于1979年的农村联产承包责任制。1979年农田承包了，山林没有动。当时刚改革开放，人们担心政策说变就变，今天赶快砍树，砍完以后再种；如果过几年再砍，可能什么都得不到了。林权承包（包山到户）一直拖了好多年才开始试点，2008年中央才有政策规定。中国的耕地18亿亩，中国的集体山林25亿亩，一家可以包好几百亩。现在到福建、江西、湖南去看看，那里林权制度改革走在前面，情况都变了。因为林权承包讲的是70年不变，中央文件写着呢，所以现在大量地种树，爷爷种树让孙子辈砍。湖南种的是油茶树，果子可以炼油，茶油比橄榄油的营养价值还高。农民又增加收入，又满足市场的需求，而且生态效益大。所以整个都变了，林下经济发展起来，养鸡、种蘑菇、种药材，有竹子的地方编织一些东西，热火朝天地搞。林区需要的劳动力很多，这是解决就业问题的一个大办法。所以福建、江西从沿海一带回来的农民很多都上山了。这种情况对中国就业是有好处的。

大学毕业生就业怎么解决，当然现在有各种办法。全国政协开会，有委员介绍服务业外包的经验，这是中国劳动力能够充分发挥才能的地方。西安一个博士生毕业，专门替美国人的仓库值班。因为中国的白天是美国的夜晚，仓库要有人看，在美国夜晚上班工资要高很多，成本太高，就找中国人看。中国人不用去美国，全部通过电脑网络，很多电视探头，上班就坐在电脑前面，如果有可疑的人出现，在第几个探头下照到了，哪里冒烟了、失火了，可以直接给当地警察局、消防队打电话，通知他们赶快来查。这个工作，大学毕业生一训练就行了。

重庆则有一家公司专门做网络诊所，给日本人看病。日本人相信中医中药，可是到中国来看一次病太贵，网上看病费用大大降低。那边透视、血液检查报告、CT、核磁共振图片出来了，在中国诊断，网上开药和邮购。服务业外包可以干的事情挺多，大学生不用怕没地方就业。中国人一般是勤奋、肯干，而且成本比外国低。

中国就业问题应该得到充分重视。现在全国新增劳动力的75%，是民营经济吸收的。解决就业问题最大的基础还在民营企业，这一点一定要注意。

发展转型和自主创新

第三个问题，经济发展方式的转型，从粗放型变成集约型，从速度型变成效益型。

现在美国应对国际金融危机，把经济转型放在重要地位。为了将来在市场有更大的竞争力，连美国都在积极转型，我们一定要重视这一点。经济转型一定要花时间、花精力，要投资。大家都有这个愿望，我们的经济最好是 V 字形的走向，滑下来就立刻上去。

但是，这不容易做到，因为这不由我们自己决定，而是受到欧美国家市场复苏影响。它们复苏慢，我们哪能一下就上去呢？而且一下来就上去也没有什么好处；没完成转型，上去有什么好处？还是跟过去一样，将来旧病又会重犯。所以宁肯上去慢一点，变成 U 字形的，在下面待的时间长一点再上去。这样可以在 U 字下面这个阶段进行经济转型。美国都正在转型，我们再不转型，在国际市场中能有多大竞争力呢？

经济转型的主体是企业，而不是政府。规划、指导、服务，这是政府的作用。

下一轮经济我们突破口在哪里？很多自然科学家、工程方面的专家、经济方面的专家在政协几次讨论，一般认为有四个突破口。

第一个突破口就是新能源。新能源会带动整个运输行业的全部改造。他们设想小汽车用电池，太阳能电池、风电电池、锂电池、氢电池等，目的是要把汽油省下来，或者至少一半用汽油一半用电池。他们还设想，将来电瓶一定要减小体积，一下班或者一回家，汽车一停就可以回家充电，第二天就可以继续开。

第二个，新材料。在新材料方面我们有很多意想不到的突破，比如中国的建筑材料，形状可能全部都变了，有智能控制的新材料，冬天保暖、夏天凉快。还有装备制造业的新设备也采用了新材料。

第三个，生物科技。生物科技的影响面很大，医疗、卫生当然是一个方面，食品也是一个方面，包括将来吃的蔬菜、牛羊猪鸡鸭肉，随着生物科技的发展可能会变得又安全、又营养。

第四个，环保产业。环保问题越来越重要，环保产业能带动整个经济的改造。

新能源、新材料、生物科技，加上环保产业，是我们将来经济转型的突破口。

第四个问题是自主创新。大家都谈自主创新，实际上在过去长期对自主创新重视不够，这点一定要充分注意。有两个例子很典型。

第一个例子，20 世纪末，中国彩电在世界上占据领先地位，但是传统电子管式的彩电很快被液晶的、平板的彩电所替代，而日本在液晶、平板彩电方面领先。自从液晶、平板彩电出来，我们就落后了，现在正在追赶。当初我们疏忽了这一点。

第二个例子，也是 20 世纪 90 年代末，我们的照相机居世界前列，可是我们也是忽略了自主技术创新，几年以后，数码照相机代替了传统的光学照相机，日本、韩国在数码技术方面走在我们前头。现在的数码相机，不是日本的，就是韩国的，没有中国生产的。世界领先地位被占领了，世界市场被占领了。所以我们要吸取这个教训，一定要加快自主创新。

自主创新问题对于品牌来说也至关重要。大家都已经认识到，品牌是靠自主创新来支撑的，没有自主创新的品牌不可能维持多久。有的企业家觉得自主创新跟自己没多大关系，我是劳动密集型企业，自主创新是科技型企业、资本密集型企业要做的。不对，劳动密集型企业同样要自主创新。

这次我们去广东调研，做玩具的，传统产业；做服装的，传统产业；做鞋的，传统产业。有的企业说我在设计上创新，先有创意再有创新，这样就能够占领市场；还有的企业做玩具，在原材料选择上有突破就能打开市场；还有的企业在环保方面有突破，别人对环保的重视不如他们，他们的产品就好销；有的企业营销方式有创新，内部管理有创新，等等。所以说即使是劳动密集型企业，也要重视创新问题。因为没有自主创新，就创造不了品牌；即使有了品牌也难以保持。

最后一个问题，培养新型的企业家队伍。

时代在变，整个世界在前进。作为一个企业家，如果停留在过去认识的基础上，就不能适应当前的要求。应该注意到怎样才能不断跟上时代，做一个新型企业家。

新型企业家首先要认识到，企业做精是最重要的。小而精也是精，做精是第一。先不谈做大、做强，先做精。做精可大可小，小有小的好处，大有大的好处，但在精的基础上，做精就做强了，做稳就做大了。很多企业发展很快，一下子就垮了，为什么呢？大而不固，所以做精、做强、做稳、做大，这是最重要的。“小富靠勤奋，中富靠机遇，大富靠智慧”，这三句话对每个企业家都很重要。只要站得高、看得远，思路是新的，那就能够大富。

最后讲一个故事。树上停了一只鸽子，树下躺了一只蝎子。蝎子抬头跟鸽子说话，我想过河去，可是我没办法，你背我一段路飞过河吧。鸽子说可以背你，可是你别扎我，你扎我，咱俩都会掉下来摔死。蝎子说，你要命，我也一样要命的，不会扎你的。于是鸽子就下来，蝎子就爬到它背上。飞到半空中，蝎子扎了鸽子一下，鸽子就掉下来了。鸽子说，叫你别扎我，你看我俩都得死。蝎子说对不起，对不起，这是惯性，扎惯了。所以以后蝎子再要鸽子背它过河，两个同时都说，我们是同命运、共生死的，这样就能平安地飞到对岸。我们很多地方政府不知道民营企业如果垮了，地方政府首当其冲，地方政府税收减少了，失业增加了。但是地方政府管惯了，就要管你。所以说应该学鸽子跟蝎子的故事，地方政府和民营企业是同命运的，应该共同把地方经济搞好。

中国股份制改革的回顾与前瞻

股份制改革设想的提出

尽管新中国成立前在中国已经有了股份制企业和证券市场，但新中国成立后，这些都相继退出了历史舞台。1979 年中国经济体制改革刚起步时，国内的企业主要是国有企业，另一部分是集体所有制企业。国有企业是政府直接控制的，产权并未明确地界定，政企不分，生产和销售都由政府规定，企业根本没有投资权和自主经营权。简单地说，企业只不过是政府的附属物。至于集体所有制企业，同样是产权不清楚不明晰的。产权归于谁？谁是投资人？“集体”概念一直是模糊的。这些企业实际也归政府控制，生产和销售同样纳入政府的计划，企业不是自主经营者。这就是改革刚开始时的状况。

1978 年 12 月中共十一届三中全会召开后，中国的经济体制改革起步了。股份制也在悄悄地推进。这同农村家庭联产承包责任制的试验和推广有关。农村家庭联产承包责任制大大调动了农民的生产积极性，农产品供给丰富了，农村中多余的劳动力转向非农业。于是乡镇企业兴起，不少地方的农民自发地采取集股的方式，组成了股份制的乡镇企业。当时流行的两句话就是："以资带劳，以劳带资。"这些股份制的乡镇企业就是改革开放以后中国股份制企业的雏形。1980 年 1 月，中国人民银行抚顺支行代顺红砖厂面向企业发行 280 万股股票，获得成功。这是改革开放后银行代理股票发行的最初尝试。

经济理论界参与有关股份制讨论，据我所知，最早是 1980 年 4~5 月在北京由中共中央书记处研究室和国家劳动总局联合召开的工资与劳动就业座谈会上。这次座谈会有一个明确的目标，就是要经济学家们就形势严峻的就业问题提出政策建议。的确，当时的就业压力很大，因为历年上山下乡的知识青年纷纷回城了，回城青年有 1 700 万人，再加上没有上山下乡、继续留在城市的青年 300 多万人，一共 2 000 万人以上，他们被称为"待业青年"。他们急需找到工作，但工作岗位远远不足，所以有的城市就发生了"待业青年"包围市政府、请愿等事件。经济学家们在会议上各抒己见。在会议上我提出，可以号召大家集资，以入股形式组织新的企业，也可以让企业通过发行股票增资，扩大规模，以此解决就业问题。会上，林子力同志问我：那么中国就会出现股票交易所了？我的回答是：只要实行了股份制，股票流通就是正常的，股票交易所的建立是迟早的事。

隔了三个月，即 1980 年 8 月，中共中央和国务院召开了全国劳动就业会议。股份制问题在会议上被热烈讨论，被看成是缓解城市就业压力的一项重要对策。这时，赞成股份制的经济学家很多，据我所知，于光远、童大林、冯兰瑞、蒋一苇、董辅礽、王珏、赵履宽、鲍恩荣、胡志仁等学者都同意推行股份制，认为实行股份制是一个好办法。1984 年 10 月，中共中央十二届三中全会召开，改革的重点从农村转入城市。从这时起，有关股份制改革的讨论进入了一个新阶段。城市改革从何着手？重点何在？当时成为主流意见的是放开价格的思路。

“休克疗法”常被人们谈起。“休克疗法”是 1949 年联邦德国经济改革的做法。第二次世界大战结束后，英、美、法三国占领联邦德国，苏联占领民主德国。联邦德国经济混乱，物资奇缺，通货膨胀，失业严重，不得不实行物价管制和凭票证供应的做法。1949 年起，联邦德国进行了经济改革，主要的措施是：放开价格，听任市场调节。这样，虽然经济乱了一阵，但在市场机制起作用的条件下，经济逐渐稳定下来，几年之后，联邦德国经济转入复苏和繁荣。这种做法就被人们称作“休克疗法”。所以有些经济学家认为：既然联邦德国的经济改革有成效，为什么中国不实行“休克疗法”呢？放开价格的思路当时被国务院领导接受了。

1985 年，国务院有关部门着手制定价格放开的方案，并准备在 1986 年起实施。于是就引起了两种改革主线之争。两种改革主线（一是价格改革主线，另一是企业改革主线）之争在 1986 年公开化了。

1986 年 4 月末，我在北京大学办公楼礼堂做了一场题为“改革的基本思路”的报告。报告中指出：中国经济改革的失败可能是由于价格改革的失败，中国经济改革的成功必须取决于所有制改革的成功，也就是企业改革的成功。报告中还指出：企业改革的目标模式就是股份制。至此，我已经不再把股份制仅仅看成是集资和扩大就业的方式，而是把股份制的实行看成是推进中国市场化改革的必要条件，认为只有通过股份制改革才能重新构造市场经济的微观基础，才能完成市场化改革。尽管价格的改革是必不可少的，但价格的放开将伴随市场化改革而逐渐推进，价格的市场化是整个经济体制改革的最终成果，而不是经济体制改革的出发点。

我的这一改革思路引起了当时中共中央和国务院的重视。在向国务院领导汇报时，我解释了为什么不宜实行价格放开。联邦德国是私有制国家，价格一放开，私营企业就根据市场状况自行调整，企业兼并重组和优胜劣汰使联邦德国经济将走向复苏。中国则是一个公有制国家，价格放开只能导致通货膨胀和经济混乱，达不到体制转轨的作用。我还进一步分析，如果国有企业体制不改，即使放开了价格，一旦局面不好收拾了，一夜之间可能重新管制价格，退回计划经济老路上去；而企业的股份制改革则不同，可以分期分批推进，走一步是一步，不断总结经验，不断推进改革，因此看起来不像价格改革那么“激进”，但这种“渐进”却是稳妥的。甚至可以说，它貌似“渐进”，实际上是一种根本性的改革，因为它改变了中国宏观经济的微观基础。

几经波折的股份制改革

虽然价格改革主线和企业改革主线之争仍在继续进行，但从1984年到1986年，股份制改革却一直持续未停。1984年10月，上海市政府发布《关于发行股票的暂行管理办法》；同年，北京市开始了天桥百货公司股份制改革的试点；1985年，广州绢麻厂、明兴制药厂、侨光制革厂三家国有中小企业进行股份制改革试点；1986

年 12 月，国务院发布了《关于深化企业改革、增强企业活力的若干规定》，允许各地少数有条件的国有企业进行股份制改革。

1986 年 11 月，我随胡启立同志到四川考察，准备以四川作为股份制改革的试点。当时，重庆市仍属于四川省。我在成都和重庆做了两场有关股份制试点的报告。担任中共四川省委书记的杨汝岱同志很支持把四川作为股份制改革的试点。为什么会选择四川作为试点呢？一是因为四川的国有企业数量多，二是因为这些国有企业中有一些是重要的大型企业，有影响。

胡耀邦同志是支持股份制改革的，以四川为试点进行股份制改革，得到他的同意。然而，当我们从四川考察回来以后，才两个月，胡耀邦同志辞去了中共中央总书记的职务，股份制改革受到了一些人的严厉批判。在这种形势下，股份制改革受挫。1987 年 5 月份，企业承包经营责任制正式出台。人们都议论道：企业承包经营责任制是股份制改革的代替方案。实际上，股份制改革与企业承包经营责任制不是同一个层次上的问题。可以从三方面来加以说明。

第一，股份制改革使国有企业产权清晰和投资主体多元化，这样，改制后的公司将以独立商品生产者的身份活跃于市场上，企业自主经营，投资人自负盈亏。于是社会主义宏观经济就有了与市场相适应的微观经济基础。企业承包经营责任制则完全回避了产权界定和产权明晰化这一关键问题。

第二，股份制改革使企业不再成为政府的附属物，政府只能依据法律法规来规范企业的运行，而不能像计划经济体制下那样直接操纵企业、干预企业。这样，市场经济的规则就起作用了。企业承包经营责任制则不然。在企业承包经营责任制之下，企业仍然不能摆脱政府附属物的地位，从而导致市场经济体制无法确立。

第三，通过股份制改革，企业关心投资人的利益，既包括投资人的近期利益，又包括投资人的长期利益，企业的发展是有机制上的保证的。企业在承包制之下，只可能考虑近期利益，因为企业承包经营责任制到期以后的情况是不可知的，于是，承包以后企业很可能出现短期行为，拼设备，拼资源消耗。这既不利于企业自身的发展，又不利于国民经济。

这些都是我当时对企业承包经营责任制的批评意见。当时经济学界坚持企业承包经营责任制的杨培新同志，同我私交不错，往来也多，但在股份制与承包制的争论中，我的观点一直是十分鲜明的，寸步不让。

企业承包经营责任制在胡耀邦同志辞职后终于全面铺开，效果不好，这是预料之中的事情。1987 年 10 月，李铁映同志作为国家体制改革委员会主任，提出由各种不同观点的经济学家带头，建立课题组，提出方案。我是北京大学课题组的组长，带领一批年轻教师和学生进行调查、研究、分析、讨论，最终拟定了三年、五年、八年的改革方案，报送给国务院。在这个方案中，我们提出，尽管企业承包经营责任制已经推行，但这绝不是长久之策，要尽快过渡到股份制，把明确产权放在首位。股份制作为企业改革的目标模式，是我们的方案的核心。

正是由于企业承包经营责任制没有什么成效，所以到了 1988 年夏天，国务院又回到了价格改革为主的做法上来。为了使“价格闯关”顺利进行，为了防止出现通货膨胀，准备采取“控制货币，物价放开”的措施。然而，消息一传开，在全国范围内发生了挤提存款、抢购商品的风潮。而“控制货币”实际上是做不到的，因为“控制货币”至多只能抑制投资，但挡不住人们利用手头的现金和动用储蓄存款来购买商品。不得已，政府又宣布暂停物价放开，改行“治理整顿”。这一“价格闯关”的失败，证明了在市场缺少自负盈亏、自主经营的市场主体的条件下，以价格改革为主线的改革思路是行不通的。

企业承包经营责任制不灵，“价格闯关”又行不通，国务院再度回到了股份制改革的道路。1989 年 3 月底，在北京的一些经济学家接到了国务院有关部门的请柬，要求认真准备，参加 4 月 27 日在中南海召开的有关股份制改革的座谈会。但谁都没有想到，胡耀邦同志在 4 月 15 日突然去世，形势骤变，原定 4 月 27 日召开的座谈会参加者寥寥无几，什么问题也解决不了。接着，90 年代初，股份制再一次遭到批判和质疑。从这时起，对股份制的否定和质疑，实际上是两个层次的问题。

对股份制持否定态度的人认为，实行股份制就是实行私有化。他们说，如果在中国实行国有企业的股份制，无异于把中国引入资本主义道路。对股份制有疑问的人，怀疑股份制是否适合于中国的问题。他们认为：

第一，中国经济是复杂的，不宜采取股份制。股份制不解决问题，反而会弊端丛生，如侵占国有资产，导致国有资产流失。

第二，即使股份制作为一种形式可以被采用，那也只适合于集体所有制企业和一些中小型国有企业，大型国有企业是无法采取股份制的。

第三，即使股份制作为一种形式可以被采用，那也只适合于新组建的企业，并且仅限于一些无关国计民生的新企业，原有的国有企业不宜采取股份制。

在这段时间内，我仍然坚持自己的观点，即认为要建立市场经济体制，必须重新构造微观经济基础，而股份制改革是必由之路。值得庆幸的是，在这段时间内，股份制改革在实践中仍在推进。1990 年 3 月，国家允许上海、深圳两地试点试行公开发行股票。1990 年 11 月，上海市政府颁布了《上海市证券交易管理办法》；1990 年 12 月，上海证券交易所和深圳证券交易所先后成立并开始营业。 1991 年 5 月，深圳市政府颁布《深圳市股票发行与交易管理暂行办法》。1991 年 8 月，作为中国证券业的自律组织中国证券业协会在北京成立。到 1991 年底，有 8 只股票在上海证券交易所上市，有 6 只股票在深圳证券交易所上市。

中国股份制改革在艰难中继续前进，反映了股份制是适应时代潮流的。在这个关键时刻，迎来了邓小平同志 1992 年的南方谈话。邓小平同志在深圳视察时指出："证券、股市，这些东西究竟好不好，有没有危险，是不是资本主义独有的东西，社会主义能不能用？允许看，但要坚决地试。看对了，搞一两年对了，放开；错了，纠正，关了就是了。关，也可以快关，也可以慢关，也可以留一点尾巴。怕什么，坚持这种态度就不要紧，就不会犯大错误。"①邓小平同志的南方谈话，大大激发了全国人民建设社会主义市场经济体制的热情，股份制改革经过了几度波折之后，终于迈上了加速前进的道路。

证券法的起草、讨论和通过

1992 年，在邓小平同志南方谈话之后，全国人大常委会在万

① 《邓小平文选》第 3 卷，人民出版社 1993 年版，第 373 页。

里委员长建议下，任命我担任证券法起草小组组长，负责起草证券法。这是第一个由专家担任组长起草的法律。股份制和证券方面的专家，被聘为起草小组顾问或成员，他们是董辅礽、江平、曹凤岐、高西庆、王连洲等人。小组花费了好几年的时间逐条起草初稿，并赴香港考察。我们还注意吸收国外证券法的经验。证券法草案经全国人大财经委员会讨论通过后，由财经委主任委员柳随年同志在全国人大常委会宣读起草报告，进入全国人大常委会立法程序，提请全国人大常委会审议。

证券法的制定同国有企业股份制的推进，尽管有十分密切的关系，但还不能等同起来。这是因为，证券法被通过并实施以后，标志着中国的资本市场走向规范化，有利于企业股份制的规范化发展，然而，究竟有哪些企业实行股份制改革和上市，这不是证券法所能决定的。假如改制为股份制和上市的公司仍然是一些中小型的企业（包括国有企业和非国有的），社会主义市场经济的微观经济基础的重新构造工作依然没有完成。因此，在证券法审议过程中，国有企业的股份制改革仍须加大力度。《邓小平文选》第 3 卷出版以后不久，一天下午，江泽民同志专门找我及中国社会科学院的王家福同志、国务院发展研究中心副主任陆百甫同志三人到他的办公室，一起讨论股份制问题。我从经济学角度谈了在中国推行国有大型企业股份制改革的必要性和可行性，王家福同志从法律学角度谈了企业股份制推行过程中所涉及的问题，陆百甫同志从改革研究角度谈了如何推行企业股份制的问题。江泽民同志最后说，我在上海市工作的时候就赞成实行股份制，现在也一样，可是现在只是一些中小企业在搞股份制，要搞就搞大的。目前有些领导同志对国有大型企业如何实行股份制还有些疑虑，所以要统一思想认识。

关于股份制扩大试点范围以及如何把国有大型企业纳入股份制改革的序列，在 1997 年召开的中共十五大报告中做了明确的规定。报告中提出："股份制是现代企业的一种资本组织形式，有利于所有权和经营权的分离，有利于提高企业和资本的运作效率，资本主义可以用，社会主义也可以用。不能笼统地说股份制是公有还是私有，关键看控股权掌握在谁手中。"这是一次思想解放，因为理论上有所突破，对计划经济时期一直牢牢支配人们思想的传统公有制概念有了重大的修正。从 1980 年算起，到 1997 年已经 18 年了。国有大型企业的股份制改革跃上了新的台阶，人们不再被股份制企业姓"社"还是姓"资"的争论束缚手脚了。

紧接着，证券法草案经过多次审议，于 1998 年 12 月由全国人大常委会通过，并于 1999 年 7 月 1 日实施。在正式表决的前几天，李鹏委员长找我询问有关证券法中还有哪些问题需要完善。我说，任何法律都不可能是尽善尽美的，以后肯定还会做些修改，但能够提请全国人大常委会审议通过，已经是一大成绩。最终证券法以高票通过。

从 1999 年起，国有大企业的股份制改革工作大大加快，上市公司数目也日益增加。中国的股份制改革进入了全面铺开的快车道。

从双轨制转向单轨制

股权分置改革证券法实施以后，中国股份制改革和资本市场发展中面临的一个重要问题，就是如何从双轨制转向单轨制。这是一个必须及时解决的问题，但又是一个相当棘手的问题。

双轨制是指股份分两类：流通股和非流通股。双轨制的形成是有历史原因的。如前所述，中国企业的股份制改革是在计划经济体制开始有所松动，但仍然在经济中占据主导地位的情况下起步的。当时唯一可以被政府部门接受的方案，就是“先增量股份化，后存量股份化”。具体地说，国有企业改制为股份制企业并上市后，增发的股份是流通股，可以在股市中交易；原来的资产虽然折为股份，但不上市、不流通。流通和非流通股并存，就是股份制的双轨制。我曾在《所有制改革和股份企业的管理》一文中写道：“把原有企业的资产分为两个部分，一部分是企业原来已经拥有的资产，另一部分是企业新增的资产。前一部分资产暂不实行股份化，后一部分的资产则是通过股份方式集资的。很明显，这是一种过渡的措施，但就我国目前的全民所有制企业而言，这种过渡的措施是必要的。”① 双轨制的确是一个过渡性措施，这是因为，国有企业的股份制改革在 20 世纪 80 年代中后期遇到的阻力很大，如果不采取存量暂时不流通的做法，国有企业的股份制改革就难以起步。换句话说，如果中国当时就实行全流通的做法，除了一些集体所有制企业可以上市以外，国有企业是无法突破重重阻力而实行股份制改革的。

国有企业的股份制改革终于在双轨制的条件下启动了。从邓小平同志南方谈话之时算起，到 21 世纪初，大体上用了 10 年左右的时间，国有企业的股份制改革取得了很大进展，资本市场也初具规模，但双轨制造成的问题也越来越明显，或者说，双轨制留下的制度缺陷也暴露得越来越突出。在证券法通过几年后，全国人大财经

① 厉以宁:《所有制改革和股份企业的管理》，载《中国经济体制改革》1986 年第 12 期，第 28 页。

委员会组织了证券法执法检查，周正庆同志和我分别率组到上海和深圳调研、检查工作。我们发现，双轨制最大的问题是上市公司的机制并未真正转换，国有股占大头，通常高达60%~70%，有的上市公司甚至高达80%~90%，股东大会根本开不起来，董事会清一色是国有股持有方派出的，同一副面孔，同一种声音。上市公司的机制没有转变，就达不到股份制改革的目标。结果，增量股份化变成了公司圈钱的手段，增发一次股票就圈一次钱。1999年以后，虽然曾经采取过国有股减持的措施，但并不成功，一是国有股减持并未改变双轨制的总体格局，也未能消除双轨制的制度性缺陷；二是只要双轨制继续存在，即使进行了部分企业的国有股减持，新上市的公司又会使非流通股总量继续上升。因此，2002年6月，财政部和证监会宣布停止在A股市场减持国有股。作为替代方案，股权分置改革出台了。这是2004年初的一件大事。

股权分置改革实际上是股份制第二次改革，它要解决的主要问题就是要把股份制的双轨制变成单轨制，即把流通股和非流通股的分置改为全流通股。改革中遇到两个障碍：第一，有人认为，一旦把国有股从非流通股转变为流通股，国有资产转让，甚至流失的大门就敞开了，这岂不违背了国有制主导的原则？第二，国有股从非流通股转变为流通股时，要不要由非流通股持有者给流通股持有者以一定的补偿？有人认为，如果非流通股持有者给流通股的持有者以补偿，这岂不是国有资产的损失，国有资产为什么要承受这种损失呢？

经过经济学界的激烈争论，终于形成了这样一种看法：一方面，国有股从非流通股转变为流通股是完善股份制和资本市场的重要举措，并不等于国有资产的流失，国有股的监督管理机构会依照法律来妥善处理这一问题。如果国有股继续处在隔绝于资本市场之外的非流通状态，不仅对国有资产本身不利，而且也不利于国民经济。另一方面，国有的非流通股转变为流通股的过程中，非流通股持有者给流通股持有者以一定的补偿是有根据的：因为当初国有企业改制为上市公司时都在招股证明书或上市公告书中承诺，其公开发行前股东所持股份暂不上市流通，从而所发行的股票才得以按较高的价格出售。现在，国有股要从非流通股转变为流通股了，这就违背了当初的承诺。按照中华人民共和国合同法的规定，这是一种违背合同的行为，违背合同的一方给另一方带来损失的，应当给予赔偿。所以，在非流通股持有者同流通股持有者之间做出相应的利益平衡的安排，是有法律依据的。至于补偿多少，则由市场决定。股权分置改革方案终于得以实现。到 2006 年底，中国股份制的第二次改革基本完成。

中国资本市场有待继续完善，股份制改革有待继续推进

资本市场的继续完善和股份制改革的继续推进，二者是紧密地联系在一起的，它们之间有着互为前提和相互促进的关系。

（一）多层次的、完善的资本市场体系的建设

一个多层次的、完善的资本市场体系，除了包括主板市场以外，还应当有中小企业板市场、创业板市场、未上市的股份制企业的场外交易市场等。完善的债券市场和证券期货市场也应包括在内。在中国现阶段，有必要及早着手多层次的、完善的资本市场体系的建设，汲取国外成熟的资本市场的经验。股份制继续推进与此

密切相关。

这里首先需要提到民营企业的股份制改革问题。民营企业在初建时，规模一般不大，而且主要是家族企业。家族经营制在企业规模不大时是能够发挥积极作用的。家长多数是能人，有凝聚力，所以家族企业成长较快。但企业规模扩大以后，家族经营制的局限性便暴露得越来越充分。家长个人支配企业的做法越来越不能适应新的形势，家长的经验可能是财富，更可能成为包袱，成为发展中的障碍。因此，达到一定规模以后的家族企业，改制为股份制企业是一种明智的选择。如果资本市场的结构单一化，对这些民营企业的发展是不利的。如果资本市场是多层次的，那么它们根据企业自身的实际情况，可以在主板市场、中小企业板市场、创业板市场和未上市的股份制企业的场外市场中做出选择。多层次的、完善的资本市场体系的建设将大大促进民营企业的发展，并为民间资本开辟广阔的活动空间。

还应当提到，一些高等学校毕业生或科技人员很可能走上自主创业的道路，自主创办企业。他们有自主创业的热情，也可能有科技方面的研究成果，并且还能吸引创业投资公司或创业投资基金的关注和资本投入。这同样需要有多层次的、完善的资本市场体系作为他们的活动平台，其中有些可以进入创业板市场，有些可以先在未上市的股份制企业场外交易市场上进行股份转让。这将会大大调动人们创业的积极性，调动企业自主创新的积极性，促进自行创业和自主创业，对国民经济的发展十分有利。

进一步而言，建立多层次的、完善的资本市场体系后，民间资本将被充分调动起来，它们将源源不断地进入各个层次的资本市场，实现金融资源的有效配置。直接融资的比重将迅速增加，从而将改变中国经济发展中历来偏重于或大部分依赖于银行贷款的现实。产业结构的调整、经济增长方式的转变、经济增长质量的提高，将因资本市场体系的多层次和完善而加快速度。一切股份制企业，不管是已经上市的还是尚未上市的，在多层次的、完善的资本市场体系建立后都会感到市场竞争的压力，因为投资者“用脚投票”的选择更加方便了。效益差的股份制企业在这种形势下不得不奋起直追，否则将被投资者们所抛弃；而效益好的股份制企业将能融到更多的资本，它们将更上一层楼。这一切都有利于国民经济的又好又快发展，有利于社会经济的可持续发展。

（二）上市公司治理结构的完善

股市能否走好，主要取决于两个因素：一是宏观经济形势良好，二是上市公司质量普遍提高。这两个因素都重要，但其中第一个因素即宏观经济形势是否良好问题，不是企业自身所能决定的，它同国民经济运行有关，受到经济增长率、就业率、通货膨胀率、国际收支状况变动等因素的影响；而其中第二个因素即上市公司质量问题，则同上市公司的经营管理和核心竞争力、赢利能力有关，也同上市公司治理结构是否完善有关。

股份制改革的继续推进，不只是使更多的企业改制为股份制企业和上市公司，还包括促进上市公司治理结构的完善。上市公司治理结构的完善，是指让股东会、董事会和监事会真正起作用而不是流于形式。应当强调上市公司的独立性必须得到切实的维护，上市公司资金严禁被侵占，诸如20世纪90年代时常发生的上市公司募集资金的不规范使用、上市公司资金被侵占、上市公司违规对外担保、上市公司编报虚假财务会计信息、上市公司的高层管理人员因缺少监管而使上市公司遭到损失、上市公司财务管理混乱而导致股东利益受损等情况，将通过上市公司治理结构的完善和管理制度的健全而得到遏制。

问题还不仅限于此。完善上市公司治理结构是促使中国资本市场规模进一步扩大和投资于股份制企业的人数不断增加的重要保证。这是因为，在公司治理结构不完善的条件下，投资者的信心是不足的，他们既担心上市公司的资金被侵占或被违规运作以致流失，又担心控股的股东不顾小股东的利益直接干预上市公司的事务，担心内部董事与外部董事、董事会与监事会之间没有相互制衡的作用，担心上市公司高层管理人员不受约束，为所欲为，使投资者的利益受损失。投资者信心的下降或者丧失，也就是资本市场上人气的消散。常言说得好，人气易散不易聚。一旦人气消散，投资者失去信心，对资本市场的发展是非常不利的，同时也不利于上市公司质量的提高。这就更加表明上市公司治理结构完善的迫切性。

（三）行业垄断的打破和公平竞争格局的形成

国有大型企业的改革将继续推进，除了要加强公司治理结构的改革与调整外，打破行业垄断也是重点之一。国有大型企业往往依赖自己在某些行业的特殊地位，获得垄断利益。这种情况不仅对市场经济体制不利（因为领域不能自由进入，妨碍了公平竞争格局的形成），而且对居于垄断位置的国有大型企业同样是不利的（因为它们放松了对自主创新和改进经营管理的要求，躺在特殊地位上享受既得利益，享受优惠政策，享受其他各种好处）。从这个意义上说，打破行业垄断应当成为下一阶段改革的迫切任务。

要打破行业垄断，必须允许领域的准入。这就是说，除了法律有专门规定的以外，领域应向一切有资格的进入者开放。同时，上市公司的并购重组活动应当加大透明度，由市场规律来主导，由参与的市场主体权衡利弊做出决策，行政部门只依法管理而不应直接干预，这才符合公平竞争的原则。

行业垄断打破后，中国证券市场的结构会相应地发生变化。这是因为，行业垄断主要产生于资源开发行业和交通运输通信行业。此外，金融行业中实际上也存在类似于行业垄断的现象。这些行业的上市公司基本上都是国家控股的特大型企业，它们的股票在股票总体中所占的权重过高，不利于资本的合理配置。领域开放公平竞争的格局形成后，国家控股的特大型企业的股票所占的权重会逐渐下降。同时，民间资本进入资源开发行业、交通运输通信行业和金融行业后，将会出现这些行业进一步发展的局面。这无论对国民经济的发展还是对资本市场的完善，都是有利的。

（四）有效的资本市场监督管理体制的确立

加强对资本市场的监督管理并不意味着政府采取行政手段来干预资本市场的运作，而首先是指政府应当健全法制，使资本市场在法律的框架内规范化地运作。如果法制不健全、不配套，那就只好依靠行政手段的干预了。因此，对前一阶段资本市场的监督管理中的某些行政干预，要实事求是地分析，它们固然会带来某些弊病，产生某些后遗症，但这通常是在法制不健全、不配套情况下不得已采取的措施。在股权分置改革已经基本完成后的今天，我们必须尽快完善资本市场监督管理体制，健全有关法律体系，慎用、最好不用单纯的行政干预手段。

在这方面，有三项工作要特别引起注意：

第一，对于违法违规运作和损害投资者权益的现象，要有明确的刑事责任追究制度和民事赔偿制度，并且要监督其落实。只有这样，才能使违法违规者受到惩处，才能切实保护投资者的合法权益。

第二，加强监督管理队伍的建设，吸引有社会责任感和有专业技术知识的人才参加监督管理机构工作，同时要加大对资本市场发展前景和前进过程中可能遇到的新问题的研究，并拟定对策。这样，才能使资本市场的监督管理工作更加有效。

第三，着力防范由资本市场动荡引发的金融风险，建立和完善针对金融风险的预警机制和快速应对机制。由于金融风险不一定由资本市场的动荡引发，但一旦金融风险产生，必然会影响资本市场的稳定。因此，还需要加强资本市场监督管理机构同其他金融监督管理机构之间的合作、协调。

（五）中国上市公司和资本市场国际竞争力的提高

要使中国资本市场稳定健康地发展，中国上市公司和资本市场的国际竞争力应当不断提高。这是下一阶段有必要认真解决的问题。

从上市公司的角度来看，要提高国际竞争力，必须加大研究开发费用的数额及其在公司总产值中的比重，必须拥有自己的专利、知识产权，必须创建并维护自己的品牌。同时，还必须致力于降低成本，降低资源消耗，提高管理水平，增强营销能力。而要做到这些，正如前面已经指出的，完善上市公司治理结构是必不可少的前提。

从资本市场的角度来看，问题显然要比提高上市公司国际竞争力复杂得多。首先，要弄清楚什么是资本市场的国际竞争力。应当说，判断资本市场国际竞争力强弱的重要标志，在于国际上有影响的大企业和有成长潜力的新兴行业企业选择上市场所的考虑。如果某个资本市场成为它们的首选之地，那就表明这个资本市场具有较强的国际竞争力。其次，怎样才能使某个资本市场成为具有国际竞争力的资本市场？这至少取决于三个因素：一是法制和监督管理体制的完善，以及市场运行规范化，市场秩序良好；二是有一些资本雄厚、专业人才充足、有信誉和有影响的证券公司；三是有一批理性的个人投资者和若干规范运作的机构投资者。由此可见，中国的资本市场距离有国际竞争力的资本市场尚有一定的差距。我们应当朝这个方面继续努力。最后，要使中国的资本市场成为具有国际竞争力的资本市场，还必须考虑中国经济的对外开放程度，以及中国经济在对外开放方面应当解决的一些问题，如人民币资本项目的自由兑换、人民币汇率的市场决定机制的确立、人民币能否成为国际储备货币之一，等等。这些并不是仅靠中国资本市场自身就能解决的。但只要中国经济已经走上了市场经济道路，那么在时机成熟时中国会具备这些条件的。我们现在还难以确定人民币资本项目可自由兑换的日程表。人民币汇率的市场决定机制的确定也是改革的大势所趋，总有水到渠成的那一天。至于人民币能否成为国际储备货币之一，以及什么时候可以成为国际储备货币之一，则取决于中国综合国力的增强，这同样是我们努力的方向。

从 1978 年算起，中国改革开放已经 30 年了。中国的股份制改革至今也有接近 30 年的历史。回顾这 30 年，我们国家所取得的种种成就，都离不开思想的解放。如果没有 1978 年 5 月份开始的、历时半年之久的“实践是检验真理的唯一标准”的大讨论，没有 1978

年 12 月份召开的中共十一届三中全会，我们是不可能取得这些成就的。

思想解放和理论创新都没有终点，也不可能有终点。从计划经济体制转向市场经济体制的改革，是前人所没有从事过的事情。谁都不可能是先知先觉者，谁都不能说在 1979 年就知道改革该如何进行，改革会遇到什么样的阻碍，改革又会如何突破这些难点。经济学界在 30 年内所发生的各种争论，应当说是正常的，大家都在改革开放的实践过程中学习、成长、提高。有些观点在刚提出来时不一定完全准确、完全符合实际，但在实践中会得到补充、修正、丰富、完善。人们的认识总是逐步深化的。以股份制改革来说，这些年内，股市出过多少事情。例如，1992 年 8 月 10 日深圳发行新股认购申请表过程中发生的申购人群的拥挤、游行、抗议；1993 年初成都红庙子市场上地摊式的股票交易；1996 年海南琼民源公司利用虚假消息操纵股价的违法事件；1998 年中科创业违法操纵股价、自买自卖、坑害投资者事件，等等，都造成了不小的社会震荡。但这些绝不是中国股份制改革的主流。经验是不断累积、不断丰富的。中国股份制改革和资本市场建设，在牛市和熊市一再交替的过程中走过了艰难的道路。投资者逐渐理性化，监督管理机构也逐渐成熟、老练。这就是下一阶段继续推进股份制改革和完善资本市场的希望所在，我们对此满怀信心！

走向城乡一体化：新中国成立60年城乡体制的变革[①]

我从小生活和学习都在城市中，对农村情况不甚了解。我第一次下农村是在1955年四五月，当时我是北京大学经济系四年级的学生，全班去北京市海淀区肖家河参加农业合作化实习。学生被分配到各个自然村，分散住在农民家中。主要任务是进行农民家访，宣讲党的农业合作化政策，并向农民解释合作化的意义。在农村中，我看到的是土地改革以后农民生活安定、一心投入生产的情况。

接着到了1958年，北京大学的一部分教职员作为下放干部，下放到门头沟区（当时称京西矿区），经济系、法律系、生物系的教职员的下放地点是西斋堂村。这正是“大跃进”的年代，我们每天清早就上工地，修引水渠，从1月份干到4月份，天天如此。5月份起，转到农田里干活。到了8月份，全国掀起了人民公社化的高潮，西斋堂村也不例外。村里办起了公共食堂，我被调到公共食

① 载于《北京大学学报》（哲学社会科学版），2009年第6期。

堂担任会计。冬天，我又被调到新组成的公社文艺宣传队任编剧，创作了不少小品、快板，宣传人民公社的好处，到各乡巡回演出。1959 年 1 月回到北京大学。今天回想起来，下放农村的这一年，虽然对农村的情况有些了解，但所了解的只是浮于表面的东西。比如说，就在 1958 年，由于分为城市户口和农村户口的户口制度，城乡之间的人口流动受到严格限制，城乡二元结构制度化了。这将对今后中国农村居民和农业发展存在什么样的影响，当时我完全不了解。

从 1964 年 10 月起到 1966 年 6 月初，北京大学师生分两批到农村参加社会主义教育运动，两批我都参加了。第一批是在湖北荆州江陵滩桥公社，第二批是在北京朝阳区高碑店公社。紧接着，发生了“文化大革命”，在这期间，我也在海淀区六郎庄、玉泉山等农村参加劳动。到了 1969 年，北京大学教职员下放到江西南昌县鲤鱼洲农场劳动。我是第一批下放的，在鄱阳湖边的茅屋内一住就是两年。在这段时间内，我到过附近的农村，也看到时常有逃荒的农民到北大农场来讨饭。我见到的逃荒的农民都衣不蔽体。鄱阳湖边，冬天很冷，而这些农民却穿着单衣，光着脚穿着草鞋。鄱阳湖畔本是鱼米之乡啊，新中国成立已经 20 年了，农民为什么还如此穷困呢？这是一个沉思的年代，眼见耳闻，使我不禁想到，是不是我们的经济体制存在问题，否则怎么解释这些现象呢？在大学里书本上所学到的经济学理论为什么解释不了眼前看到的这一切呢？我的经济观点的转变，正是从这时开始的。

从江西回到北京是 1971 年秋天。此后几年，我大部分时间仍在北京市郊区各县和河北省的农村参加劳动，参加“开门办学”，所看到的仍然是农民缺衣少食的穷苦生活。我对时局感到困惑：经济已衰落，失业激增，农民逃荒，社会矛盾正在激化，预感到不久可能发生社会大动荡。1976 年春季，我和北京大学一些师生在北京市大兴县农场“开门办学”，到 1976 年 10 月粉碎了“四人帮”，下乡办学的北京大学师生全部返校。接着不久，邓小平同志复出，主持工作，改革的呼声日益高涨。1978 年 12 月中共十一届三中全会召开了，从此中国转入了改革开放新阶段，我也就从这时起，把中国经济体制改革作为自己的主要研究课题。

20 世纪 80 年代，我的大部分时间都在研究国有企业体制的改革。这段时间内，我虽然到过一些省市进行调研，但对于农村问题，并没有进行深入研究，因为我认为国有企业体制改革问题是当时最需要解决的。我还认为，农村家庭联产承包责任制既已推广，乡镇企业也已兴起，这一基本格局短期内不可能有大的变动，所以对农业和农村问题，可以稍后再来考察。

到了 20 世纪 90 年代，农村家庭联产承包责任制之下，大量农民工外出，引发了一系列新问题。例如，农村青壮年劳动力外出之后，土地有撂荒现象；农民工进城后，家属也进城了，于是又出现子女无法在城市就学问题，而且每逢春节，火车为什么这样拥挤，同农民工回乡探亲有很大关系。由此激起了我对城乡二元体制和城乡一体化的思考。再说，“农民工”这个称呼是不合理的：工人就是工人，农民就是农民，从未听说过什么“农民工”。从清朝末年到民国时期，中国第一批近代工厂先后在上海、天津、广州等地出现，最早的产业工人来自何处？不正是来自大城市周边的农村么？他们在乡下是农民，以种地为生，一进城做工，就成为工人了，他们工作安定下来，可以把妻子儿女接进城去。为什么现在有了“农民工”呢？这是城乡二元体制的产物：“身份”是农民，职业是工人，“农民工”享受不了城市居民的待遇。上述这些问题在 20 世纪

90 年代都明显地暴露出来了。

2003 年，我担任了中央智力支边协调小组毕节试验区专家顾问组组长，之后几年，我每年都要带一些专家到毕节进行考察，帮助当地脱贫。在扶贫过程中，我发现最重要的问题依然是体制改革、机制转换，即把以前的“输血机制”改变为“造血机制”。如果不从体制、机制上着力，不把城乡二元体制改革作为今后改革的重点，农民始终难以摆脱困境；如果不推进城乡一体化，农民就无法像城市居民一样享受改革和发展的成果。基于这种认识，我个人的研究重心就转移到农村问题上来。

回顾从 1949 年到现在，有关城乡体制的变革过程，可以划分为三个阶段。

第一阶段：从 1949 年到 1978 年。这是城乡二元体制逐渐形成和日益巩固的阶段。城乡二元结构的制度化，从 1950 年土地改革以后就已开始，这是同建立社会主义计划体制相配套的。到 1958 年，随着人民公社制度的确立和户籍制度的城乡分割，城乡二元体制终于形成。城乡之间生产要素的流动受到极大限制，城市化进展得十分缓慢。在权利方面，农民实际上处于“二等公民”的位置。

第二阶段：从 1979 年到 2002 年。这是城乡二元体制虽然略有松动但基本上依然存在的阶段。改革开放之初，农村推行了家庭联产承包责任制，调动了农民承包经营的积极性。但这只不过是城乡二元体制略有松动而已。城乡二元体制的极端形式——人民公社制度——虽然退出了历史舞台，但农民依然受到社会流动的限制。农民仍然难以享受改革和发展的成果。

第三阶段：2003 年以后。这是着手改革城乡二元体制并逐步推进城乡一体化的阶段。在科学发展观的指导下，农村的土地流转启动了，农业的规模经营有了很大的发展，城市化的速度也加快了。在统筹城乡发展和改革这个新课题上，理论上有创新，实践上有突破。城乡一体化已成为新一轮改革的重点。①

2008 年，正值纪念中国改革开放 30 周年之际，我写了《论城乡二元体制改革》一文 [《北京大学学报》(哲学社会科学版)，2008 年 3 月]，对实现城乡一体化问题进行探讨。在这篇论文里，有这样几段话扼要地反映了我的基本观点。

"城乡二元结构自古就有。从宋朝算起，至今已有 1 000 年以上的历史。但当时尽管有城乡二元结构，却没有城乡二元体制。城乡二元体制是 20 世纪 50 年代后期才建立的。"(第 5 页)

"从 20 世纪 50 年代后期起，由于计划经济体制的确立，户籍分为城市户籍和农村户籍，城乡二元体制形成了，城乡也就被割裂开来了。从这时开始，城市和农村都成为封闭性的单位，生产要素的流动受到十分严格的限制。"(第 5 页)

"计划经济体制实际上有两个重要支柱：一是政企不分、产权不明的国有企业体制，二是城乡分割、限制城乡生产要素流动的城乡二元体制。这两个支柱支撑着整个计划经济体制的存在和运转。"(第 5 页)

"从社会协调的角度来看，必须做到统筹发展，包括城乡发展的统筹，区域发展、经济和社会的统筹，国内发展和对外开放的统筹，人与自然和谐发展的统筹。所有这些都同城市二元体制的改革有关。"(第 6 页)

---

① 柳晓森、张烁：《城乡二元体制：中国下一轮改革重点》,《人民日报》, 2008 年 9 月 3 日。

“由于城乡二元体制的改革将导致农民收入的增加和农民生活方式的变化，以及由于社会最低生活保障的基本建立而导致社会低收入家庭后顾之忧的逐渐消除，必定引起内需的大突破。全世界最大的待开发的市场在哪里？就在中国的农村。”（第 11 页）

这篇论文发表之后，在 2008 年春到 2009 年春的一年时间内，我又先后在广东、湖南、贵州、重庆、河北、吉林、内蒙古、天津八个省（直辖市、自治区）继续围绕这个问题进行更广泛的调研。下面的结论就是在调研的基础上写成的。

进一步解放思想，朝着城乡一体化的目标前进

改革开放 30 年成就举世瞩目，逐步破除了传统计划经济体制，改革了传统的国有企业体制，初步建立了社会主义市场经济体制，经济社会发展迅速，综合国力大大提高，广大农村也发生了深刻变化。这是一个巨大的飞跃。但在从计划经济体制转向社会主义市场经济体制的过程中，还有一个大的问题尚未解决，就是对于几十年来形成的城乡二元体制的改革相对滞后，甚至可以说这 30 年来，基本上没有触动城乡二元体制，因为农村家庭联产承包责任制是在维持城乡二元体制的前提下推行的。结果，导致城乡发展不协调，城乡差距呈扩大趋势。城乡二元体制改革的滞后，增加了全面建设小康社会、实现共同富裕、构建和谐社会的难度，为此必须加大城乡统筹的力度。[①] 统筹城乡发展最重要的任务就是改革城乡二元体制，

① 孙津：《城乡统筹是一种综合性要素统筹的创新》，《中国发展》，2008 年 12 月，第 59~61 页。

这是中国下一轮改革发展的重点，也是一场伟大的社会变革，为此需要付出巨大的努力。

曾经流行于学术界部分人士中间的一种看法是：改革开放30年了，农业方面已经取得了不少成绩，使我国早已脱离了凭票证供应生活必需品的年代；目前，农村的改革不妨暂且搁置一下，发展更加重要。比如说，对农民，财政上多给一些，少取一些；金融上，放宽一些，多贷一些；让农村的生产生活条件再改善一些，这样反而更加有利于农民生活水平的提高。这种看法如果出现在20世纪80年代后期，那是可以理解的，而且就当时的情况而言，这种看法有一定道理，因为农村土地承包刚推广，不能急于再改革。但从80年代后期到现在已经20年了，再不着手破除城乡二元体制，不仅阻碍农业的发展和农民收入的提高，而且还会使城乡收入差距继续扩大，使工农收入差距继续扩大，使广大“农民工”不得不徘徊在城乡之间①，这就违背了“以人为本”的原则，不符合构建和谐社会的理念。让农民充分享受改革开放的成果，不是靠增加政府投入或放宽信贷就能解决的。只有不失时机地进行城乡二元体制改革，让农民和城市居民享有同等的权利，拥有同等的机会，才是下一阶段改革的重点。

中国的改革开放从来都是以思想解放领路。回顾30年前，1978年5月起，不正是历时半年之久的“实践是检验真理的唯一标准”的大讨论为中共十一届三中全会的召开做了思想上的准备吗？也就是说，中国特色社会主义道路和市场经济体制的成功探索，首先是从一场思想解放运动开始的。当前，打破城乡分割分治的二元体

① 中国社科院“农民工返乡机制研究”课题组：《徘徊在城乡之间的中国农民工》，《光明日报》，2009年4月9日。

制，形成城乡发展一体化新格局，也必须进一步解放思想、实事求是。学术界必须开展前瞻性理论研究和理论创新，在理论上率先突破，摆脱一切束缚城乡二元体制问题解决的思想桎梏，在全社会营造改革城乡二元体制的氛围；必须在政策、法律、制度、文化等诸多方面进行有利于推进城乡一体化的变革，尽快扭转城乡差距扩大趋势；必须勇于探索实践，统筹城乡试验区，要大胆改革试验，开辟一条新路。

具体地说，在城乡二元体制改革过程中，有必要就以下三个问题消除误解：

第一，城乡二元体制改革将大大促进社会的稳定，而不会导致社会的不稳定。关于这一点，一种误解是：农民已经习惯于一家一户的承包经营了，他们之中不少人不愿意离开本乡本土。即使离开本地到城市中打工，但叶落要归根，在外面挣些钱是要带回家去盖新房、娶妻生子的。他们习惯了农村的生活，何必改革城乡二元体制，反而使他们心里不踏实呢？何况农民一旦大批进城，生活方式一变更，城市生活设施建设又跟不上，反而会引起他们不满，有些人又想回到乡下去，社会不就不稳了吗？有这种看法，多半是不了解实际情况。要知道，在城乡二元体制改革过程中，农民是不是迁进城市，要根据本人意愿而定；外出打工的农民是不是愿意回乡，也由本人决定。体制的改革只是提供了更多的机会供农民选择，而不是排除农民的选择。从社会稳定还是不稳定的角度来看，关键在于农民（不管是进城的还是留在农村的）的利益是不是增加了。如果农民的近期利益和长期利益都能通过城乡二元体制改革而增加，那么社会将迈向稳定而不是导致动荡。

第二，城乡二元体制改革将推动城市经济的改革和发展，而不会因加重城市的负担而阻碍城市经济的发展，也不会阻碍城市经济改革的深化。在这方面，一种误解是：城市经济的改革和发展毕竟是最重要的，而在现阶段着手城乡二元体制改革，很可能会加重城市的负担，这样，不仅城市经济的改革和发展受阻，而且农村经济的改革和发展也会相应地受连累。不如目前暂时把城乡二元体制的改革搁置一下，一心加快城市经济的改革和发展，等到城市的经济实力增强了，城市就有较多的力量来帮助农村的发展。西方发达国家一般是在工业化后期政府才把农村发展放在重要位置上的，中国目前仍处于工业化中期，何必这样急于去做本来可以推迟一些才做的事情呢？其实，这种看法并不正确。问题在于：在西方发达国家工业化初期，城乡二元结构是存在的，但在那里并没有形成城乡二元体制，因此也就不需要进行城乡二元体制改革。它们之所以在工业化后期着力于发展农村经济，是适应稳定社会的需要。中国的情况与它们不同。在城乡二元体制下，中国的工业化在长时期内是以牺牲农民利益为代价的。如今已到了城市回馈农村的时候了。提高农民收入，让农民充分享受改革发展的成果将大大促进内需的增长，这对于城市经济的进一步发展是绝对有利的。因此，城乡二元体制的改革只会推动城市经济的改革与发展，而不会变成城市经济改革与发展的阻力。

第三，城乡二元体制改革不是要消灭农村和农民，也不是要把农村变成城镇，把农民变为职工，而主要是使农村和城市的差别大大缩小，使农民充分享受改革开放的成果，在社会方面享受同样的待遇。关于这个问题，一种误解是：城市就是城市，农村就是农村；工人就是工人，农民就是农民，进行城乡二元改革以后，农村就会逐渐不存在了，农民也就逐渐消失了，这样，岂不是用消灭农村和农民的方法来强制性缩小城乡差别吗？这对中国经济是祸还是福，还不得而知！需要指出的是：城市和农村的差别不会因城乡二元体制的破除而消失，工人与农民在职业或社会劳动分工方面的区别也不会因城乡二元体制的改革而消失，这些差别的消失也许要经过许多年的生产力发展才会出现。改革城乡二元体制所需要消除的，是对城乡之间生产要素流动的人为障碍，以及两种户籍之下工人和农民的不平等待遇，从而缩小城乡之间的差距。这一切是可以做到的，而且对国民经济发展只会产生积极的结果。

农村产权制度改革势在必行，宅基地管理制度更需改革

当前，要发展农村经济，增加农民收入，面临的问题之一是农村金融服务严重滞后，而农村金融发展之所以迟缓，则又归因于城乡二元体制的存在，归因于现行农村产权制度的制约。

农民目前同产权无缘。对承包的土地，没有产权；对宅基地，没有产权；甚至尽管宅基地上的住房是自己花钱盖的，但由于对宅基地没有产权，所以农民对宅基地上的住房也没有产权，连房产证都没有，这确实是不合理的。由于对宅基地及其上面建造的住房没有产权，只有使用权，所以他们既无法出售，也不能抵押，从而制约了农民土地权益的实现。这不仅不利于农民致富和农村经济发展，而且不利于农村劳动力转移，严重阻碍城镇化进程。

现阶段我国法律对农民的土地（包括承包的土地和宅基地）的权利保护实际上是不明晰、不到位的，这个问题急需解决。[①] 对于

① 孙荣飞：《“土地管理法”修订：推进农村集体土地财产权制度变革或破题》，《第一财经日报》，2008 年 6 月 24 日。

城市化，世界上已经有正反两方面的经验和教训。西欧一些国家在工业化、城市化过程中，城市内没有出现“贫民窟”现象，主要原因就在于农村土地和农民住房可以根据农民意愿进行流转和抵押，农民通过土地和农村住房的流转或抵押，可以得到一笔资金，这有助于他们进城务工、创业、定居，并成为城市居民。

宅基地和宅基地上建成的农民住房，理应是农民的重要财产，应当鼓励支持各地探索宅基地和农民住宅流转和抵押的办法，保护和实现农民对宅基地和农民住宅的应有权益。农村宅基地和农民住房的实际使用已经使农民对宅基地和农民住房的使用权变成了事实上的长期权利。针对这一客观事实，在法律上应予以确认，赋予农民对宅基地和农民住房的产权，这对保障农民土地权益、搞活农村经济和金融具有特殊重要意义。而且，如何处理宅基地问题必须充分尊重农民的权利和他们的意愿，不能使农民的利益受到损害。[①]今后法制建设的方向就是赋予农民与城市居民同等的产权落实和产权保护。为了实现城乡一体化，建议适时修订《物权法》《土地管理法》等法律和相关法规，通过宅基地和农民住房的产权制度的改革可以大大激活农村经济和农村金融。当前应积极探索宅基地及其上面农民建造的住宅抵押的有效途径，总结一些地方将宅基地及其上面建造的住宅抵押给信用社或其他农村金融机构进行融资等做法，大力开展农村宅基地及其上面建造的住宅抵押试点。再就是要积极实现宅基地及其上面建造的住宅的可转让性，至少可以让统筹城乡发展改革试验区的经验逐步推广。

在推行宅基地管理制度改革时，一些人在思想上仍有所顾虑。

① 贾杰华、陈文雅：《宅基地换房的执行隐患》，《投资者报》，2009 年 3 月 16 日。

主要有四种顾虑：

第一，认为宅基地对农民来说，是庭院经济，宅基地周边的土地是精耕细作的菜园、果园，生产率很高，农民的现金收入不少是来自庭院经济的，如果农民把它置换出去了，不仅是较大的损失，而且还断了外出农民的退路，因为万一农民在外面经营得不好，收入不多，连退路都没有了，岂不是会引发新的问题？

其实，这种顾虑是可以打消的。绝大多数农民并不是先置换自己的宅基地再外出工作，而往往是先外出工作，等到在外面有了一定的安排，经济上比较有基础了，再回乡把家属接走，再处理自己的宅基地。对他们而言，是否置换宅基地，是近期利益和长期利益反复比较而做出的选择。农民在这方面的行为是理性的。当然，在这个过程中也不能否认偶然事件的出现，例如家中主要劳动力在外面工作时遇到了重大工伤事故，该怎么办？这就告诉人们，要有保险意识；有了保险，损失会减轻些，也不至于陷入绝境。

第二，认为宅基地的置换可能只适合城市郊区的农民，而不适合偏远地区的农民，更不适合山区的农民。再以宅基地及其上面的房屋来说，可能只有城市郊区的才能抵押出去，偏远地区的，尤其是山区的宅基地怎么抵押？谁愿意接受？加之，那里的农民住房多数是简陋的、破旧的，没有人愿意要，抵押岂不就成了一句空话？

应当承认，这种情况是存在的。但不能因为有这种情况，宅基地的置换工作就应停顿下来。如果停顿下来，等山区农民富裕了，山区农民住房都换成了新楼，再着手宅基地置换工作，那要等到何年何月？其实，当初实行农村家庭承包的时候，也并不是一下子就铺开的，一切由农民自行做出选择，有些地方先推广，有些地方后推广，还有些地方选择了家庭承包以外的其他经营方式。宅基地的置换或抵押，也是这样。条件合适的先推行，条件不合适的，可以推迟，等条件成熟时再推行也不算晚。不要把早推行、晚推行看成是“觉悟”高低的反映，实事求是原则是最重要的。不实事求是，反而会误事。

第三，认为宅基地的置换可能只适合就近进城务工或创业的农民，而不适合远赴千里以外去务工或创业的农民，对这些远赴千里以外的农民来说，宅基地置换给谁？比如说，不少农民长期在珠三角各县市工作，老家在贵州西部农村，宅基地置换给谁？

这种顾虑是有道理的，但可以设法解决，关键在于寻找出解决问题的办法。宅基地置换工作应当有一个程序，按程序去做，问题可以得到解决。如果农民在本县（市）城镇安家，问题比较简单。如果农民在省内的另一个县（市）安家，省内也可以统筹解决。如果农民到跨省的某个县（市）安家，那么应当按如下程序去做，还是可以解决的：首先，准备到外省去安家而需要置换宅基地的农民提出申请，先经本地县（市）政府同意，然后向准备迁往的外省的县（市）政府提出申请，经同意后，于是，该农民将宅基地交给本地县（市）政府处理，得到一笔相应的补偿费，由该县（市）政府有关部门转到所要迁往的外省的县（市）政府的有关部门。这样，对三方都是合理的：对农民来说，达到了转移的目的，并在所迁往的县（市）生活和住房有了着落；对农民原籍所在的县（市）来说，由于得到了农民所交出的宅基地，可以用它们置换为相应的城市建设用地，因此尽管付出一笔补偿费，也是合理的；而对于农民所要迁往的外省的县（市）来说，得到了一笔补偿费，用来安置迁入的农民，在经济上没有损失。可见，只要合理统筹，问题仍是可以解决的。

第四，认为宅基地的抵押存在着两种风险，一是农民为此承受的风险，二是金融机构为此承受的风险。如何防范这两种风险，是在宅基地管理制度改革中不得不面临的问题。假定还没有找到合适的防范这两种风险的可靠的措施，还是以谨慎为宜。

应当承认，这两种风险确实是存在的，因此必须有可靠的防范措施，但这并不等于说由于担心出现风险就放弃了宅基地抵押的做法，而是要事先找出可以防范的风险以及化解的措施。当初，全国人大常委会制定《中华人民共和国担保法》时就考虑到宅基地是农民生活必需的，所以排除了宅基地以及承包土地抵押的做法。[①]但根据实践的经验，关键仍在于有没有妥善的防风险措施。

如何防范农民因宅基地抵押而出现的风险？一方面，接受农民宅基地抵押的金融机构必须是符合条件并经过审查批准的有资格从事农民宅基地和农民住房抵押业务的金融机构，以免农民上当受骗；另一方面，当农民把宅基地和自己的住房抵押出去后，可以贷得一笔款项，用于生产经营，亏蚀了怎么办？农民岂不是从此失去了宅基地和住房？因此，大力开展农村保险业务是可以减少风险的途径之一。例如，农民用这笔贷款自主创业办了养殖场，开了作坊或外出务工，遇到洪水、火灾、地震、瘟疫等，或者发生了车祸、工伤，如果已经上了保险，就可以得到赔偿，从而减少损失。

从事宅基地抵押业务的金融机构如何防范风险？这里的风险主要是指还贷率低而金融机构又难以处理作为抵押品的宅基地和农民住房，因而陷入资金困境。为了防范和减少这种风险，可以采取以

---

① 《土地承包权宅基地不能抵押》，《人民日报》，2008 年 10 月 24 日。

下措施：即使农民以宅基地和住房作为抵押，金融机构仍应对抵押人的信用状况和还债能力进行调查；如果采取农民信用互保方式来发放农民宅基地和住房的抵押贷款，那就更好了。总之，风险总会存在，但可以尽量减少它。

此外，据我们在一些地方的调查，有些农户在农村的住房不止一套。在这种情况下，多余一套的住房为什么不能抵押出去？再说，在有的村里，农民的住房有时是三层楼或四层楼，在这种情况下，农民的住房可以抵押一半。即使将来还不起贷款，自己还留下一半住房，可以居住。这有什么不妥？

农业适度规模经营呼唤完善农村土地承包制，加快实现农民承包地的流转

随着新时期农村形势的发展，现行的农村家庭联产承包责任制已有一些不适应的地方。问题主要是把土地等生产要素分散在一家一户，制约了土地规模经营和土地使用效率，影响对土地加大投入的积极性，进而影响农业生产率的提高和农民收入的上升。加之，在农民有可能进城务工的情况下，不少农村青壮年劳动力外出务工，家庭承包的耕地或者撂荒，生产资料闲置，或者只剩下老弱劳动力耕种，使土地使用效率大大降低。这在耕地流转有限的广大农村形成了极不合理的状况。因此，农业适度规模经营是发展现代农业、提高农业生产力的内在要求。没有规模经营，不能有效地利用土地资源，农业生产效率就很难提高。当前土地承包办法急需根据情况的变化调整完善，急需合理科学地配置土地资源，鼓励各地探

索土地承包权的多种有效流转方式。[1]

这里，先对转包、出租和土地入股三种主要的土地流转形式做进一步分析。这是因为这三种土地流转形式较为普遍，它们都适用于一定地区，也都具有一些特点。

以转包形式进行承包地流转的方式在一些粮食产区是适用的。在一些粮食产区，外出务工的农民把所承包的土地转包给本地或外地的种植能手。一个种植能手如果包下了十几户农民的承包地以后，只雇几个工人，采用机械化生产，就能获得高产并有利润可得。这对种植能手和外出务工农民都有利。在湖南调查所得到的资料表明：单个农民承包十几亩稻田，收入很低，只够糊口。如果种植能手通过转包形式，承包 200 亩（13.3 公顷）以上的稻田，采用机械化作业，雇几个工人，一年生产两季，收获 40 万斤（200 吨）稻谷，除了柴油、农机折旧和维修、化肥、农药等开支，再加上雇工工资、承包者自己的相当于工资的收入以外，还可以有较多的盈余。而把土地转包出去的农民，进城后的务工或经商收入，也超过了自己种地的收入。

以出租形式流转承包地的方式在一些地方也比较流行。承包地或者出租给种植能手，或者出租给果品或蔬菜企业，或者出租给养殖场种饲料，租金数额通过协商解决。原来的土地承包者有些外出安心务工，有些并不外出，而在土地租出后给租方做工，按月取得工资收入。在广东徐闻县调查的资料表明，当地的菠萝种植园正是在广大农民出租土地的基础上发展起来的。

---

① 国家行政学院法学部课题组：《成都市农村集体土地流转案例调研与评析》，国家行政学院科研部：《政府管理参考》，2008 年第 4 期，第 1~6 页。

在目前农村的土地流转中，有 3/4 的耕地是以转包和出租形式流转的。[①]

以入股形式进行承包地流转的方式（即农民把承包地作为股份加入农民专业合作社）在一些已经组成农民专业合作社的地区，可能更有推广的价值。农民入股后受聘为农业工人，每月有工资收入，年终还有股利收入。[②]但是，如果农民把承包地直接入股到大公司，可能带来三个问题：第一，在农民专业合作社中，农民作为股东是有发言权的，而在大公司中，农民作为股东则失去了发言权。第二，农民专业合作社是农民自己的经济组织，在公司经营不善时，农民们可以商量如何渡过难关，而大公司一旦亏本，农民要求退股（退还所承包的土地）的愿望很难实现，容易引起社会动荡。第三，如果大公司把农民入股的承包地抵押出去，把资金投往外省，农民在不知情的情况下，等于把土地交给了大公司任意使用，这样也会引起农民不满。因此，农民把承包地入股于农民专业合作社是较好的选择。以前曾经流行过“公司＋农户”的土地入股模式。在重庆一些区县，这种“公司＋农户”模式已经发展为“大公司＋小公司＋农户”的模式。大公司是指大型的龙头企业，小公司是指农民专业合作社。农民把承包的土地入股于农民专业合作社。这样，不仅农民放心，而且便于监督土地的使用状况。农民专业合作社（小公司）与龙头企业（大公司）之间则以供应生产资料和农产品运销或加工方式订立合同，建立市场供求关系。

还有的地方正在试验新的土地流转形式。例如土地信用合作社

---

① 引自《财经》杂志，2009 年第 2 期，第 62 页。

② 刘维涛：《探索中国农村新一轮改革方向》，《人民日报》，2008 年 9 月 3 日。

的模式。“从经营宗旨来看，（土地信用）合作社不以利润最大化为目的，而是以促进土地承包经营权有序流转和规模经营、实现农民生产和生活方式转变为途径服务于‘三农’为目的。”[①]在经济效益上看，“土地信用合作社降低了土地承包经营权流转的成本，并通过其良好的示范效应，不仅培育了本地的贷地需求，而且吸引了其他地区的贷地需求，体现了土地承包经营权流转制度的成功创新对农业产业化的积极的作用”。[②]此外，有的市县也在试验农民把承包土地存入农村信用社，并收取利息的做法。当地农民把这样的农村信用社称作“小银行”。农民外出务工就放心了。农民之所以欢迎这种土地流转形式，是出于以下考虑：第一，风险小，因为农村信用合作社被认为是可靠的，不像土地出租后的租地者（无论是个人租地还是企业租地）有较大的风险。第二，土地出租收益稳妥并且按时交付，不至于拖延、欠交或打白条。第三，灵活方便，距农民住地较近，并可随时查询。在有的地方，如果农民想收回承包土地，可以提前通知农村信用社，农村信用社届时归还，但不一定归还原来那块地，而是面积相当的另外一块耕地。

另据调查，重庆正在探索建立的农村土地交易市场是实现土地流转的新尝试。通过“地票”（“地票”就是用地指标的凭证）交易，将农民自愿放弃的宅基地进行整理并复垦成耕地，并以“地票”形式挂牌出售给需要耕地占补平衡指标的城里用地单位，因此这个市场能够较好地沟通城市与农村建设用地指标的联系，实现农民的土地权益。从这个意义上说，“地票”交易意味着土地指标流转的程序

① 程志强：《对我国土地信用合作社实践的思考：以宁夏平罗为例》，《管理世界》，2008 年第 11 期，第 2 页。

② 同上，第 8 页。

化和公开化，既可以解决宅基地的流转问题，又可以增加城市建设指标，同时不使耕地减少。国务院规定的 18 亿亩耕地的红线不会被突破。[①] 在这方面，建议对重庆设立的农村土地交易市场进行调查研究，及时总结经验。这个市场如果能规范、发展、推广，将有利于将城市资金、技术等市场要素有效导入农村。同时，要探索除宅基地以外，农民承包的土地是不是有希望进入农村土地交易市场，形成承包土地流转的另一种新形式。

在这里，一个有待于说明的问题是：承包地的流转同宅基地的流转可分可合，究竟是“分”更好些，还是“合”更好些？这里所说的“分”，是指承包地的流转和宅基地的流转可以分开进行：有些农民只流转承包地而保留宅基地，也有些农民只流转宅基地而保留承包地，但交给熟人代管代耕。这里所说的“合”，是指承包地和宅基地合在一起流转，如承包地入股了，宅基地置换了，农民外迁了。

应该说，承包地的流转要比宅基地的流转容易些，而且农民如果外出务工，可能先考虑承包地的流转，后考虑宅基地流转，因为农民本人外出在先，家属外迁在后，农民很少一开始就携带家属一起外出务工的。还有，如果外出务工的农民认为外出务工毕竟是暂时的，等有了积蓄后要回本村创业、盖新房，那么他们就更不会在外出时就流转宅基地。这表明，承包地流转和宅基地流转以分开进行为宜。当然，这并不排除一部分农民愿意把承包地和宅基地合在一起流转。比如说，这些农民有亲属在城里，在亲属的帮助下，工

① 《全国土地利用总体规划纲要（2006—2020 年）》，《人民日报》，2008 年 10 月 24 日。

作和住宿事先都有安排，那么他们就不一定先流转承包地，再流转宅基地了。

大力倡导、鼓励、支持农民创业，以创业带动就业

在城乡一体化调查中，我曾把浙江和重庆两地的情况做了比较。浙江的情况比重庆要好。这不仅是由于自然条件和地理区位不同，也不仅是由于两地的历史情况不同，更重要的原因在于农民创业积极性不一样，农民创业的环境有差别。浙江统筹城乡之所以搞得比较好，主要原因在于转移出来经商开店的农民多了，也就是自行创业的农民多了，仅温州一个地区就有400万个民营企业老板，其中有小老板，也有大企业的投资者、经营者。而重庆市共有400万农民外出打工，由此就可以看出差距。

转移的农民并非只有进城打工这一条途径。更为稳定、有效而又十分重要的途径恰恰是农民创业，并由此进入非农产业领域。尽管农民创业也有一定的投资风险，但打工不也有一定风险吗？农民创业的好处：一是自身脱贫致富，全家脱贫致富；二是带动更多农民就业，这一方面是由于创业后的农民可以雇一些农民作为雇工，另一方面在于发挥示范作用；三是有利于发展小城镇和县域经济，因为创业农民所开设的店铺、作坊主要设在县城和镇上；四是繁荣农村经济，这主要指创业的农民为了扩大规模，往往招聘本乡本村的农民前去打工，他们在本乡本土收购原材料，以及用赚得的钱在家乡建房、修路等；五是农民工回乡创业有利于传播城市文明观念，改变农民生活方式，助推城乡一体化进程。

在一些地方，一些优秀的青年农民多年进城打工，在城里学到

了本领，开阔了视野，积累了一定资金，有着回乡创业的愿望。调查中发现，从湖南乘汽车到广西，沿着国道走，公路两边的小饭馆、小旅店、小商铺、小作坊，几乎都是到广东打工后返乡农民开的，生意都比较红火。

农民创业需要政府扶植，但目前对农民创业尚缺乏相关政策扶持体系，导致目前农民回乡创业的比例还很小。

当前，我们应当充分重视农民创业对推进城乡一体化的重要作用。要出台进一步扶持农民创业的政策，如手续便捷的小额担保贷款，加大对创业者的贴息补助；允许农民以宅基地以及上面建造的住宅作为抵押获取贷款；对农民创业和农民工返乡创业初期实行减免税政策；大力开展创业培训，树立榜样、宣传典型，鼓励外出务工人员回乡创业等等。

根据现代经济学理论，在创业和经营过程中，物质资本、人力资本和社会资本三者是缺一不可的。物质资本是指投资于厂房、设备和原料方面的资本，这可以通过各种不同渠道筹集到。人力资本是指体现于创业者和经营者身上的知识、技能、经验和智慧，虽然他们因人而异，但人力资本是可以通过个人的努力和个人的实践逐渐积累的。社会资本是指对社会网络、人际关系和相互信任的利用而产生的一种巨大力量，它体现于各种社会关系方面。它是无形的，却可以转化为推动创业的巨大力量。农民在创业和经营时最缺少的往往是社会资本。有些农民，处于偏僻山区，同外界交往极少，信息匮乏，又没有亲戚朋友在外面工作，他们几乎不可能有什么可以利用的社会资本。但这也不是一成不变的，社会资本可以增加，关键在于如何增加社会资本，如何利用社会资本。比如说，本县、本乡、本村的人在外地务工、经商、创业的人多了，对于准备到那里去工作的人来说，就是可利用的社会资本。同乡会、校友会、同学会，不管是有形还是无形的，同样是一种社会资本。农民自己组织起来的各种专业协会，也是社会资本。还有，沿海城市同中西部城市结成帮扶关系后，对其中任何一方，都是可利用的社会资本。有了社会资本，农民创业就会比较顺利一些。

农民创业，对于城乡二元体制改革来说，一个更有深远意义的效应是农民的创业积极性被激发出来了。这是蕴藏在民间的一股巨大的力量，多年以来由于受到城乡二元体制的束缚，这股力量一直是受压制的。外出务工，只是使这股力量的一小部分得以发挥出来。当然，农民外出务工也可能为此后的自行创业做准备，但务工毕竟不等于自行创业。自行创业之初，不论规模大小，都体现出农民把投资者、经营者甚至劳动者这几种身份全集于一身了。他们必须熟悉市场，关心市场，改善经营管理，引进服务，并且自己承担风险，这是同受雇的身份不一样的。换句话说，只有进行了城乡二元体制改革，才能真正把广大农民解放出来，成为市场经济中的活跃分子。农民自身有了更大的活力，市场也就增添了更多的活力。创业的农民人数越多，城乡二元体制改革就越顺利。

对农民的创业还应当有更深入的理解。农民创业不仅仅表现为农民在城镇创业，即农民到城镇开店、开作坊，甚至办企业，而且也可能表现为农民在农村创业，例如农民将自己的承包地当作市场经济中的家庭农场、家庭养殖场来经营，或者农民利用自己的房屋和庭院办成“农家乐”形式的农村家庭旅馆和家庭饭店，或者农民在乡间从事家庭手工业品的生产和经营，甚至农民个人投资或集体投资在农村办企业，等等。要知道，在城乡二元体制之下，农民的积极性是受到极大限制的，即使他们在承包地上种植各种作物，或者家里养猪养鸡，但都没有把这些看成是一种“创业”，他们也没有创业的积极性，他们只不过以此作为一种谋生的手段，聊以糊口而已。当初，农村实行家庭联产承包责任制以后，农业、畜牧业产量大幅提高，短短几年之内农贸市场上鸡鸭鱼肉全都有了，全有赖于农民积极性的提高。目前，可以预料，通过城乡二元体制改革，农民的创业积极性更能迸发出来。加之，农村中总有一些能人，他们先行一步，会使承包地和庭院经济中的创业取得更大成效。于是就产生了示范效应。这样，即使他们不进城，就在承包地上，在自己的住房和庭院中，他们照样会大有作为。同市场的联系越多，越密切，他们创业的热情就越高，他们的精神状态也会发生很大的变化。这对国民经济的发展，对农民自身收入水平的提高，以及对农村面貌的更新，必将产生深远的影响。

将统筹城乡综合配套改革作为国家战略，大力支持试验区大胆闯、大胆试

改革需要巨大的勇气和努力，需要宽松的舆论和政策环境，现阶段重庆、成都是统筹城乡发展的试验区，它们可以在体制、机制方面先行先试，错了不要紧，总结经验教训就行。改革是需要付出代价的，不然怎么叫作“探路”？[①] 30 年前，改革开放的路子正是首先通过建立经济特区的方式闯出来的，经济特区的榜样力量无穷。重庆、成都两个统筹城乡发展的试验区，同样会在这方面充当“探路”的角色，起着示范作用。重庆、成都两个试验区通过改革，

① 刘维涛：《探索中国农村新一轮改革方向》，《人民日报》，2008 年 9 月 3 日。

在试验区实现了“三个集中”，即工业向工业集中区集中，土地向规模经营集中，农民向集中居住区集中。“三个集中”的动向引起了全国关心城乡一体化的人们的注意。[①]这表明，促进城乡一体化的工作在全国具有典型代表性和示范性。全国各省市都希望两地及时总结经验教训，为全国的城乡一体化改革探路、引路。

试验区先行先试，是中国改革开放30年的宝贵经验。回顾从1978年到现在，哪一项重大改革不是先试点，再总结，再推广的？假定改革的试验同现行法律有一定的抵触，那也不要紧，可以先在少数地方试行，等到条件成熟了，再修改法律或制定新的法律。不妨举农村改革中的两个例子。一个例子是20世纪70年代末到80年代初，当初在安徽凤阳小岗村开始的农村家庭承包，不仅法律上没有依据，而且，如果死抠法律条文，家庭联产承包责任制显然是不合法的，因为农村家庭承包改变了人民公社制度下土地统一经营的做法，重则可以扣上“图谋资本主义复辟”的帽子。20世纪60年代初，在当时发生大饥荒的环境中，不是有些地方曾经试行着家庭联产承包责任制么？但结果是悲剧性的：有些人被抓了，家庭承包的做法被废除，甚至有的带头人弄得家破人亡。但1979年以后却不同于过去，因为召开了中共十一届三中全会，安徽凤阳小岗村自发的农村家庭联产承包责任制试验被推广了，全国普遍推行了农村家庭联产承包责任制的做法。另一个例子是20世纪80年代前期，乡镇企业兴起后，乡镇企业为了购置原材料和推销自己的产品，派出了不少采购员、推销员，跑遍全国，在计划经济体制之下形成了一个“计划外市场”。在当时，这也是不合法的，并且可能被扣上

① 刘裕国：《成都城乡一体化夯实发展基础》，《人民日报》，2009年3月29日。

一项罪名：投机倒把罪。但大批乡镇企业并没有就此停步。他们继续采购，继续推销，继续招人聘人，继续扩大生产。这样，乡镇企业终于逐渐发展壮大。这就说明，改革是在不断试验，不断总结中一步步前进的。因此，对重庆、成都的城乡一体化试验，要充分支持，充分信任，相信这些试验会为中国城乡二元体制的改革探出一条新路。

当然，中国的国土面积这么大，农民人数这么多，而且各地经济和社会的发展又如此不平衡，所以不要设想城乡二元体制改革可以很快就完成。农村家庭联产承包责任制推行30年了，在这段时间内，中共中央和国务院研究过多少次，出台了多少个重要文件，才开始转到城乡二元体制改革的轨道上来，而且这一改革至今仍在试验阶段。当然，也许用不到再花30年的时间，但至少也得花上20年：到2028年，也就是到了中国改革开放50年的时候，城乡二元体制改革才能被认为取得了决定性的胜利，估计到那个时候，城乡体制已经一元化了。

估计城镇化的速度在这20年内会加快，中国与美国的国情不同，把农村人口的比例降到像美国那样的4%~5%，是不现实的。但能不能降到25%~30%呢？也就是说，城镇人口要占70%~75%。看来，这还是有可能的。到那时，户籍是统一的，社会的职业分工是必要的，人们之间只有居住地点的不同和职业分工的不同，权利是平等的，机会也是平等的。这就是城乡一体化的真正含义。曾经存在过的城乡二元体制将成为中国历史上的一段插曲。[①]

---

① 李晨：《宅基地流转的重庆试验》,《北京青年报》,2008年11月3日；周春林：《宅基地流转的成都突破》,《北京青年报》，2008年11月2日。

最困难的是就业问题以及失业失地农民的社会保障问题

那么，城乡一体化改革进程中，最困难的环节究竟在哪里呢？不在于承包土地的流转，不在于宅基地的置换，也不在于从二元户籍制度转为一元户籍制度，而在于以下这个大问题：这么多的农村人口陆续进城居住，城市中有这么多工作岗位吗？如果城市就业不足，进城的农民中，不少人将成为无业者，这样就会影响城市的稳定和发展。而且，已经进城的农民如果在城里长期找不到工作，他们只得返回农村，但在农村还有土地可耕种吗？土地对农民来说，既是收入的来源，又是社会保障的依托。假定连农村的承包地都失去了，他们回乡后又怎么生活？下面，从三方面对此进行分析。

第一，在城乡二元体制改革过程中，必须保持较高的经济增长率。

从世界各国的情况可以了解到，在任何一个国家，新的工作岗位总是在经济增长中涌现的。尽管存在经济增长与就业增长的不对称性，即就业增长总是滞后于经济增长，但经济增长导致就业增长却是不容置疑的。然而现阶段中国就业问题具有复杂性和长期性。比如说，在西欧国家，一般只要年经济增长率保持在 2%~3%，就业市场基本上是稳定的，不会出现多大的就业问题，中国经济增长率要保持在 9%~10% 以上才不会产生失业严重化的现象；如果经济增长率降到 7% 以下，失业问题就会相当突出。原因何在呢？

西欧国家多年来经济增长率较低，每年新退休一批工人，腾出工作岗位，可以由新达到就业年龄的年轻劳动力补上空缺。即使经济增长率较低，失业问题不会严重。在那些国家，失业队伍的主要成员是国外移民中的求职者。不仅如此，西欧国家的工业化开始得较早，在长达一二百年的工业化过程中，农村劳动力的释放已差不多了，现在不会有很多农民想进城打工，来自国内农村的就业压力明显减少。

更重要的是，中国与西欧国家在体制上的一个巨大区别，就是西欧国家早已不存在城乡二元体制，而中国至今仍存在城乡二元体制。在城乡二元体制下，城乡由于体制不同而割裂开来，在社会经济生活方面存在巨大差异。如果存在着传统的计划体制，城乡人力流动受到严重限制，那么不管农村中的劳动力多么想到城市中来工作，也难以如愿。但从 20 世纪 80 年代以后，随着中国改革开放的进展，尽管城乡二元体制未被取消，但城乡之间的人力流动却放松了，于是就出现农民工进城浪潮。农民工进城，不仅是为了增加收入，还为了在城市生活，得到与城市居民一样的待遇，而且只要城里找到的工作比较稳定，就把家属接进城。这样，农村劳动力的供给就是源源不断的，而城市对劳动力的需求却是有限的，就业压力难以缓解。加之，农民在中国人口中的比重大、数量多，一些外出务工的农村劳动力在城市中找到了工作，就会吸引更多的同乡进城，所以就业压力的存在肯定是长期的。西欧国家则没有这样的情况，因为那里不存在城乡二元体制。

由于中国依然处于从计划经济体制向市场经济体制过渡的阶段，国有企业在国民经济中仍占有举足轻重的位置，民营企业是在 20 世纪 80 年代以后陆续发展起来的。在企业规模方面，国有企业主要是特大型和大型企业，它们的技术装备好，资本雄厚，甚至在某些行业成为垄断性企业，但国有企业属于资本密集型和技术密集型企业，吸纳的劳动力，尤其是一般劳动力是有限的。民营企业绝大多数是中小企业，其中很多是劳动密集型企业，吸纳的劳动力多。但是，民营企业在许多方面（如税收、融资、政府采购等）尚未受到公平待遇，在经济中处于弱势。一旦经济发生动荡，首先受到冲击的是民营企业。这样更加加剧了劳动力市场上供大于求的状况。而在西欧国家，虽然也有国有企业，但数量不多，在经济中起作用的主要是私营企业，只要经济有所增长（哪怕经济增长率只有2%~3%），只要人均GDP增加了，私营企业，包括大量小企业，就会进一步发展，增雇劳动力。

中国是一个耕地面积有限，人均耕地面积很少的大国。据统计，中国现有2.27亿农户承包了耕地，每户平均承包经营的耕地只有5.36亩。① 农民耕地不足，自20世纪80年代以来，不断有农民外出务工、经商。另据统计，中国现有9.5亿农村户籍人口，除了中小学生和老人，约有5.3亿劳动年龄人口。② 其中，3.2亿劳动力真正从事农业（包括林、牧、渔业），余下的2.1亿劳动力中，统称为“广义农民工”。广义农民工中包括两部分人。一部分是离土不离乡的、在乡镇企业工作的职工，约8 000万人，其余1.3亿人是外出就业的农民工，他们被称为“狭义农民工”。③ 可见，今后如果不从农村继续分流出去大批劳动力，在农村生育率较高的条件下，人均耕地会更少。为了提高农业的单位面积产量，走规模化经营的道路和农业集约化的道路是大势所趋。但据2006年资料，全国（除西藏外）耕地流动面积只有5 551万亩，只占家庭承包经营耕地面积的4.57%。④ 加快耕地流转势在必行。而土地流转的后果之一是

① 引自《财经》杂志，2009年第2期，第62页。

② 同上。

③ 引自《财经》杂志，2009年第2期，第62页。

④ 同上。

在农业中实际从事生产的劳动力数量会下降，于是又会推动农民进城务工。这种情况在西欧国家是不存在的，因为那里的农民人数已经不多了，农民有自己的家庭农场，面积适中，需要家庭成员全力经营，才能得到好收成，他们不急于进城，也不愿意丢掉土地去做工。

第二次世界大战结束以后的几十年间，西欧国家的社会保障制度已逐渐完善，无论城市居民还是农民都能享受到较好的社会保障待遇。进城的农民同城市居民一样，有相同的社会保障待遇。即使他们所在的企业倒闭了，他们失业了，由于有社会保障，他们一般不会返回农村。中国的情况与之不同。长期以来，“城乡二元分割制度是农民工无法获得同等社会保障的根本原因”。[①] 现在，中国的城乡社会保障改革刚刚起步，至今仍处在初始阶段，因此，失业的农民工只好返回农村；如果农村的承包土地已经流转出去而又没有相应的社会保障待遇，他们便成为无地无业无社会保障的“三无”农民。这是最令人担忧之处。

再从产业结构看，中国的就业压力大与产业结构中第三产业较小有关。西欧国家从工业化开始，经历了 200 多年，最终形成了这样的产业结构，即在 GDP 中，第一产业通常只占百分之几，第二产业占到 20% 以上，第三产业则占到 70% 以上。服务业成为最大的产业，它吸收了大量就业者，包括自行创业的中小型服务业企业的业主们。而中国至今仍然处于工业化中期，第三产业发展较缓慢，大约只占 GDP 的 40% 左右。第二产业则仍是劳动力力求进入

① 中国科学院“农民工返乡机制研究”课题组：《徘徊在城乡之间的中国农民工》，《光明日报》，2009 年 4 月 9 日。

的主要行业。因此，中国服务业发展的滞后是就业压力形成的一个重要原因。需要探讨的是：为什么中国的服务业发展较缓慢？可以从城市化速度慢和城乡居民大多数收入偏低来分析。由于城市化速度慢，农民人数多，而且农民的收入偏少，因此对服务业产品的需求只可能缓慢增加。那么，为什么城市化进展迟缓呢？为什么农民收入偏少呢？这又同城乡二元体制的存在有直接的关系。由此可以做出判断，产业结构问题在现阶段的中国是同城乡二元体制的存在联系在一起的：离开了体制原因，说明不了产业结构问题。

总之，在中国城乡二元体制改革中，经济必须保持高速增长，这是由中国的国情决定的。在中国，高经济增长率和城乡二元体制之间存在着特殊的关系，即没有高经济增长率，就业压力将一直是巨大的；而就业问题难以缓解，城乡一体化的进程必然会放慢。只有城乡二元体制改革取得了重大进展，城乡一体化逐步实现了，农村居民和城市居民在权利上趋于平等了，农村人口外出的压力减轻了，经济增长也就不一定需要那么高的速度了。

第二，在城乡二元体制改革过程中，必须切实有效地实现经济转型。

前面已经提到，在城乡二元体制改革过程中，中国需要高经济增长率，才能缓解就业问题。但我们也应该看到，持续的高经济增长率会带来很大的风险。这些风险是：

只顾速度，不问效益，资源消耗率居高不下，环境遭到破坏的趋势未能扭转，必定影响经济和社会的持续发展。

持续的高经济增长率，往往同投资过大联系在一起，投资需求过大，要素价格持续上升，由此将引发通货膨胀。

为了促进经济增长，而忽略产业升级和产业结构调整，很可能引发某些行业产能过剩，由此导致经济产生巨大的波动和下滑，从而需要再度加大投资，刺激经济。

在上述情况下，银行放贷中坏账的比例将上升，这是金融风险增长的反应。

可以断言，有必要在经济增长的同时实现经济转型。如果没有经济的转型，经济不可能实现又好又快的增长，不可能实现提高经济增长质量这一目标。

"经济转型"一词有两层含义。由于经济转型始终与结构调整、产业升级紧密地联系在一起，所以经济转型的第一层含义是：抓紧时间实现产业结构和产品结构的调整，以及产业的升级，鼓励企业自主创新，把提高经济增长的质量放在首位。经济转型的第二层含义是：抓紧时间实现就业结构或劳动力结构的调整，以及劳动力素质的升级，使技术人员、研发人员的比重上升，使熟练技工的比重上升，利用目前这段时间开展职业技术培训工作，以迎接新阶段的到来。

只有实现了这两层含义的经济转型，中国才能成为名副其实的经济强国、工业强国，才能既是世界的制造中心，又是世界的创造中心。同时，也只有实现这两层含义的经济转型，城乡二元体制的改革和城乡一体化的蓝图才有可能早日成为事实。道理是很清楚的，因为这时的经济增长才是又好又快的经济增长，能提供更多的就业岗位，并且不至于引发经济的剧烈波动，使人们的收入稳步上升。也就是说，我们所说的经济增长能够带动更多人的就业，不是单纯依靠 GDP 的增加就能使就业岗位不断增多，而是指在 GDP 增长的基础上，人们的收入能稳步上升，消费结构能不断调整，从而导致产业结构发生变化，导致第三产业在 GDP 中的比例不断加大，这样才能吸收更多的人就业。从 GDP 增长到就业增长之间，有三个重要环节，即人均收入增长、消费结构变化和第三产业在 GDP 中的比例扩大，从而形成“GDP 增长→人均收入增长→消费结构变化→第三产业在 GDP 中比例扩大→就业增长→ GDP 持续增长……”。

具体地说，一定要认真落实科学发展观，重视经济增长的质量，而不能片面追求经济增长速度，即不能片面讲“快”而盲目攀比经济增长率。为此，根据中国当前经济增长的特点，应当着力于优化结构、提高效益、节能降耗和治理环境。发展能够快一些就快一些，但这样的高速度应当在经济转型中实现，应当使人民的生活质量得到切实提高。工业化初期曾经采取的粗放型增长方式应当摒弃，粗放型增长方式是不符合可持续发展的。

为了实现第二层含义的经济转型，有必要加紧人才的培养，实行新的人才战略。这也是推进城乡一体化的需要。总的来说，在人才培养方面，必须尊重知识，尊重科学，尊重人才，尊重创新，提高全社会的创新意识。只有倡导创新精神，完善创新机制，才能激发全社会的创新活力，使人才脱颖而出。同时要加大倡导全社会敢于创新，勇于竞争和宽容失败的精神。不宽容失败，就不可能有真正的创新。为此，教育改革、教学内容和教育方式的改革是必要的。今后应当注意创新能力的培养，推进素质教育，培养学生的独立思考能力，鼓励学生参加社会实践和创新实践，这样才能涌现一大批有创新精神的人才。

要知道，农村中蕴藏着大批人才，他们在过去很长的时间内之所以没有涌现出来，主要是受到城乡二元体制的束缚，这不仅是由于他们生活在城乡分割的条件下，没有受到良好的教育，更重要的是没有发挥自己才能的环境，他们的积极性受到挫伤。试看，当初开始推行农村家庭联产承包责任制之时，尽管城乡二元体制依然存在，但毕竟稍有松动。广大农村不就涌现出一些能人和农民企业家？今后，如果消除了城乡二元体制，走上城乡一体化的道路，大环境改变了，蕴藏于农村中的创新人才就会大量涌现。① 城乡一体化之后的小城镇建设和新农村建设，需要多少敢于创新和创业的人才，他们来自何处？不正是来自广大农村，来自涌入城镇的农民之中吗？

第三，在城乡二元体制改革过程中，必须让失去土地的农民有稳定的个人社会保障账户。

在城乡二元体制改革过程中，不要形成一批“三无农民”，即无业、无地，又无社会保障的农民。关于进城的农民或留在农村的农民，可以分为以下几种情况。

一种情况是：无论是留在农村还是进城务工或经商的农民，他们把承包的土地转包、出租，或入股了。这种情况下，他们不能被认为已经失去承包的土地。

另一种情况是：如果他们通过宅基地的置换而进城工作或居住，并由此得到了城市户口、城市住房和城市低保，他们也不能被认为已经失去了宅基地。②

再有一种情况是：由于各种原因，农民的承包地或宅基地被征用或收购了，如为了修公路、修铁路、修机场、建工厂、修水库、建城市住宅区，农民失去了自己的土地，但也得到一笔补偿费。在

① 刘阳生：《建立城乡统筹的就业支持体系，促进城乡之间劳动力的合理流动》，《中国发展》，2008 年 12 月，第 62~65 页。

② 国家行政学院法学部课题组：《成都市农村集体土地流转案例调研与评析》，国家行政学院科研部：《政府管理参考》，2008 年第 4 期，第 4 页。

这里，姑且不谈补偿费的多和少，不谈补偿制度的标准是否合理，也不谈补偿费发放到农民手中时是否被人贪污了一部分，而只讨论农民把领到的补偿费花完了，又没有合适的工作，或者当了一段时间农民工又失业了，或者经营的小商店、小作坊亏损了，关闭了，那该怎么办？这样不就成了真正的无业、无地、无社会保障的“三无农民”？

为了防止这种情况的发生，应当在征用或收购农民的承包地或宅基地时，让失去土地的农民建立稳定的个人社会保障账户，个人账户中的社会保障资金由三部分组成。一是政府从土地转让所得的资金中划拨一部分进入农民个人社会保障账户；二是得到了补偿费的农民从自己所领到的补偿费中划出一部分，进入个人社会保障账户；三是由得到土地的开发商、企业或建设单位交一笔钱，进入农民个人社会保障账户。这三部分资金都是强制性交纳的。农民有了个人社会保障账户中的保障，再遇上生活困难时就可以有所依靠了。

比较特殊的是以下两种情况：

第一种情况：经济形势较好，外出务工的农民把承包地出租给种粮大户，每年取得租金；到了经济形势较差时，外出务工的农民回乡了，他们无以为生，就向承租土地的种粮大户索取土地，否则他们就成了无业无地农民了。在这种情况下，有的种粮大户就办起了农民专业合作社和粮食加工企业，既保住了农业的规模经营，又让租地给他的农民稳定下来，有了工作和收入。这种情况被称为“种粮大户的转型”。①

① 杜安娜、何涛：《农民返乡要地，种粮大户转型》，《广州日报》，2009 年 2 月 24 日。

第二种情况：农民在把承包地入股到企业之后，虽然不能被认为是失去了土地，但如果以后企业倒闭、破产了，农民不仅失去了土地入股后本来可以按年领取的红利，而且连原来的承包地也丢掉了，这不是“失地”又是什么？关于这个问题，前面已经提出，根据重庆试验区的经验，农民应当把承包地入股到农民专业合作社（小公司），而不要把承包地入股到龙头企业（大公司）。然而，农民专业合作社既然作为市场主体，仍会有投资风险和经营风险，一旦这种农民专业合作社经营不善，或投资失误，负债累累，倒闭、破产了，那又该怎么办？这是一个迄今尚未找出有效对策的难题。常言说“不怕一万，只怕万一”，在探讨土地流转中农民把承包地入股这一形式时，不能不防止可能发生的农民失地风险。

一种可供选择的对策是：试行土地入股保险制度。这正如居民到银行存款一样，如果银行倒闭了，居民存款岂不是血本无归了？于是就有了银行存款保险制度，由保险公司为居民存款保险，以减少个人存款户的损失。可以试行的土地入股保险制度是指：在一些城市设立由国家控股的专营农民土地入股的保险公司，或在现有的国家控股的保险公司下面设立专营农民土地入股保险业务的子公司。农民专业合作社在吸收农民承包地入股后，就在保险公司上保险，定期交纳保险费，如果万一因市场风险而导致农民专业合作社倒闭了，保险公司给土地入股的农民以一定的补偿，以减少他们的损失。平时，保险公司可以监督、帮助农民专业合作社的经营，防止出现巨额亏损等情况。

总之，改革是需要“探索”的，改革总是在试验中积累经验的。我相信，通过实践、实践，再实践，城乡一体化必定能顺利推进。

第二章

中国改革的理论创新

中国特色经济学的建设和发展[①]

改革开放30多年来，我国取得了巨大发展成就。以马克思主义为指导的中国特色经济学在总结改革开放成功经验的基础上发展起来，提炼出一系列新概念、新规律、新范式，形成了具有中国特色的经济理论和分析框架，又对实践产生了巨大指导作用。因为对中国经济实践的超强解释力和科学指导力，中国特色经济学在世界上逐渐有了一定话语权。习近平同志在哲学社会科学工作座谈会上的重要讲话，提出了加快构建中国特色哲学社会科学的要求。中国特色经济学是中国特色哲学社会科学的重要组成部分。提高中国特色经济学建设水平，一个重要前提是正确回答中国特色经济学的特色在哪里，它从哪里来、要到哪里去等根本性问题。对这些问题，可以在回顾中国特色经济学建设和发展历程中，得到更加清晰的认识。

---

① 本文发表于2016年6月27日《人民日报》。

农村家庭联产承包责任制：奠定中国特色经济学的实践底色

1976 年 10 月粉碎“四人帮”之时，我国国民经济濒临崩溃。中国社会主义如何建设、如何发展，成了从中央领导到广大群众普遍关心的问题。1978 年 12 月，党的十一届三中全会召开，中国从此走上改革开放的快车道。改革的第一声春雷炸响了，安徽、四川等地的农村最早开展了家庭联产承包责任制的试验。

家庭联产承包责任制是农民自发采取的改革措施。从 1979 年起，在党的十一届三中全会精神鼓舞下，家庭联产承包责任制迅速推广。因为实践表明，它使农业增产了、农村面貌改善了、农民收入增加了，给农业、农村、农民带来了发展动力、带来了希望。

农民的积极性提高后，乡镇企业也发展起来。乡镇企业自筹资金，自购设备，自谋产品销路，自聘城市退休技工来工作。20 世纪 80 年代初，在中国有一道新的风景线——火车上、长途汽车上，经常看到一些农民模样的人拎着大包小包，走向全国各地。他们是新兴的乡镇企业的推销员，带着样品和订单，到处推销本企业的产品。这样，大一统的计划产品市场被打破了，充满活力的乡镇企业商品市场形成了。这是奇迹，也是必然现象。中国经济逐渐走向市场经济，乡镇企业功不可没。

农业增产增收促使养殖业、蔬菜种植业兴起，农贸市场相应发展，多年少见的鸡鸭鱼肉、香油、花生米和各种蔬菜等充满了市场各个角落。城市供应的丰富，使得实行多年的粮票、油票、肉票等票证就此取消。

这就是改革开放初期中国经济的新景象。它再次印证了马克思主义关于“人民群众是历史创造者”这一基本观点的真理性，奠定了中国特色经济学的底色，那就是：以实践为理论来源，坚持以人民为中心的研究导向，拒绝本本主义，拒绝教条主义，致力于调动亿万人民的积极性、主动性、创造性，从实际出发创造性地解决中国问题。

建立经济特区：为形成社会主义市场经济理论打开突破口

与香港仅一水之隔的广东深圳，直到 20 世纪 70 年代末与香港的发展差距仍然悬殊。那时香港已经是一个国际化都市，而深圳只是一个小镇。情况从 20 世纪 80 年代初开始发生变化。1980 年 8 月，深圳经济特区正式建立。当时，内地依然实行计划经济体制，而深圳的经济则按照市场规则运行；内地只有小商小贩经营，而深圳则可以成立和发展私营企业。

于是，深圳成了内地最早开放的地方。经济特区建立后，深圳面貌迅速发生改变。内地各省市的资金源源不断地流入深圳，内地各省市的人才同样源源不断地到深圳去寻找发展机会。深圳也是最初的农民工就业地。从 20 世纪 80 年代起，深圳的建设速度远远超过香港。高楼一栋栋拔地而起，马路一条条又宽又平。深圳再也不是一座小镇，而变为一座国际性城市，规模比香港大很多，人口也多于香港。难怪全世界都称赞“深圳速度”。

当时建立的经济特区有深圳、珠海、汕头、厦门，随后又兴办了海南经济特区。刚建立经济特区时，在内地一些场合还能听到“深圳姓社还是姓资”的议论。这是难以避免的，因为深圳的转变在不少人看来已超出了常规。到了 1992 年，邓小平同志再次到深圳考察的讲话在报纸上发表，此后深圳“姓社而不姓资”的看法得到越来越多人的认同。人们更加清楚怎样判断深圳的制度属性：难道深圳不是社会主义经济的试验区吗？难道深圳不是社会主义制度下中国政府的管辖区吗？

兴办经济特区，是党和国家为推进我国改革开放和社会主义现代化而做出的一项重大决策，是探索中国特色社会主义道路上的一次伟大创举。建立经济特区的意义不仅在于引进外资、管理和技术，更在于开拓出了一种重要的改革方法和研究方法——摸着石头过河；在于得出了一个新的认识——开放带来进步，封闭导致落后，开放也是改革；在于开辟了完善和发展中国特色社会主义制度的试验场——经济特区既是探索社会主义市场经济的大舞台，也是理论创新的大平台。以经济特区为突破口和有力引擎，我国实现了从高度集中的计划经济体制到充满活力的社会主义市场经济体制、从封闭半封闭到全方位开放的历史性跨越，中国特色经济学也完成了从研究封闭半封闭经济体到研究开放型经济体、从研究稳态经济体到研究转型经济体、从研究计划经济到研究社会主义市场经济的华丽转身。特别是创造性地把社会主义制度和市场经济有机结合起来，逐步形成了社会主义市场经济理论和中国特色对外开放理论，奠定了中国特色经济学的基础。

国有企业股份制改革：国有企业改革理论丰富和发展起来

20 世纪 80 年代中期，经济学界在讨论如何进行国有企业改革时，承包经营责任制一度引起人们的关注。当时，人们提出了“首钢经验”。这是指：首都钢铁公司采取承包经营责任制以后，效益提高了，利润增长了；而从性质上看，企业依然是国有的，所以无论从大方向上考察，还是从企业管理方面分析，承包经营责任制都具有很大可行性。于是从 1987 年起，国务院决定在一些省市实行承包经营责任制改革试验。稍后，逐步形成了全国性的“承包热”。

然而，不同意实行承包经营责任制的经济学家从这一制度实行情况的调研中，得出了国有企业不宜采用承包经营责任制的论断。主要理由是：第一，承包经营责任制没有解决国有企业产权清晰这一根本性问题。在承包经营责任制之下，产权依旧是模糊的，这无益于国有企业的实质性改革。第二，承包经营责任制使企业侧重于短期行为，如为了完成承包任务，企业行为趋于短期化，拼设备、拼消耗，结果受损害的是国有资产。第三，承包经营责任制使企业的国有财产主管者同承包者在承包费高低上不停讨价还价、争吵不已，谁为国有资产保值增值而操心？第四，首都钢铁公司的承包经营责任制是在国家税收优惠条件下实行的，其他国有企业实行承包经营责任制，如果得不到类似的国家税收优惠，能取得同样的效果吗？不可能。

经过有关国有企业承包经营责任制的讨论和质疑，特别是经过实践的检验，20 世纪 90 年代之后，“承包热”冷却下来，国有企业改革转到股份制改革道路上来。股份制企业可以采取股份有限公司形式，也可以是上市公司，但一个共同特征是：产权清晰。这样就可以按照国有企业所属行业不同，分别制订国有企业股份制改革方案。

整个 20 世纪 90 年代，股份制改革都是经济体制改革的重点。股份制企业大体上分为两大类，一类是经营性行业的国有企业，国有资本控股多少不采取统一标准，根据行业性质和企业规模而定。这样改制的企业，可以称为混合所有制企业。另一类是特殊行业的国有企业，在实行股份制改革后，需要国家控股；至于国家控股多少，也要依据行业性质和企业规模而定。

20 世纪 90 年代的股份制改革是一件大事。它的主要意义不在于开辟了向资本市场融资的渠道（当然，融资也是重要的），而是切实转换企业运行机制。为此，必须健全企业法人治理结构，包括股东会、董事会、监事会、经理，进一步完善考核制和任期制，建立现代企业制度。股份制企业法人治理结构的完善，不是短期内就能完成的任务。但只要改革方向对头，进一步改革和完善企业治理结构就有希望。再进一步看，由于改革开放初期我国处于市场既不完善而又缺乏真正市场主体的状态，所以改革应当以产权改革为主线，而企业股份制改革则是明晰产权、界定产权、培育独立市场主体的最佳途径。以股份制改革和建立现代企业制度为基础，国有企业改革理论逐步丰富和发展起来。

从林权改革到农村土地确权：中国特色产权理论建立

1979 年全国各地农村开始推广家庭联产承包责任制时，本来没有把林地包括在内，但当时一些地方把林地也给承包了。正值改革初期，农民们对改革形势还认识不清。一些人承包了林地之后就开始砍树，他们认为政策可能改变，今年既然把林地承包给我，不砍树卖钱就可能吃亏。结果，砍树成风。这导致了林地承包改革的停滞。直到 21 世纪初期，才在福建、江西、辽宁、浙江等省进行林权改革试验。2008 年 6 月，中共中央国务院颁布了《关于全面推进集体林权制度改革的意见》，一场意义深远的重大改革才正式启动。

林地承包到户比耕地承包到户晚了 20 多年，但在理论和实践上有三个突破：一是明确了“70 年不变”的年限。70 年时间，孙子辈都长大了，正是“爷爷种树，孙子乘凉”。林农的积极性大增，爱林护林的热情高涨。二是林地承包经营权和承包林地上的树木可以用于抵押、取得贷款。这样，林农发展林业和开发林下经济就有了资金。三是林地承包究竟承包给哪一级？是村级、乡级还是林业合作社？当时学术界曾有争论。而中央的决策是承包到林农户，“一竿子插到底”。这就大大调动了林农的积极性。

集体林权制度改革为下一阶段的农村土地确权做了准备。农村家庭联产承包责任制推广时，并未经历土地确权阶段。林地确权了，发了产权证，明确了财产权，林农安心了，现在轮到农村土地确权了。浙江、重庆、四川等省市，在党的十八大召开前后，试行了农田和宅基地及其上面农民自建住房的确权工作。具体地说，农民的承包地有承包经营权，农民的宅基地有宅基地使用权，农民在宅基地上自建的住房有房产权，三权（农民承包土地的经营权、农民宅基地的使用权、农民在宅基地上自建住房的房产权）和三证（农民承包土地经营权证、农民宅基地使用权证、农民在宅基地上自建住房的房产证）配套。这样，农民的心就定了，不怕土地会无缘无故地被圈走。这就大大激发了农民的生产积极性。

农村土地确权在保证农业用地（耕地和建设用地）使用方向不变的前提下，使农民的财产权益得到保障。同时，它也使农地承包户成为真正的市场主体。在国有企业改革和农村土地确权的推进中，以产权界定、产权清晰、培育真正市场主体为主要内容的中国特色产权理论建立起来。这一理论建立在公有制为主体、多种所有制经济共同发展的基本经济制度基础上，是为了不断增强国有经济活力、控制力、影响力，激发非公有制经济活力和创造力，大力发展现代农业，与西方鼓吹私有化的产权理论有着本质区别。当前，农村土地确权后的土地流转工作还处于试点阶段，关于“非粮化”（原来土地上种植粮食，而新承包者改种其他作物）倾向问题，工商企业进入农村的资格审查制度问题，承包地、宅基地和宅基地上农民自建房屋能否用于抵押的问题等，都需要中国特色产权理论深入研究，做出科学回答。

农村新气象和农民创业热：为人力资源理论增添新内容

农民的积极性之所以在土地确权以后高涨不已，是因为这些改革措施符合中国国情，是从长期改革发展实践中总结出来的。在世界各国的经济学教科书中，哪里有从农村家庭联产承包责任制到农民落实财产权的记载？只有懂得中国特色的中国经济学家才能对此进行深入研究，才能解释清楚为什么中国要这样做。

农村土地确权以后，土地流转大大加速。一些农民在外地务工多年，学会了经营管理，有了技术，积蓄了资金，为了求得进一步发展而回乡创业。他们珍惜自己的承包地，还通过转包、租赁等方式，决心办好家庭农场，从事种植业、养殖业、果树业，并不断扩大规模。还有一些农民有手艺，有专门技巧，或善于经商。他们把自己名下的承包地转租出去，一心一意扑在外出经商上。他们是当前中国的另一类创业者。

与此同时，耕地并没有荒芜。田，总是有人来耕种的。在浙江一些地方，本地有技术、有手艺的人外出经营，外地的农民就来种田了。我的故乡江苏扬州仪征，本地的农民去外地就业，苏北的农民就来种地了。他们在这里种地可以得到较高的收入。农民中的一部分人已经是新型农民。他们不仅种田，而且懂得市场需要什么、怎样满足市场的需要。

改革开放以来，中国人力资源的流动数量和流动速度是世界罕见的，因此研究农村与城市之间人力资源的双向流动成为中国特色经济学的重要内容。人力资源流动是提升人力资源质量的重要条件，因为人力资源流动意味着有更多的就业机会、创业机会在等待着各种专业人才、技术工人，这也鼓励更多的劳动者去深造、学习，以适应市场的需要。从这个意义上看，人力资源流动性强，表明人力资源中蕴含着巨大的发展潜力；如果缺乏流动性，则表明人力资源的潜力可能接近于枯竭。

有中国特色的新型城镇化：孕育出中国特色城镇化理论

在西方发达国家，城市化和工业化基本上是同步的。城市化开始时杂乱无章、缺乏统筹安排，以致环境污染、交通拥堵、居民生活质量下降，失业人数也日益增长，于是就形成了所谓的“城市病”。等到西方国家的政府发现这一系列问题时已经晚了，不得不花费更多的财力和人力去解决。

中国的城镇化除了遇到同西方发达国家当初类似的问题，还有中国特殊的问题，这就是城乡二元户籍制度。比如说，农民工进城后，虽然已工作多年，但农民户籍未变，身份仍是农民，难以融入城镇社会，不能和城镇居民享受同等待遇。因此，中国必须走适合中国国情的城镇化道路。城乡二元户籍制度改革势在必行，但又必须分阶段推进。这确实是个难题，也是中国的经济学者必须认真对待的课题。

一种做法是推行“积分制”。这是根据深圳、上海等城市的经验总结出来的做法。以上海为例。改革开放以来，不少苏南、苏北、浙江、安徽等地的农民工涌入上海的企业工作，他们已成为上海工业企业中的骨干力量，但依旧是农民户籍。为了留住这些人才，上海推出了“积分制”，即把外地来上海工作人员的学历、技术水平、来上海工作年限、是否得过奖等等一律折成“分”，“分”够了就转入上海城市户籍。“积分制”已被国内一些城市所借鉴。

另一种做法是“分区推进”。老城区重在改造，包括工厂迁走，棚户区改造，发展商业和服务业，建成适合人们居住的城区。新城区重在培育经济增长点，成为高新技术区、工业园区、物流园区等。新社区则是农村改建而成的，重在集中居住，使农民有舒适清洁的住宅和环境，公共服务设施齐全，城乡社会保障一体化。做到了这些，村的建制就改为社区建制，于是整片地区转为户籍一元化的新社区。无论老城区改造、新城区建设还是新社区改建，关键都在于以人为本。

这就是中国特色的新型城镇化，是“就地城镇化”“以人为本的城镇化”，它孕育出有中国特色的城镇化理论。也就是说，中国经济学者研究中国城镇化问题，不可能照搬其他国家的城镇化模式和做法，而只能从中国的实际和实践出发，找到有中国特色的城镇化规律，求解适合中国国情的办法，总结出与其他国家不同的结论，构造起全新的分析框架。

精准扶贫：中国特色经济学要关注并推动实现共同富裕

中国是世界最大发展中国家，改革开放初期又十分贫穷。改革开放以来，我国在扶贫方面取得了巨大成就，7亿多贫困人口脱贫，创造了人类历史上绝无仅有的扶贫奇迹；人民生活实现了从温饱不足到基本小康再到建设全面小康的大踏步跨越。但随着贫困人口减少，“大水漫灌”式的扶贫效果已不甚理想。为了使扶贫资金发挥更大作用，为了让全体人民共同迈入全面小康社会，最近几年我国采取了“精准扶贫”的做法。

不管扶贫资金来自财政拨款还是来自金融信贷或民间捐赠，都要用得有效。为此，关键是把握以下三个原则。第一，贫困地区的村干部和农民都要转变观念，不能有依赖思想，要认识到贫困地区脱贫致富，一定要建立在自力更生、艰苦奋斗的基础上。这样才能在扶贫资金的帮助下摆脱贫困。第二，必须根据当地的实际情况找到致富产业，并齐心协力把致富产业做强做大。第三，要留住劳动力，包括欢迎外出务工的农民回乡创业。一个村寨，如果青壮年劳动力都外出了，村里只剩下老弱妇孺，即使有再好的规划，也富裕不起来。

对于一些居住在高山等自然条件恶劣地方的农户，要动员他们搬出来，妥善安家，经营林下经济或养殖业、手工编织业等，这样也能逐渐富起来。

扶贫问题是中国特色经济学研究的重要问题，这与西方经济学有很大不同。西方经济学把人抽象成“理性人”，实际上就忽略了人的各种需求。而中国特色经济学在研究中把人还原为现实人，关注满足人的各种现实需求，关注调动人的积极性、主动性、创造性。西方经济学缺乏人文关怀，也缺少推动实现社会共同理想的内容。而中国特色经济学关注社会共同理想的实现，是为实现全面建成小康社会、实现中华民族伟大复兴中国梦等社会中长期目标和人民共同富裕而服务的，它研究的主题和核心是解放和发展生产力、让人民群众的生活质量不断提高、使社会主义制度的优势不断发挥出来。因而，它不仅研究人民群众积极性的涌现和物质生产的增长，而且始终关注人们觉悟的提高和道德水平的提升，是更加贴近现实需求、更加人性化的经济学。

经济新常态和转变发展方式：开启中国特色经济学创新空间

改革开放后一个时期，我国经济发展基本上以追求数量和规模为目标，不少地方相对忽视质量和效益，这在经济起飞、快速摆脱贫困阶段是很难避免的。最近几年，我国经济发展进入新常态，提高经济发展质量和效益的重要性日益凸显。中央提出要主动适应、把握、引领经济新常态，这不仅对经济发展实践具有深远指导意义，对中国特色经济学创新发展也具有重要指导意义。

适应、把握、引领经济新常态，就是按经济发展规律办事，不做违背经济规律的事情。现阶段，高速增长已不符合经济发展规律，它至少会带来或加剧五个方面的后果：资源过度消耗，生态环境破坏，部分行业产能严重过剩，低效率，错过结构调整和技术创新的最佳时机。因此，在新常态下推动经济发展的主要任务是调结构、去产能、补短板，加快转变经济发展方式。至于经济增长速度，维持在 6%~7% 的中高速就可以了。

调结构是转变经济发展方式中最重要的事情，但也是十分困难的事情。为了调结构，必须痛下决心消除产能过剩现象。那么，应该如何对待下岗人员？其实，与其让政府养亏损企业，不如养职工。这是因为，该关闭、淘汰的企业是一个个无底洞，与其填无底洞，不如让它们破产重组。而职工则可以分为两部分，一部分是年长的职工，让他们退休，享受社会福利保障。另一部分是中青年职工，让他们接受职业技术培训，帮助他们在合适的企业找到工作；如果他们愿意自主创业，政府可以给予减免税等扶助措施，也可以鼓励银行给予贷款支持。

现阶段怎样补短板呢？基本做法是鼓励创新，鼓励民间资本流向高新技术产业和短板产业。世界上许多国家在这方面积累了丰富经验。市场是可以创造的，市场份额不是固定不变的，市场只认可最优秀者。在市场竞争中，永远是优胜劣汰。有创意、有创新，就能抢占竞争制高点、得到市场青睐。这会激励更多的发明家和企业家齐心合作，不断推进技术创新、产品创新、商业模式创新。

根据经济学原理，在经济下行压力大时，既可以从需求侧进行调节，也可以从供给侧进行调节，二者是可以相互配合的。但需求侧改革着重于内需扩大，而供给侧改革着重于结构调整。与需求侧改革相比，供给侧改革更为艰难，也会涉及市场主体重组。对当前的中国经济而言，供给侧改革更有必要。也就是说，在经济新常态下，我们为了不贻误时机，理应通过结构调整和资产重组使国有企业增强活力，以适应新的形势；同时，支持和引导非公有制经济发展，使民营企业在供给方面发挥重要作用。当前正在发展构建中的供给侧结构性改革理论，是在中国经济土壤中生长起来的，是改革开放 30 多年我国经济发展经验的结晶，是中国特色社会主义政治经济学的重要内容，是适应和引领经济发展新常态的重大创新。这一理论的诞生，开启了中国特色经济学的巨大创新空间。

这里讨论了改革开放以来我国经济中的八个问题。虽然这八个问题远不能概括我国 30 多年改革发展所走过的全部路程，也显然不能穷尽中国特色经济学研究的重大问题，但至少可以说明中国特色经济学是怎样一步步建设和发展起来的。中国的经济学者，包括老、中、青三代人，热情参与了这一进程。我们之中，谁都不是先知先觉者，谁都不敢说自己在改革开放之初就已预料到中国经济所要经历的过程。改革发展的实践不仅从中国国情出发提出了一个又一个新课题，而且不断对经济学研究进行检验。没有改革发展的伟大实践，我们能学到这样丰富的经济学说吗？中国特色经济学能取得这些伟大的成就吗？

马克思主义是发展的科学，它不会止步于任何一个阶段，马克思主义经济学研究者也不可能宣称已到达经济理论的终点。中国特色经济学的建设和发展，足以证明马克思主义经济学说具有无限生命力，它会继续指导中国现代化建设实践，继续推动中国特色社会主义制度发展和完善。中国特色经济学是马克思主义经济理论在中国发展创新的重大成果，生动鲜活的中国特色社会主义经济实践是其发展基础和创新源泉。中国特色经济学必将继续随着中国特色社会主义的发展壮大而茁壮成长、开枝散叶。

中国的实践为制度创新理论提供了新的内容[①]

在从计划经济体制向市场经济体制转轨过程中，民间蕴藏着极大的积极性，许多制度创新最初是由民间自发开始的。

一个例子就是1979年开始的农村的“大包干”，也就是后来通称的农村家庭联产承包责任制。这是民间自发进行的制度创新尝试。一旦试验成功了，各地纷纷前来参观学习。由此在全国范围内掀起了“承包热”，这表明民间蕴藏的极大积极性迸发出来了。

另一个例子就是紧接在农村家庭联产承包责任制以后掀起了大办乡镇企业的热潮。也同样是民间蕴藏的积极性迸发的表现。从此，在中国出现了不在国家计划之内的乡镇企业产品市场，国家计划产品一统天下的格局被打破了。

再一个例子是城镇所掀起的股份制热。这是20世纪80年代前期出现的。各地相继出现了一些由投资人集资所建立的股份制企

---

① 2008年12月8日在北京大学光华管理学院博士后年终聚会上的讲话。

业。尽管都是一些中小企业，但毕竟是民间蕴藏的积极性的反映。简要地说，同农村承包制、乡镇企业的建立一样，这些都是创业精神的体现。

还可以举一个近的例子，就是21世纪初一些山区农民首创的集体林业的承包制，也就是民间所说的“包山到户”。“包山到户”也是创业活动。它把农民经营自家山林的创业积极性调动起来了。

“摸着石头过河”是就改革的总体思路和配套措施而言的，这是改革领导层必须考虑的问题，而对于民间自发的制度创新而言，最初仅限于小范围的试验，并不存在“摸着石头过河”问题。

中国从计划经济体制转轨到市场经济体制，这在全世界没有先例。因此，既要大胆改革，又必须谨慎从事。对改革领导层来说，“摸着石头过河”的做法是对的。改革的实践使改革得以产生经验和教训。任何一项改革都要经过实践检验后才能总结。

因此，“摸着石头过河”是改革领导层必须考虑的问题，其中包括改革的总体思路，改革的配套措施，以及这些措施推出的时机等。

然而，正如前面所说，在体制转轨过程中，许多制度创新最初来自民间，具有自发性。他们出于自身的亲身体验，感到这种改革试验是有效的，既有利于自己脱贫致富，又有利于创业。对他们来说，没有什么“摸着石头过河”问题，而是凭着自己的判断，闯出一条新路来。这里带有一种冒险精神，这正是一切创业者共同的品质，它是难能可贵的。

计划经济时代，一些地方的一些人也曾有过承包制、乡镇办企业、集资办企业的做法。但在当时情况下，都受到压制、打击，一些人也因此遭到不幸。这不算“摸着石头过河”，因为当时的领导层是计划体制下的当权者，他们根本没有想到要“过河”。

中共十一届三中全会以后形势发生了变化。改革开放由此开始。民间自发的制度创新走上了正轨。容许他们创业，容许他们试验，即使失败了，这并不是政府干预的结果，而是被市场经济的实践证明不合适、时机未到或条件尚未成熟而已。自发的试验仍在继续。

社会主义制度下的制度创新是指体制的转换，即由计划经济体制逐渐过渡到市场经济体制，这是一个社会主义制度自行调整的过程，因而必定是渐进的。

由于改革是前人从未做过的事情，所以从改革的总体思路和配套措施的角度来看，改革一定是循序渐进的，而不是疾风暴雨式的。这符合“摸着石头过河”的道理。换句话说，那种在较短时间内就能完成改革的设想不符合中国改革的设定目标。

那么，什么是中国改革的设定目标？这不是制度的更替，不是从社会主义制度转为另一种社会制度，而是社会主义制度的自行调整，即从社会主义的计划经济体制转为社会主义的市场经济体制。体制的转换就是制度调整。

在社会主义社会，计划经济体制是一种刚性体制，市场经济体制是一种弹性体制。所以社会主义制度的自行调整就是由社会主义的刚性体制转变为社会主义的弹性体制。

体制转换，即制度调整，是必要的。不改体制，丢掉制度。改革了体制，社会主义制度不仅将继续存在，而且一定会发展得更好。社会主义制度的优越性才能充分发挥出来。

社会主义制度的自行调整是前所未有的，这本身就是一种创新。所有的经济学家都从未遇到过这样的问题，大家都在学习，都在思考，都在提出自己的建议，但谁都不是“先知先觉者”，谁也不可能是“先知先觉者”。

1979 年中国开始改革的时候，既没有先例可援，又没有现成的改革理论可供参考。有的只是资本主义制度调整的经验（如第二次世界大战结束以后联邦德国的改革）或不成功的东欧某些国家的改革教训（如波兰、匈牙利的改革）。中国的政府官员和经济学者不可能从书本上学到社会主义制度调整的理论。

因此，中国所有的政府官员和经济学者都只能边参与改革边学习，谁都不是“先知先觉者”，谁也不可能是“先知先觉者”，大家都在学习，都在思考，任何人提出的建议，都只不过是一家之言而已，因为经济学的经验都是滞后的。

中国改革只可能“摸着石头过河”，经济学者不可能违背这一原则。否则，中国改革就会不符合改革或体制转换是社会主义制度自行调整这一论点。同样的道理，中国改革必定是循序渐进的，经济学者也不可能设想任何一种速成方案，否则只会失败。

但这些都不妨碍经济学家进行独立思考。这里所说的“独立思考”，是指从民间自发进行的许多制度创新的试验中，去总结，去判断，去提炼，去完善，以便从中找出适合中国国情的进一步改革的途径，为社会主义制度创新理论增添新的内容。

中国道路与混合所有制经济

支持并鼓励混合所有制经济的建立和发展是中国社会主义经济理论的重大创新，从经济学理论与中国经济改革实践的角度论述了资源配置效率的迫切性。在此基础上，提出建立和发展混合所有制经济的途径是：鼓励现有国有企业走向混合所有制经济、鼓励发展非公有资本控股或参股的混合所有制企业、员工持股的规范化、界定不同行业的国有企业功能以便针对不同行业特点提出改革措施等。同时澄清了调研中发现的对混合所有制经济的一些偏颇认识，进一步论述了民营企业在混合所有制经济建立和发展过程中实现向现代企业转变的相关问题，着重指出实行企业员工持股制是建立和发展混合所有制企业的最有效途径之一。

支持并鼓励混合所有制经济的建立和发展是中国社会主义经济理论重大创新

长期以来，在社会主义经济理论中存在着简单的两分法，即非公即私，非国有即私有，非国营即民营的划分。这样，就把处于两端之间的中间地带忽视了。经济实际上是多元的。就以两分法所提到的公有制和私有制这两端来说，其实无论是公有领域还是私有领域，都存在着不同类型的公有经济或私有经济，不宜笼统而言。而在公有和私有之间的中间地带，同样存在着不同类型的混合所有制经济。这是客观存在，不容忽视。

混合所有制这个名词，在1997年召开的中共第十五次代表大会文件中就已出现。中共十六届三中全会通过的《中共中央关于完善社会主义市场经济体制若干问题的决定》中对混合所有制经济有明确的论述，强调要大力发展国有资本、集体资本和非公有资本等参股的混合所有制经济，实现投资主体的多元化，使股份制成为公有制的主要实现形式。这些论述是以往社会主义经济理论中所没有的。

2013年中共十八届三中全会的决定，对社会主义经济理论中有关混合所有制经济的地位、性质和作用做出了更加明确的表述，即把发展混合所有制经济作为我国基本经济制度的重要实现形式，既鼓励国有经济走向混合所有制经济，又鼓励非公有经济走向混合所有制经济。具体的做法将体现于改革之中，使国有资本和民间资本都能因参与混合所有制经济的建立和发展而增加活力，提高效率，增加收益，从而切切实实地使中国经济登上新的台阶。

从这个意义上说，中共十八届三中全会有关建立和发展混合所有制经济的决定，确实是中国特色社会主义经济理论的重大理论创新。

建立和发展混合所有制经济的理论基础

首先从经济学中有关效率概念的发展谈起。

在经济学中，生产效率一直是人们关注的重点。生产效率指的是投入产出之间的关系。有投入，才有产出。如果投入减少，产出能维持原状，或者，如果产出增加，而投入能维持原状，都表明生产效率提高了。因此，人们关注生产效率的提高或下降，是合理的，生产效率是必须重视的。但自从20世纪30年代以后，尤其是第二次世界大战结束以后，经济学中出现了第二种效率概念，即资源配置效率。

资源配置效率是指，如果投入为既定，以A方式配置资源，能有N产出，而以B方式配置资源，则有N+1产出，那就表明资源配置效率提高了；如果以C方式配置资源，有N+2产出，那就说明资源配置效率更加提高。因此，资源配置效率实际上比生产效率更重要。生产效率主要是从微观经济的角度进行分析。一个企业、一个生产单位无疑需要走技术创新和加强管理之路，以便不断提高生产效率。但从社会的角度、从宏观经济的角度进行分析，资源配置效率的提高无疑更为重要。关键在于：只有从宏观经济的层面把资本盘活，使资源配置得更合理、更有效，资源配置效率才能不断上升。重视生产效率，是对的。但如果忽视资源配置效率，物不能尽其用，人不能尽其才，土地不能尽其利，货币不能畅其流，那就谈不上经济运行是有效的。资源配置效率低下，实际上是资源的最大闲置与最大浪费。

建立和发展混合所有制经济的现实意义

就当前中国经济体制改革和经济发展而言，没有比提高资源配置效率更为迫切的了。

为什么中共十八届三中全会的决定中强调市场调节在资源配置中起决定性作用？这正是为了大幅度减少政府对资源的直接配置，充分发挥市场的调节作用，大大提高市场在资源配置中的作用。因此，政府和市场的界限就显得十分重要。政府做自己该做的事情，而且一定要做好。市场做自己可以做的事情，也应该做好。凡是政府可以做、市场也可以做的事情，只要市场愿意做，就交给市场去做。政府只做市场做不了或做不好的事情，例如公共产品（国防、司法、治安、义务教育、社会保障等）的提供、地区收入差距的缩小、个人收入分配的协调、公益性重大工程的建设、稀缺资源的开发和分配、宏观经济调控等。

政府干预市场对资源的配置，或政府未把自己该做的事情做好，都有损资源配置效率的提高，这是应力求避免的。

然而，需要指出的是，即使市场调节在资源配置中起决定性作用的方针已定，并不等于在实现这一方针时不会遇到较大的阻力。消除阻力主要应做好以下四个方面。

一是消除利益集团的干扰。

利益集团已存在多年，具体表现于它们在特定的行业或地区形成了行业垄断或区域垄断，从而获取特殊利益。一旦贯彻市场调节在资源配置中的决定性作用，利益集团的行业垄断或区域垄断行为迟早会被打破，所以它们会阻挠市场化改革的推进，即使认识到市场化改革已是大势所趋，不可阻挡，但总是能拖延多久就拖延多久。

二是消除制度惯性的作用。

在经济学中，制度惯性又称“路径依赖”。这是指：一个人或一群人在旧制度下生活久了，在旧道路上走惯了，觉得自己已经适应了，不想改，不愿改，也并未感到旧制度和旧生活方式有何不妥，甚至还认为一切按旧的方式行事，还是最安全、最保险的行为，这样，改革遭到的无形阻力就会大大增加。

三是鼓励独立市场主体大量存在。

市场要想充分发挥资源配置中的决定性作用，要有大量独立的市场主体，它们的产权清晰，自主经营，自负投资的盈亏，能够认真考虑投资的可行性和未来的经济效益，而不受行政部门的指使或受到行政部门的干扰。就中国现阶段的国有企业而论，如果在体制上没有实质性的改革，很难符合和适应市场化的要求。大多数民营企业也与国有企业相似，同样受到行政部门的干扰，有待行政部门审批的环节太多，即使目前已经有所减少，但距离目标模式还有一定距离。

四是加强信用体系的建设。

市场建设中不能置信用体系于不顾，这是世界上许多已经工业化、市场化的国家的普遍经验。社会必须讲诚信，包括企业、个人、社会团体，也包括政府在内。要打击违法、违信的企业、个人等等。社会失去了诚信，市场秩序就乱了，市场预期也就紊乱不堪。西方谚语说："他骗了所有的人，最后他发现，他被所有的人骗了。"那么，怎样建立诚信社会呢？一靠法律法规，二靠道德建设，而道德建设包括每个人、每个企事业单位的自律。尽管信用体系的建设非一朝一夕之功，但必须从现在起，全社会应当把信用体系建设和道德建设放在重要的位置上。

基于上述分析，转入第二个问题的讨论，即为什么中共十八届三中全会的决定中强调建立和发展混合所有制经济的必要性？前文已经谈到提高资源配置效率的重要意义。据保守估计，目前的国有资本存量约有若干万亿人民币，如果把尚未资本化的国有资源（例如土地资源、森林资源、矿产资源、水力资源、海洋资源、风力资源、太阳能资源）计算进去，那么国家资源也有若干万亿人民币之多。资本不用，资源闲置，都是损失。资本低效率使用、资源不断浪费，不断流失，同样是损失。由此可见，提高国有资本、国有资源的资源配置效率的迫切性与重要性。也就是说，不仅要把国有资本盘活，让国有资本有效地发挥作用，也要把国有资源的开发和使用列入规划之中，使它们参加中国经济的建设，发挥其应有的作用。

在这里，建立独立的、完善的市场主体起着至关紧要的作用，而建立和发展混合所有制经济，正是建立独立的、完善的市场主体不可忽略的一步。

建立和发展混合所有制经济的途径

十八届三中全会把混合所有制经济作为我国基本经济制度的重要实现形式，这表明对建立和发展混合所有制经济极为重视。建立和发展混合所有制经济的途径很多，但基本上可以归纳为以下四个途径。

第一，鼓励现有的国有企业走向混合所有制。鼓励现有的国有企业走向混合所有制，包括容许非国有资本参股国有企业，使国有企业由全资国有转为多种所有制合营。

第二，鼓励发展非公有资本控股或参股的混合所有制企业。在鼓励发展非公有资本控股或参股的混合所有制企业方面，应采取自愿原则，即民营企业或民间资本是否参股于国有企业，是否愿意同国有资本共建一个混合所有制企业，完全听其自愿，不采取硬性规定，不摊派，不强制。

第三，加强员工持股的规范化。无论是国有企业还是民营企业，如果愿意实行员工持股制，由它们自行决定，政府有政策，对员工持股制的实行有政策可依，但应当规范化，这样才能避免出现种种后遗症。

第四，界定不同行业的国有企业功能，针对不同行业特点提出改革措施。比如说，城市供电、供水、供气、公共交通、垃圾处理、廉租房建设和管理等保障民生为目标的公益性国有企业，国有资本可以控股，但也可以发行一定比例的股票，供民间投资购买。这样，可以促进这类企业在提供公共品方面发挥更大作用。又如，石油、天然气、电信、电网、铁路、稀有金属开采与分配等具有自然垄断性的行业，仍需国家控股，但这不排除国有企业股权设置的多元化，也不影响规范地实行员工持股制（包括产权激励制）。在这里，需要说明的是：国有资本的实力不在于资本存量本身，而在于国有资本的控制力大小。如果某家国有企业的资本存量是 1 000 亿元，百分之百由国家控股，那么国有资本的控制力仅仅是 1 000 亿元。如果国家以 50% 的股权可以控股，那么国有资本的控制力将是 2 000 亿元。如果在股权分散的条件下，国家以 25% 的股权就可以相对控股，那么国有资本的控制力将增加到 4 000 亿元。可见，资本的控制力比资本存量更能说明问题。

建立和发展混合所有制经济的五大好处

通过以上分析，可以清楚地了解到，建立和发展混合所有制经济至少有下列五个好处。

第一，把国有资本盘活了，通过国有资本的合理配置、有效配置，资源配置效率将大大提高，有利于经济的持续增长。

第二，建立适合市场调节在资源配置中起决定性作用的机制，减少行政部门对资源配置的干预，切实做到政企分开、政资分开；在完善的法人治理结构充分发挥作用的前提下，经营管理水平将不断提高。

第三，有利于各种所有制取长补短，发挥各种所有制机制的长处，参与市场竞争，企业的活力将增加。

第四，通过推行员工持股制，有利于调动员工的积极性，包括产权激励制度实行后对高管、高级技术人员的积极性的提高。

第五，市场调节的作用将在不断资产重组的过程中显现出来。资产重组是生产力发展的新起点。混合所有制经济的效率也正是在不断地资产重组过程中涌现出来的。市场调节下的资产重组活动将把每一个企业，包括混合所有制企业推到前沿，不进即退，不进即停，每一个企业在市场和资产重组的压力下，都将求实创新，增加收益。这样，中国未来的企业界必然是生机勃勃的市场主体的组合。

澄清关于混合所有制经济的偏颇认识

关于混合所有制经济，社会上讨论很多，我在某些省市做了一些调查，发现社会上对混合所有制经济存在或多或少的误解，所以感到有澄清的必要。

第一，投资主体多元化是否等同于混合所有制企业的建成？

有些人认为，到目前为止，许多国有企业已经改制成为股份有限公司或有限责任公司了，股份制改革在这些国有企业中已经实现了，有些国有企业甚至已经成为上市公司，它们或在内地上市，或在香港上市，或在国外上市。这表明混合所有制经济的建立和发展已经取得了巨大成就，今后基本上沿着现在的路子走下去就可以了。

这种说法是不准确的，甚至是错误的。要知道，建立混合所有制企业，绝不是简单的投资主体多元化问题。一家国有企业要成为名副其实的混合所有制企业，关键在于建立完善的法人治理结构，形成现代企业制度。投资主体多元化只是最初的一步，这一步必须跨出，但这与建立完善法人治理结构并不是一回事，比如，完善的法人治理结构包括股东会、董事会、监事会、总经理聘任制和任期制等制度的依法产生，并依法发挥各自的职能。试问，国有企业改为股份制企业或上市公司后，股东会开过没有？股东会是否按时召开，行使权力？董事会是如何产生的，董事长是上级行政管理部门委派的，还是股东会选出来的？监事会是否存在，是否起作用？总经理一职是否由上级行政管理部门委派？如果这些问题根本没有解决，那就不符合现代企业制度的基本要求。因此，要让国有企业成为现代企业式的混合所有制企业，一定要有完善的法人治理结构，这才是实质所在。怎么能认为照现在的国有企业股份制的路子走下去，就可以建立混合所有制经济呢？

第二，国有资本减持是否等同于国有企业实力的减弱？

还有人说，现在国有经济、国有资本已经退到不能再退的地步了，再退就要越过底线了。

这种说法也是一种误解与误导。前面已经指出，国有资本的实力不在于国有资本的存量，而在于国有资本的控制力。也就是说，在一些现阶段仍有必要由国有资本控股的行业和企业里，在股权相当分散的条件下，国有股减持到相对控股的程度，实际上意味着国有资本的控制力增大了。这并不会影响国家控股经济在经济中的地位。

再说，在一些竞争性的行业和企业中，国家是不是一定要控股是可以讨论的。如果说在这些行业和企业中，国家已经控股了，甚至已经绝对控股了，为什么不能减持国有股呢？减持国有股并不是国有股的消失或流失，而恰恰是国有资本重新组合的一个步骤，国有资本减持后可以被用于其他方面，包括投资到高新科技产业、新兴产业，从而提高国有资本的资源配置效率。

进一步说，在某些经营不善、管理不善而亏损累累的国家控股的企业中，如果不采取国有股减持或让民间资本参股，甚至控股，而使这些企业继续亏损下去，直到破产清理，国有资本将蒙受更大损失。从这个意义上说，采取国有股减持或让民间资本参股，甚至控股的做法，是拯救国有资本、使国有资本得以新生的途径，而不能认为是国有资本的消失或流失之路。

最后应当算清楚的是，国有资本的底线在哪里？什么叫作国有企业已无退路了？这是需要澄清的大问题。的确，现有的国有企业和国有资本控股的企业，是多年以来国家投资和企业积累下辛辛苦苦创办和发展而形成的。然而处于当前市场激烈竞争的形势下，不融资、筹资，不转亏为盈，不增加新的资本，不改善经营管理，怎样才能使竞争性行业的国有企业、国家控股企业走出困境？人们并不是没有想过办法。但经验表明，通过国有股的减持，吸收民间资本参股，包括欢迎民营企业前来控股，不失为一种可行的做法。因此，竞争性行业的混合所有制经济的发展，不仅不是国有企业的灾难，而正是国有企业、国有控股企业的新生之路。

还有人说，“这又是一场国退民进的活动”，这种看法也是不准确的。“民进”是对的，“国退”却不符合实际，因为我们的视线并不死死盯着某一个竞争性行业中的具体企业，而是以国有经济的资源配置效率提高为着眼点，这样看来，从宏观经济的角度分析，应当是“国进”而不是“国退”，应当是“国进民也进”，而不是“国退民进”。把国有资本的减持看成是“国退”，显然不正确。

第三，国有资本减持、国有企业重组是否等同于国有资产私有化?

国有企业改制为混合所有制企业的过程中，或国有股减持的过程中，很可能为不法分子攫取国有资产提供机会，结果会形成国有资本的大流失，使国家遭受严重损失。

这种说法并不是没有道理。有些人以苏联和某些东欧国家在20世纪90年代的改制转型过程中国有资产的私有化为例，认为不能不严禁这种廉价出售国有资产或容许某些有权势的国企负责人把国有资产化为个人私有的行为。这的确值得我们警惕。

难道因为苏联和某些东欧国家发生过这些事情，我们就不允许国有资本的减持和国有企业的重组吗？难道因此就不再考虑建立和发展混合所有制经济么？当然不应如此。从中国的实际出发，如何推进改革，应按中央的决定和部署施行。如何建立和发展混合所有制经济，如何防范国有资产的流失，如何杜绝私人对国有资产的侵吞，一切必须按法律法规、规章制度执行，这是必须遵循的原则。

规范、有序、公开，这六个字是每一个主管国有资产和国有资本的机构和每一个从事国有资产和国有资本工作的人员务必牢记的。不规范、不公开，不仅以后会产生各种后遗症，而且会导致国有资产和国有资本的流失，包括使国有资产落入私人腰包。有序进行，是指成熟一个，改革一个，切不可一哄而起，表面上轰轰烈烈，但实际上弊端丛生，后患无穷。

民营企业或民间资本参股、控股混合所有制企业应遵循的原则和努力方向

民营企业或民间资本参股，甚至控股混合所有制企业将遇到一些问题。因此，应遵循自愿的原则。

当前，民营企业和民间资本是否愿意参股于国有企业的资产重组或改制为混合所有制企业的活动，应当遵循自愿原则，既不摊派，也不强制。但问题并非仅限于此。在国有企业与民营企业家座谈如何建立混合所有制经济时，不少民营企业家有如下的担心，即认为在国有企业控股的情况下，民营企业一旦参股进去了，很可能等于把钱白白送给了国有企业，受到名为混合所有制企业，实际上仍然是国家控股企业的摆布，重大决策都由国有资本决定。那么，如果民营企业投入的资本数多，成为民营企业控股的企业，会不会发生什么状况呢？民营企业仍然很不放心。他们怕国家控股企业本身做不了主，它们受上级行政部门控制，只要行政部门说了算，这不是同样置参股，甚至控股的民营企业于附庸的地位吗？可见，民营企业家、民间投资者的上述担心不是没有道理的，所以必须遵守自愿原则。

怎样解除民营企业家在民营企业、民间资本参股，甚至控股

混合所有制企业问题上产生的顾虑呢？至少应当从以下三个方面着手：

一是加快国有资本体制的改革。

国有资本体制的改革分两个层次。第一层次是国有资本配置体制的改革，以资源配置效率的升降作为主要考核指标，即国资委不再具体管辖一个个国资企业，而只管国有资本的运作。为此，在国资委下面设立国有投资基金公司体系，包括按行业划分的若干个国有投资基金公司。无论是行业性的国有投资基金公司还是综合性的国有投资基金公司，都不直接管辖国有企业，包括国有控股企业，以及有国有投资的混合所有制企业，而且只负责国有投资的增增减减、进进出出。其目标是用活、盘活国有资本，以提高国有资本的资源配置效率。

二是要加快国有企业管理体制的改革。

国有资本体制改革的第二层次应是国有企业管理体制改革。这里所说的国有企业，既包括因行业特殊而保留的国有独资企业，也包括国有控股企业，还包括有国有投资在内的混合所有制企业。所有这些企业都应当把完善法人治理结构放在首位，即建立股东会、董事会、监事会和总经理聘任制、任期制、责任制的体制，并使它们充分发挥作用。不管民营企业是参股于上述国有企业，还是对上述国有企业进行控股，也不管上述国有控股企业已成为民营企业控股企业，一律按法律、法规、规章制度办事，国有投资基金公司只管资本的进出和增减，而不干预企业的运作。这样，在上述企业中，国有资本的投资方和民间资本的投资方一律处于平等的地位，企业在法人治理结构充分发挥作用的前提下，成为自行决策、自主经营的市场主体。

三是国有股减持、退出、转让过程的规范化与公开化。

在混合所有制企业建立过程中，尤其是在国有股减持、退出、转让的过程中，一定要规范化，一定要公开化。对于国有资产的评估，一定要经过严格的审计。如果在改制过程中漏掉了必不可少的环节，或模模糊糊，将来会成为后患。国有企业负责人为什么对于组建混合所有制企业有顾虑，因为他们害怕以后说不清楚，若干年后再翻出来追究，被扣上诸如“侵吞国有资产”“贱卖国有资产”“受贿”“中饱私囊”等罪名，所以往往处于“被动”状态而不热心混合所有制企业的筹划和国有股减持、转让等工作。民营企业家同样如此，他们担心以后会被指责“行贿”“对国有资产巧取豪夺”，从而将“化公为私”“内外勾结，变国有资产为私有”等罪名一股脑加到自己头上。所以必须规范化、公开化、有序化，这样就可以证明自己一切按照法律、法规和规章制度办事，以示清白。

由此看来，上述三个问题的妥善解决在民营企业和民间资本参股，甚至控股于混合所有制企业的过程中是十分必要的。说得更确切些，这是民营企业和民间企业在建立有国有资本参与的混合所有制企业的过程中不可回避的重大问题。

民营企业在混合所有制经济建立和发展过程中将向现代企业转型

中国现阶段的民营企业家，大体上由三部分人构成。

第一，从个体工商户、小业主逐年积累而形成的一批民营企业家。他们在改革开放以后最早在市场中摸爬滚打而挣得一份家业并由此扩大生产经营规模，成为民营企业的创办人、合伙人。

第二，由乡镇企业改制而兴起的一批农民企业家。其中不少人就是当初的社队企业（后改为乡镇企业）的负责人或骨干。他们有能力，有市场意识，并有创业远见。他们在发展市场方面是有贡献的。因为这时，他们所在企业的产品需要自找市场，自谋销路。他们带着样品和订单，走遍城乡，在共同努力下，一个处于计划经济体制之外的乡镇企业商品市场终于形成了，大一统的计划经济体制终于被打破了。以后，随着乡镇企业的转型、改制，乡镇企业的产权明细化并落实到个人，这些当初的乡镇企业的负责人和主要骨干也就转化为民营企业家。

第三，所谓“九二派”。也就是邓小平 1992 年南方谈话以后，从体制内转到体制外，自行创业，逐渐发展壮大，而陆续成为企业界人士的那批人。当然，“九二派”是一个笼统的说法，实际上 20 世纪 80 年代时就已经有不少从体制内转到体制外的先行者了。他们之中有不少人曾经在政府机构和国有企业中担任过干部，有高等学校学历，又有实际部门工作的经验，并且熟悉体制内经济和管理的操作。特别是，由于对国外的经济状况了解较多，对世界科技进步的趋势有较深刻的认识，所以，他们无论在科技界、工商界、金融界还是在新兴产业方面都有较大的潜力，一旦由体制内转到体制外，很快就在民营企业界占据优势，创办的民营企业也居于上风。他们在素质上的优势是小业主出身的民营企业家和乡镇企业负责人出身的企业家远远不及的。

以上三类不同背景不同经历的民营企业家中，第一类民营企业家不易摆脱小业主意识，他们依然把小业主阶段的创业经验牢记在心，从而形成浓厚的家族中心观念，即使认为有必要采用股份制形式，但实质上仍然是家庭成员持股制，坚持“肥水不流外人田”。

第二类民营企业家的背景和经历中，乡镇企业的经营理念和管理理念依然牢固存在。与第一类民营企业家比较接近的是：他们也形成了家庭中心的观念，所以即使也采取股份制形式，家庭成员持股制仍是基本的。如果一定要找出第一类民营企业家和第二类民营企业家之间差异的话，也许可以这样认为，即出身于乡镇企业的民营企业家中，除了某个家庭中心以外，可能还带有乡土观念，这是指：当初走向民营企业的过程中，可能有好几个家庭都曾是乡镇企业中的创业者，他们既是同村的好友，又是创业时的伙伴，现在企业做大了，于是形成了几个家庭共同主持已经壮大的民营企业，分庭抗礼，势力不相上下。这样一来，反而会出现一种意想不到的后果，即如果遇到困难，或遇到影响本企业发展前景的大事，几个不同家庭的代表会坐在一起商量对策，这就与单纯由小业主成长起来的民营企业不一样了，因为在那里只有家长一个人拍板做主，家长是权威，家长本人一言九鼎，谁都得服从他。不错，家长有经验，但经验可能是财富，也可能是包袱。而由乡镇企业演变而成的民营企业，如果不是以一个家庭为中心，而是有几个家庭共同主持，所有的重大决策由会议讨论，共同通过决策，这就比一个家族拍板、一位家长说话算数要前进了一步。当然，这也不否认另一种可能性存在，即当几个家族的代表各有看法，难以形成统一意见时，这家民营企业可能就此分裂，结果形成两家或多家民营企业。

第三类民营企业家与前面提到的两类民营企业家相比的最大特点是，他们有高学历，懂科技，了解世界经济和产业的发展趋势，再加上有从体制内转向体制外的经验，一心想把自己创办的民营企业转型为现代企业。在许多人的眼中，他们是新型的民营企业家，他们是中共十一届三中全会决定的坚定的拥护者，他们不仅同意市场调节在资源配置中起决定性作用的决议，而且也同意加快建立和发展混合所有制经济。他们对法制建设重要性的认识同样是深刻的。在法制不健全的条件下，他们一般不会轻易参股于国有企业。只有在法制健全，而且有法必依、违法必究的情况下，才会把投资于混合所有制企业作为自己的发展途径。

同样，我们还可以设想，今后会有越来越多的以小业主为背景起家的民营企业，以及更多的以乡镇企业为背景发展起来的民营企业，会从家庭制企业走向混合所有制企业。在这方面，一是要有信心，因为走向现代企业制度是大势所趋。但家庭企业仍会继续存在是无疑的；另外，还要有耐心，对家庭企业的转型改制要等待一个时期，因为这些家庭在实践中将会逐渐体会到现代企业制度对企业的发展肯定更适合、更有利。

企业员工持股制的理论基础、基本形式及我国的实施步骤

在调查混合所有制经济的过程中发现与企业员工持股制有关的一些误解。

一是把员工持股制的好处着重放在短期效益上。比如说，认为员工持股后，企业一上市，股值一增，马上可以抛售，就可以稳赚一笔钱。

二是认为实行员工持股后等于增加了福利，员工人人有份，这跟企业工作是否改进没有什么关系。有了个人的股票，既可以分红，急需钱时又可以卖掉，这不是员工福利是什么？

三是认为，既然员工持股是一种福利，那就应当“旱涝保收”。怎样才能做到“旱涝保收”呢？有人建议采用“股票兼债券”的形

式，也就是说，在企业赚钱时，持股的员工可以按股分红；在企业赔钱时，持股的员工等于持有企业债券，按固定的利率领取利息。

四是认为，在实施员工持股制以后，可以在企业中设立一个组织，叫职工持股会，影响企业的决策，通过有利于员工的各种决议，这样，员工的发言权就增加了，员工对企业决策的影响力也就增加了。

以上这些认识实际上都不准确。不能把员工持股制视为一种单纯的员工福利措施，也不能把员工的短期利益放在主要位置，更不能采取所谓“旱涝保收”的做法，破坏员工持股制的规范化。至于职工持股会之类的组织应符合企业的规章制度，保证企业法人治理结构作用的发挥而不要形成对企业法人治理结构的干扰。

首先，需要从经济理论上说清楚为什么要推行员工持股制。

经济学界都承认人力资本投入的意义，认为财富和利润归根到底是物质资本投入者和人力资本投入者共同创造的。只有物质资本的投入而没有人力资本的投入，不可能创造出财富和利润；同样的道理，只有人力资本的投入而没有物质资本的投入，也不可能创造出财富和利润。既然如此，那么在利润分配问题上便产生一个疑点，这就是：为什么利润只分给物质资本的投入者，而人力资本的投入者只能从成本中的工资部分取得自己的报酬？这公平吗？这合理吗？

于是就出现了“共享经济学说”。简单地说，这里所说的“共享经济”实际上就是“共享利润”，即物质资本投入者和人力资本投入者分享企业的利润，也就是说，人力资本投入者不仅仍然从成本中领取自己的工资，还应当分享利润的一部分。至于人力资本投入者应当分享利润的多大比例，要根据行业的性质和人力资产在该行业或该企业创造利润中的作用大小再定。所以，员工持股制的实行是有经济理论依据的。

根据国内外的实践，员工持股制大体上有四种基本形式。

一是产权激励制度。

这主要适应于企业高层管理人员、高层技术开发人员以及其他被认为做出重大贡献的人员。产权激励制度的最大好处是调动这些人的积极性，并留住人才，防止他们被其他企业挖走。至于产权激励以何种方式实施，则由企业根据情况而定。从西方发达国家某些大型企业实施产权激励制度的经验来看，成效是显著的。但在国内一些城市的调查表明，民营企业在实行产权激励制度方面还较顺利，而国有独资企业、国家控股企业在实行产权激励制度方面却受限制过多，以致很难实行。因此在这方面，首要的问题依然是行政部门松绑与否，行政部门需要进一步解放思想，提高对产权激励制度的意义和作用的认识。

二是普惠性质的员工持股制。

普惠性质的员工持股制是指，凡是本企业的员工都可以成为企业的持股人。好处是："没有功劳有苦劳"；凡在这个企业工作已满一定的年限，不分职务，也不分等级，人人有份，这种形式有利于增加员工的凝聚力，调动员工的积极性，提高员工的责任感。由于这样的员工持股制具有普惠性质，所以在企业内部可以减少基层员工与高管人员之间的隔阂。在实施过程中，对于高管人员、高层技术开发人员以及其他被认为做出重大贡献的人员所实行的产权激励制，如果在实施普惠性质的员工持股制以前就已经实施了，那么，二者可以并存而不必并轨。如果产权激励制度尚未实施，也可以同普惠性质的员工持股制合并实施，既可以"一制双轨"，也可以"两制并存"。无论是"一制双轨"还是"两制并存"，都应当向全体员工说明，普惠性质的员工持股按进入企业工作的员工身份持股，产权激励制以员工为企业做出的贡献大小作为持股的依据，即使是普通员工，只要为企业做出重大贡献也可以享有产权激励的资格而持股。

三是发行新股中规定一定比例的员工股，鼓励员工认购。

无论是混合所有制企业、民营企业还是国家控股企业，在发展过程中，由于筹资增资的需要，准备发行新股，在新股中规定一定的比例划分为员工股，鼓励员工认购。但这不是强制性的，员工可以按自愿原则，量力而行，也可以不买新股。应该认识到这不是非法筹资，而是已纳入企业的增资扩股规划之中；这也不是一种短期集资的做法，要规定一定的年限"冻结"，未到可以转让的年限，不能"解冻"，即不能转售，但可以按股分红。期满后，愿转让的可以转让，愿继续持股的可以继续持股。这是一种调动民间资本进入实体经济的做法，并不违背员工持股的本意。至于企业增资扩股的过程中，每个员工可以认股的上限是多少，则根据企业具体情况而定。

四是国有企业或国有控股公司下由群众集资建立的子公司。

在国有企业、国家控股企业之下，建立一个由群众集资而建立的集体经济、合作经济性质的子公司。这曾经是20世纪90年代初期和中期采取过的一种旨在缓解当时社会失业压力的做法，它被称作"国有企业下面的集体所有制企业"。后来，这种类型的集体所有制企业逐渐不再存在了，有的同国有企业、国家控股企业脱钩而独立了，有的因经营不善而停办了，有的又转为私人承包经营了。其实，这是一种很有启发性的改革措施，但当时没有明确的混合所有制或员工持股制的概念和改革思路，也没有认真总结经验，以致大多数不了了之。现在回想起来，这种做法是可以从不规范转向规范化的，可以让“国有企业下面的集体所有制”成为混合所有制经济的试点，向独立的、完善的市场主体转变。

将原来的“国有企业下的集体所有制”从不规范转向规范化，作为混合所有制经济的试点，具体说来，可以采取以下的步骤。

第一步：应当有一套着眼于中长期发展的规划。

应当有一套着眼于中长期发展的规划，包括所要建立的子企业的性质、资本多少、主管业务（最好能与母企业的主营业务配套，或者是为一线企业提供零部件，或者是为母企业服务）、企业将来的规模多大、所需劳动力和厂房从何而来，以及近期的盈亏估算等。这样，建立子企业就会心中有数。

第二步：在母企业帮助之下建立子企业。

母企业提供一部分资本，以入股的方式投入，其中可以有现金，也可以包括厂房、设备、原材料，均可折股。母企业也可以派出一些有经验的管理人员、营销人员、技术人员到正在创始阶段的子企业协助工作和指导。他们如果愿意今后留在子企业，可以尊重他们的意愿，否则在一定时间以后返回母企业工作。

第三步：为新创办的子公司融资、筹资。

子企业不要采用“集体所有制”形式，因为这个概念是不清晰的，而应该采用“混合所有制”形式。母企业的现金投入和厂房、设备、原材料投入都折成母企业持有的股份，但持股比例应低于50%，最好在20%~30%左右，其余的资本或者由来自母企业员工的自愿参股，或者由来自子企业新招收的员工的自愿参股，也可以由来自其他民营企业的自愿参股。这样，股权结构是比较合理的。所有的投资方中，没有一方拥有绝对的控股权，但可以形成几方投资者相对控股的均衡状态，这将有利于子企业今后法人治理结构的运作。要知道，股权过于分散，全是小股东，容易导致企业偏重短期行为而忽略中长期发展。

第四步：混合所有制企业正常运转。

资本、技术、管理体系和营销渠道都具备以后，一个混合所有制企业就可以正常运转了。

这尽管是20世纪90年代已经有过的老办法，但经过上述各个步骤，旧形式已具有新内容，而且是规范化的新形式。我在一些省市考察时，听到的反映是：在国家企业、国家控股企业改制转型的过程中，为了减轻就业压力，不妨一试。

总之，中国特色的混合所有制经济之路，是我们自己走出来的。包括体制转型、发展转型在内的中国双重转型之路，不正是通过一步步地探索、试验、总结推广而闯过来的吗？

参考文献

[1] 厉以宁. 厉以宁经济评论集[M]. 北京：经济科学出版社，2005.

[2] 厉以宁. 非均衡的中国经济[M]. 北京：中国大百科全书出版社，2009.

[3] 厉以宁. 厉以宁论文集：2008—2010[M]. 北京：中国大百科全书出版社，2009.

[4] 厉以宁，孟晓苏，李源潮，李克强. 走向繁荣的战略选择[M]. 北京：经济日报出版社，2013.

[5] 厉以宁. 中国经济双重转型之路[M]. 北京：中国人民大学出版社，2013.

思想解放、理论创新、经济改革

——纪念中国改革开放30年

从1978年到2008年，中国的改革经历了整整30年。在我们高兴地看到这30年的辉煌成绩的同时，不要忘记这30年的艰难历程和我们是怎样一步一步走过来的。对这段历史的回顾，可以总结出哪些经验，得出哪些体会，这就是本文所要阐述的主要内容。

为什么计划经济体制转向市场经济体制竟如此艰难

改革是体制的创新，制度的调整。要让中国的经济体制由计划经济体制过渡到市场经济体制，需要从以下三个方面着手：第一，使没有摆脱行政机构附属地位的企业成为自主经营、自负盈亏的商品生产者；第二，使越来越多的产品在市场调节之下生产和经营；第三，使政府职能得到切实的转换，包括使政府作为资产所有者的职能同政府作为经济管理者的职能分离，使政府从企业主宰者转变为企业的服务者，并且使政府的经济管理逐步转向间接管理、运用经济调节手段的管理。

上述第一个方面的改革是最重要的，也就是说，必须首先明确产权关系和确立与市场经济体制相适应的企业制度。只有这样才能改变企业的经济和法律地位，使企业转向为市场而生产。如果不从产权改革着手，就无法建立市场经济秩序；政府与企业的关系、企业与市场的关系、政府与市场的关系也就无法重新确立。

可以从政府、市场、企业三者关系的调整来说明改革任务的艰巨。

政府与企业的关系。在计划经济体制下，政府成为企业的主宰者。企业在人、财、物各方面都受政府支配，成为政府所属各机构的附属物。

企业没有自主经营权，更谈不上自负盈亏。这一切都由当初制定的法律、法规和规章制度巩固下来了，企业本身是无法突破这些限制的。

企业与市场的关系。在计划经济体制之下，不仅市场的范围极其有限，而且市场从性质上看也不是本来意义上的市场。企业与企业间的经济活动，不通过市场进行，即使通过市场进行，由于交易双方都缺乏可供选择的机会，所以市场是名不副实的。这些也体现在计划经济体制时期所建立的各种规章制度之上，企业难以摆脱。

政府与市场的关系。这种关系同样清晰地表明了在计划经济体制之下用法律、法规、规章制度的形式所巩固下来的市场从属于政府的关系。政府是市场的主宰者，这还不够，政府还以高度垄断者的身份直接支配市场，并从市场中取走了自己所需要的各种资源。这种关系同样是无法消除的。因此，改革一开始，人们就感到改革的艰难。

人们也许会提出一个疑问：比如说，20世纪50年代初期，为什么计划经济体制以及与此相适应的经济秩序的建立相当顺利，而进入80年代以后，市场经济体制以及与此相适应的经济秩序的建立却那么困难呢？现在回顾起来，似乎不能简单地从既得利益集团的阻挠或利益调整、利益再分配等因素来解释。

应当注意的是：50年代时，我国是从当时处于很不发达，也很不完善的市场经济体制转入计划经济体制的。这样，转入计划经济体制要容易得多。到了80年代，计划经济已高度发达，由此转入市场经济体制必定困难得多。换言之，计划经济体制这时已经形成一个庞大的体系，要改革这一体制必定困难重重。

50年代时，中国经济转入计划经济体制主要依靠行政力量的运用，如农村的统购统销、城市的物资统配、城乡二元体制的形成、人民公社制度的建立等，都是运用行政手段推进的，阻力很小。

然而到了80年代，当经济从计划经济体制向市场经济体制转变时，必须减少政府对经济的控制和直接干预，让企业、农村和城市居民在市场中有自我发展的机会，这样，市场经济秩序的建立只可能是一个渐进的、缓慢的过程。

计划经济体制之下，经济中存在着各种刚性，如价格、工资、福利、住房、就业、户籍都具有刚性。不仅如此，企业本身的地位和企业领导人的职务也都没有灵活性。企业一经建立，似乎就注定要长久存在。即使是亏损的企业，除非主管部门让它关闭，否则它将一直照常经营下去。所以从计划经济体制转入市场经济体制的道路不是通畅的。计划经济体制下所形成的各种刚性，自然而然地成了改革的阻力。

50 年代时，当中国经济转入计划经济体制时，主持这一大规模行动的主体就是政府，并且只可能是政府，而且纯利益主要是归政府的，政府可以利用所得到的资源从事自己所希望从事的各种事业。进入 80 年代以后，当中国经济准备从计划经济体制转向市场经济体制时，尽管政府依然是主持这一行动的主体，然而，制度创新的纯利益究竟有多大，纯利益主要归于谁，对于政府下面的各个部门和机构来说，始终是不确定的。政府下面的这些部门和机构不一定从大局考虑，其中有些部门和机构很可能成为改革的阻力。这样，政府在政策选择中，必然不像当初建立计划经济体制时那样敢于决策，有时会迟疑、困惑、拖延不决。

在当初建立计划经济体制时，只有政府是真正的行为主体，其他行为主体实际上并不存在，一切听命于政府。但在从计划经济体制转向市场经济体制时，虽然政府依然是主要的行为主体，但已经不是唯一的行为主体了。企业就是另一个重要的行为主体；个人无论是作为劳动者、消费者，还是作为投资者，也是行为主体。于是政府同其他主体之间的关系变得复杂多了。这就增加了改革的难度。

最大的困难还在于观念的陈旧和对改革本身的认识远远不足。在开始施行计划经济体制时和计划经济体制确立后，政府所遵循的理论就是：只有计划经济体制才符合马克思主义原理，只有计划经济才是社会主义，违背了计划经济原则，就等于放弃了社会主义，滑到了资本主义道路上。

全国上下统一了思想认识，计划经济体制不仅能顺利实现，而且一直牢固地存在。如果在经济实践中出现了问题，很少有人把这些问题与计划经济体制联系起来，而只归因于对计划经济理论领会得还不够深刻，没有真正把握计划经济理论。

但在从计划经济体制转向市场经济体制的过程中，却缺少必要的理论认识。包括负责推进社会主义市场经济体制的某些领导人，对于什么是社会主义市场经济体制的理解也是不深刻的。普遍的想法是：在“文化大革命”结束后，都感到再也不能沿过去的老路走下去了。至于改革，选择既要符合马克思主义的基本原理，又要切合中国国情，如何把计划经济体制一步一步转变为社会主义市场经济体制，同样没有明确的思路。这就是改革的最大困难。

没有思想解放，就不会有经济体制的转轨

中国的改革开始于 1978 年末的中共十一届三中全会。在这之前大约半年多的时间内，国内展开了“实践是检验真理的唯一标准”的大讨论。这是思想解放的大讨论，把人们从“本本主义”的束缚中解放出来了。中国今后选择建设社会主义，需要对社会主义理论有新的认识；也需要通过实践来不断总结，不断探索，不断思考。从 1979 年到 20 世纪 80 年代中期，中国在经济改革中突出的成绩主要表现于：第一，农村家庭联产承包责任制的推广；第二，乡镇企业的兴起；第三，经济特区的建立。城市的经济改革当时还没有真正开始，计划经济体制仍牢牢地支配着中国的城市经济生活。这时，虽然个别地方已经出现股份制这种新的公有制企业组织形式，但它们对中国经济还没有产生重大影响。“放权让利”是当时城市经济改革、企业改革的主导思想。严格来说，这算不上什么改革，而只是计划经济体制下的一点松动而已。

传统的计划经济体制在相当长的时间内支配着中国经济。要想

打破这种经济体制的支配地位远不是容易的事。历史表明，没有思想解放，就不会有理论的创新，也不会有正确理论的指导。在这种情况下，要冲破计划经济体制的重重束缚和建设社会主义市场经济体制都是不可能的。这一指导中国经济改革的理论，就是邓小平同志提出的建设有中国特色的社会主义理论。当时，许多人已经认识到，中国正面临着实现社会主义现代化的任务，而社会主义现代化包括相互联系的两个方面的问题：一是如何坚持社会主义道路，使社会主义制度的优越性充分发挥出来；二是如何使中国从一个发展中国家逐步成长为现代化国家，使中国进入发达国家的行列。在以往的社会主义经济理论中，对社会主义现代化问题并没有系统的论述，对社会主义体制创新和制度调整问题，更没有触及。因此，中共十一届三中全会以来，在邓小平理论指导下展开的有关社会主义理论的研究是具有开创性的。

要知道，在马克思恩格斯的著作中，社会主义是在生产力高度发达的基础上建立的，社会主义作为有计划、按比例分配社会总产品的社会组织，可以充分发挥出自己的优越性。然而，后来的实际情况表明，社会主义制度产生于经济不发达的国家。经济不发达的社会主义国家，在革命胜利后，面临着既要坚持社会主义道路，又要实现现代化的任务。这是马克思、恩格斯没有遇到的问题。

不仅如此，在生产力水平较低的条件下，社会主义不可能自觉地有计划、按比例分配社会总产品，假定硬性地靠命令来分配社会总产品，那就只会阻碍生产力的发展，使社会主义社会的效率低下，使社会主义制度失去吸引力。这同样是马克思、恩格斯当初不曾遇到的问题。

十月革命以后，列宁曾经有过实现社会主义的设想。但实践中所遇到的困难，使列宁转而采取新经济政策。从列宁的一些论述中可以看出，新经济政策带有让步的色彩，也就是计划经济对市场经济的一种让步，所以其中包含了兼用市场和计划两种方法的思想，不过列宁并未从理论上对市场和计划的关系进行深入的分析，加之，新经济政策并没有实行多久，列宁就逝世了。此后，在斯大林主持下，苏联确立了高度集中的计划经济体制，原以为它能够给社会带来物质产品极大丰富，结果却表明，高度集中的、由国家制定价格和分配资源的体制是不适应生产力发展要求的。

而从理论上说，在苏联当时的著作中，计划经济被视为社会主义的主要特征，被当作区别社会主义与资本主义的基本标志。理论的僵化使得体制僵化不变。在计划经济体制占支配的地位的苏联，长时期内，生产力发展受阻，物资匮乏，人民生活水平难以提高，以致不少人对社会主义失去了信心，最终导致苏联的解体。

因此，从 1979 年开始，对社会主义理论研究者来说，中国面临着一个全新的任务，即如何使计划经济体制转向社会主义市场经济体制，实现现代化。改革的方向既已确定，那就必须探讨中国的经济改革究竟从何处着手，改革的重点应该放在哪个方面。正是在中共十一届三中全会精神的指引和鼓励下，学术界展开了持久而富有建设性的各种经济改革方案的讨论，随着改革的推进，终于有越来越多的人把产权改革放在最重要的位置。这对中国经济改革具有十分重大的意义。这是促使中共十五大和十六大以来中国经济得以持续迅速增长的一个主要因素。

产权改革之所以被放在中国经济改革的最重要位置，理由在于：要建立社会主义市场经济体制，必须重新构造社会主义经济的微观经济基础，使企业真正成为市场主体，使投资者承担投资风险，使经营者承担经营风险。经营者不承担经营风险，经济运行怎么可能同市场相适应？

从理论上说，产权改革是所有制改革的核心部分，所有制改革要比产权改革更广泛些。所有制改革包括以下三部分：

第一，产权改革。通过产权改革，界定产权，明确产权，建立产权清晰的现代企业制度。国有大中企业的改革和乡镇企业的改革，都属于产权改革的内容。

第二，所有制结构的调整，或者说，从所有制的单一化走向所有制的多元化。这是指：建立以国有经济和国家控股经济、城乡集体经济、个体经济、私营经济、混合所有制经济、中外合资经济、外商独资经济各占一定比例的所有制体系。也就是把国有经济保持在适当但必要的范围内，扩大非国有经济的比例、非公有制经济的比例。

第三，探索并建立新的公有制形式，例如公共投资基金、职工持股制度、农民专业合作社制度等。

建立了多种经济成分为内容的所有制体系和建立了新公有制的微观经济基础，中国的市场经济体制就确立了，中国经济也必将以崭新的面貌展现在全世界的面前。这一切无疑都以思想解放和理论创新为前提。这正是中国改革30年给人们的最大启示。

继续解放思想、创新理论，实现政府职能的切实转换

在市场经济体制之下，政府作为管理者，起着调节经济和管理经济的作用，起着服务企业、服务社会的作用；政府作为所有者、投资者，起着保护、占有和运用国家资产的作用。此外，政府作为

全体人民利益的代表者、国家利益的代表者，负有协调国家利益、集体利益与个人利益之间的关系的责任。三者利益不一致时，政府要从全体人民的根本利益、长远利益的角度出发，对这种不一致之处加以协调。当然，这并不等于说国家利益可以代替集体利益和个人利益，也不等于说政府可以运用有损集体利益和个人利益的方式来增加国家利益。政府在缓和各方面利益冲突时，必须从兼顾三者的利益方面着手。

政府在这些方面究竟可以发挥多大的作用，需要进行实事求是的分析。政府所掌握的信息毕竟有限，政府对实际情况的判断不一定与事实完全相符，政府还难以控制经济生活中若干意想不到的事情的发生，再加上政策效应本身的滞后性和微观经济单位的预防措施的作用，都影响了政府在缓和各方利益冲突中所做的努力。国家、企业、个人三者利益的兼顾与协调不是依靠政府单方面的设想和努力就能完满地实现的。但政府在这方面的努力不能放松，政府可以通过以下途径发挥自己的作用：

建立与完善市场经济体制有关的一系列制度创新，并以法律、法规的形式把它们巩固下来。有制度优于无制度，有法可依优于无法可依。这些法律、法规应当是国家利益、集体利益、个人利益的共同体现。

在法律、法规执行过程中，有可能造成制度创新不同主体之间的利益冲突。为此，政府应加强法律、法规执行情况的检查和监督，使国家、集体、个人三者利益得到有效维护，使市场经济秩序得以在三者利益协调的情况下建立起来。

地区和地区之间，企业和企业之间，集体与集体之间，以及个人与个人之间，可能因利益差距的扩大而引起不协调。这就是说，某一方可能感到自己的利益没有另一方那么多，或者感到自己的利益的增长幅度没有另一方那么大，它就会认为自己的利益受到损失。针对这种情况，政府作为经济调节和全体人民利益的代表，除了使各方对于相对利益及差距问题有比较正确的认识以外，还应当通过一定的政策措施缓和各方的利益冲突，促进各方利益的协调。

如果政府作为交易活动中签订合同的一方，那么政府必须遵守合同的规定，尊重合同的严肃性，实际上也就是尊重签订合同的另一方的地位和权利。交易活动中的合同对签订合同的双方都有约束力，政府作为一方绝不是处于高踞于他人之上的地位。政府部门必须认识到，取消合同或违背合同的行为，是与市场经济秩序不相容的。

政府必须自身成为遵守合同的模范，才能对社会尊重合同的行为起示范作用，也才能具有处理社会上合同纠纷的权威性。

必须指出，对合同的任何一方，不仅需要有道德的约束，即信用的约束，更重要的是需要有法律的约束、经济的约束。如果违约一方经济上的赔偿与受到的处罚大大超过因故意违约而获取的利益，以至每个原来准备故意违约的交易活动参加者不得不重新考虑违约的成本与收益之比，这也可以减少违约事件的发生。在这方面，政府不能例外。

改革 30 年，我们取得了很大的成绩，但改革尚未完成。一系列重要改革任务正摆在我们面前，需要继续努力，这都与进一步解放思想有关。

例如，企业改革如何深化，国有企业的行业垄断如何破除？如果在理论上对这个问题认识不足，前进中就会遇到困难。又如，为什么要打破城乡二元体制？这同样需要解放思想，不受计划经济的观念的束缚，才能走出一条新路。总之，没有思想的继续解放，理论就无法创新，改革也会停步不前。

在完善市场经济体制的过程中，切实转换政府职能的迫切性已经越来越明显，这同样需要我们继续解放思想，创新理论，破除产生于以前计划经济体制下，并且至今仍存在的有关政府职能的各种旧观念的束缚。

对经济发展和经济改革中的是与非，要联系社会主义的本质来进行判断，判断的依据首先是生产力标准。转换政府职能的目的是：只有政府职能切实转变了，才有利于发展生产力，增强综合国力，提高人民的生活水平。如果不破除计划经济时代有关政府职能的旧观念，例如“政府无所不能”“政府应当支配一切”“凡是政府能做的都由政府做”“大政府是社会主义特征”“政府的利益必定是全体人民的利益”等，结果不仅束缚生产力的发展，阻碍共同富裕的实现，而且必定使社会主义市场经济体制难以最终建成。

具体地说，有关政府职能的若干同计划经济体制紧密联系在一起的观念是必须破除的。

“政府无所不能”。在计划经济体制下，政府被认为是“无所不能”的，这是因为法律虽然存在，但通常被认为有了法律，政府反而束手束脚；法律的限制、约束、制衡作用，被看成是多余的。这种观念的实质就是：权大于法，在权力面前，法律退居次要的地位。不仅如此，各种违背客观规律的事情也都在“政府无所不能”的思想指导下层出不穷，甚至碰得头破血流也不会改正。

“政府应当支配一切”。在计划经济体制下，政府被认为有权支配一切，有力量支配一切，应当支配一切。在理论上，这被解释为：只有集权于中央，集权于政府，计划经济才能贯彻；也只有集权于中央，集权于政府，才能防止出现资本主义、修正主义。

“凡是政府能做的都由政府做”。这是一种同市场经济体制下截然不同的指导思想。在市场经济体制下，指导思想是：凡是市场能做的都由市场做，政府只做市场做不到或做不好的事，如个人收入分配的调节，地区经济发展差距的协调，宏观经济调控，以及社会效益高但经济效益低的部门的发展等。计划经济体制下的指导思想则是：凡是政府能做的都由政府做，只是由于政府目前力量还不足，所以不得不让出一小块地盘，让市场发挥作用。

“大政府是社会主义制度的特征”。在计划经济体制下，由于权力集中于中央，集中于政府，所以必定需要大政府。加之，由于“凡是政府能做的都由政府做”，大政府的存在就是不可避免的。既然计划经济体制被认定是社会主义制度的特征，大政府也必然被看成是社会主义制度的特征。

“政府的利益必定是全体人民的利益”。这同样是计划经济体制下对政府职能的一种传统的理解。这种理解是错误的。第一，这种理解忽视了市场经济体制下主体的多元性；第二，这种理解设立了一个错误的前提，即政府所做的一切都是符合全体人民的利益的。其实，实践一再表明，计划经济时期“以人民的名义”所做的错误决策难道还少吗？第三，这往往成为某些政府部门工作人员损害人民利益的一种借口。政府所作所为是否符合人民的利益，同样需要经过实践的检验。

由此可见，不继续破除旧观念，不切实转换政府职能，改革进行到一定阶段后就又会墨守成规，那就不仅会使社会主义难以继续前进，难以在生产力不断发展的基础上实现共同富裕这一目标，而且会使社会和经济失去活力。我们应该保持清醒，不要错过改革的时机。只有致力于继续解放思想，继续改革，使社会和经济充满活力，使社会主义制度的优越性在适应生产力发展的新体制下不断发挥出来，社会主义中国才能继续前进。

第三章

大变局和新动力

论中国经济的双重转型[①]

中国正在逐步实现双重转型

在传统的发展经济学中，经济转型是指从农业社会转向工业社会，而计划经济体制的推行则被认为是另一条通往工业社会的道路，十月革命以后的苏联正是这样走的。

中国从20世纪50年代到70年代末的实践表明，依靠计划经济体制转向工业社会是一条不成功的道路。这是因为，在中国这样的发展中国家，在计划经济体制之下，虽然可以建立一批大型工业企业，但效率不高，代价过大，而传统农业社会中的种种问题不但没有解决，反而以新的形式凝固化了，所以农业发展是失败的，农村是落后的，农民的生活依旧是艰苦的，农民的人身自由受到很大的限制。

① 原载《中国市场》2013年1月。

从 1979 年起，中国进入了双重转型阶段。双重转型是指体制转型和发展转型的结合或重叠。

什么是体制转型？就是从计划经济体制转向市场经济体制。

什么是发展转型？就是从传统的农业社会转向工业社会。

两种转型的结合或重叠，是没有前例的，也是传统的发展经济学中没有讨论过的。在第二次世界大战结束之后，一些新独立的发展中国家，由于过去在这些地方不曾实行计划经济体制，所以只出现发展转型，即从传统的农业社会逐步转向工业社会。而 1979 年以后的中国则不同，一方面，要摆脱计划经济体制的束缚，以市场经济体制代替计划经济体制，这就是体制转型；另一方面，要从传统的农业社会转向工业社会，使中国成长为一个现代化的国家，这就是发展转型。

总结 1979 年至今 30 多年的改革与发展实践，中国在推行双重转型过程中积累了一些经验。可以把这些经验归纳为以下八项：

第一，双重转型中，重点是体制转型，即从计划经济体制转向市场经济体制，要以体制转型带动发展转型。这是因为，计划经济体制对中国经济的束缚和限制是全面的；既包括城市又包括农村；既包括工业，又包括农业；既包括城市居民，又包括农民。如果不打破计划经济体制的束缚和限制，中国不可能实现从传统农业社会向工业社会的转变，中国转型的目标（使中国成为现代化国家的目标）是无法实现的。

第二，双重转型中，必须解放思想，清除计划经济理论的影响，否则改革与发展都寸步难行。1978 年中国所进行的“实践是检验真理的唯一标准”大讨论，使人们的思想得到解放，进而启动了改革和对外开放。1992 年初邓小平同志的南方谈话，又进一步解放了人们的思想，使中国走上了改革发展的快车道。因此可以这么说，中国双重转型在短短的30多年内之所以能取得这样的成果，同“思想先行”是分不开的。

第三，双重转型中，必须把产权问题放在改革的首位。计划经济体制下，产权模糊，投资主体不确定，投资方的权利和责任不清晰，是改革的严重障碍，也是发展的巨大阻力。因此在体制转型中，产权改革是突破口，是主线；在发展转型中，产权界定和产权清晰是动力源泉。对广大农民来说，土地需要确权，住房也需要确权，而且确权应当落实到户，这既有利于保障农民的合法权益，也能使农民获得财产性收入，用于扩大再生产和创业。

第四，双重转型中，一定要在经济增长的同时改善民生。改善民生，是缩小城乡居民收入差距和缩小地方收入差别的重要途径。在宏观经济政策目标中，就业是重中之重。考虑到农村劳动力向城市转移是双重转型中需要认真解决的迫切问题，所以在转型的任何时候都不能忽视就业问题。同时，由于新的工作岗位是在经济增长过程中涌现出来的，经济需要保持一定的增速。经济增长率过高当然不行，但如果经济增长率偏低，则会产生更大的就业压力。

第五，双重转型中，要不断提高企业的竞争力，而提高企业竞争力的核心是鼓励自主创新。如果自主创新不足，企业的竞争力不足，在日趋激烈的国际市场竞争中，中国必将丧失自己的市场份额，或者中国又会回到过去依靠资源出口、初级产品出口以获取外汇的境地，这就难以实现现代化的目标。而自主创新的成效既取决于知识产权的保护，也取决于专业技术人才的培养和激励。人力资源政策应得到更大的关心，得到更有效的贯彻。

第六，相对于较早实现工业化、现代化的国家而言．环境压力在中国显得更为突出。中国在双重转型中，必须重视经济和社会的可持续发展问题。1979年以来的经验告诉我们，经济增长固然重要，但提高经济增长的质量更加重要。经济增长的质量高低，除了结构的优化是标志之一外，还有另一个标志，这就是环境保护、节能减排、资源合理利用和清洁生产。环境是我们和子孙后代共享的，资源是我们和子孙后代共有的，只有走可持续发展道路，我们才有更广阔的发展前景。

第七，城镇化率的提高是双重转型的成果，同时也是继续实现双重转型的助推器。计划经济体制下，城镇化的进度是异常缓慢的，甚至在某些年份还出现了“反城镇化”的趋势，即不但不允许农民进城，而且还把一部分城市居民强制迁入农村。直到双重转型过程开始后，情况才有所好转。提高城镇化率已是大势所趋，这将是今后若干年内最有潜力的投资机会，能保证中国经济增长继续以较高的速度推进。

第八，双重转型中，大力发展民营经济不仅是为了缓解就业压力，更主要是为了调动民间的积极性，包括调动民间资本的潜力。民营企业与国有企业的关系，无论是“国退民进”还是“国进民退”，都不是国家的方针。国家的方针是国有企业和民营企业的共同发展，他们之间既有合作，又有竞争，进而形成双赢的格局。这是对国家最有利的。

以上八项经验，说明了中国双重转型之路是怎样一步步走过来的。这些经验总的说来表明了这样一点：中国有中国的国情，不根据国情进行转型，什么经验都不会产生。

继续以体制转型带动发展转型

双重转型的任务，在中国至今尚未完成。改革需要深入，发展也需要继续，并双双登上新台阶。

那么，改革和发展之间的关系有没有变化？没有变化，仍同过去 30 多年一样，继续以体制转型来带动发展转型，即继续以改革促进发展，为发展开路。下面分三方面来论述。

第一，内生力量和外生力量。

什么是内生力量？这是指一种体制及其所具有的机制所发生的作用。改革就是为了清除新体制或新机制建立过程中的障碍和阻力。

什么是外生力量？这是指外界对经济运行发生作用的某种力量，它从外界对经济活动进行干预；或对经济活动进行刺激，或对经济活动进行抑制。改革就是为了把外生力量的干预减少到正常的程度，不要让外生力量的干预削弱体制及其具有的机制所产生的自我调节作用。

不妨以一个人的健康为例。一个人如果能健康地生活和工作，一定要有完善的内生的机制；如果生病了，自身内部调节机制是能够克服障碍和恢复健康的。外生力量就像必要的时候需要服药或动手术一样。相对于外生力量而言，内生力量毕竟是最重要的。

到现在为止，尽管我们的改革开放已进行 30 多年了，但内生力量还不健全，主要靠外生力量来调控经济。比如说，我国存在一种“投资冲动怪圈”的现象，从最近这几年的情况可以清楚地看到：地方政府、各个单位都希望加速发展，因此要求增加投资，增加项目，增加信贷，这样，投资加大了，项目增多了，信贷扩张了，经济也就上去了，结果，发生了通货膨胀。通货膨胀发生后，中央政府就依靠外生力量来压抑，地方政府感到困难，财政收入下降，产值下降，企业不振，就业也减少了，中央政府不得已再次启动外生力量调控，刺激经济，恢复经济快速增长。如此周而复始，一会儿经济上去了，一会儿经济又萎缩了。这表明内在的机制并没有发挥很好的作用。外生力量在某种程度上取代了内生力量。

继续推进改革，就是要完善体制，让体制所具有的机制发生应有的作用，让外生力量的调控成为辅助性的。

第二，阶段性成果和目标模式。

从 1979 年至今 30 多年，我们在改革开放方面取得了很大的成绩，但这些仅仅是阶段性成果，还不能称为已经实现了目标模式。我们的目标模式是明确的：从体制转型方面说，我们的目标模式是建立完善的社会主义市场经济体制；从发展转型方面说，我们的目标模式是实现工业化，建立现代化社会，使全国人民走向富裕，使和谐社会得以实现。改革要深化，发展要再接再厉，不可松懈，不可半途而废。中途停止下来，可能前功尽弃。

要知道，经济中很多问题不是靠宏观调控可以解决的，要靠改革的继续和深化。举一个例子，现在出现了“社会阶层凝固化”现象，跟改革开放初期相比，现在还不如刚改革之时。改革开放初期，77、78、79 届大学毕业生的社会流动渠道是通畅的。社会垂直流动和水平流动是调动人们积极性的主要方式。然而现在，“社会阶层凝固化”造成了水平流动，特别是垂直流动渠道的堵塞，这又形成了另一种现象，即“职业世袭化”。比如说，父亲是农民工，儿子还是农民工，孙子以后也可能是农民工，这就是“社会阶层凝固化”和“职业世袭化”的表现。这种情况要通过体制转型才能解决，宏观调控解决不了这样的问题。

再说，城乡二元体制至今仍未消失。计划经济体制有两大支柱，一个支柱是国有企业体制，另一个支柱是城乡二元体制。过去30多年的改革，主要围绕着国有企业体制改革而展开，这一改革至今已取得很大进展，当然还有些问题有待于继续解决。虽然城乡二元体制在过去这段时期多少有些松动，但基本上尚未解决。

城乡二元体制不同于城乡二元结构。城乡二元结构自古就有，而且今后较长时间内还会存在。但城乡二元体制是计划经济体制的产物。1958年户口一分为二，农村户口和城市户口分开了，城乡被隔离开来，农村户口和城市户口都不得自由迁移。这种划分，基于使农民处于与城市隔绝的状态，大大阻碍了经济的发展。而城市二元体制绝对不是依靠宏观经济调控就能消失的，一定要深化改革，才能改变现状。

总之，阶段性成果就是阶段性成果，它绝对不是我们的目标模式。

第三，全盘考虑，统筹安排。

前面已经指出，中国从计划经济体制过渡到社会主义市场经济体制在全世界没有先例，必须摸索着前进。当时有一句很形象化的话，叫“摸着石头过河”。这在当时是对的。但现在不行了。为什么？因为水深了，摸不着石头了，怎么前进？假如河底的石头布置不均匀，摸着摸着，又摸回来了，又该怎么办？

所以一定要全盘考虑，统筹安排。改革领导者要站得高，看得远，想得深，要有战略家的眼光、胆识、魄力。这就是当前不少人所谈论的顶层设计。

举一个例子，集体林权制度改革。1979年一些地方的农村试行承包制时，没有动集体的山林。有的地方分了山林，结果砍树成风，因为那时刚改革开放，不少农民对党的政策缺乏信心，怕变，所以承包山林后就砍树了。中央制止了把集体林权分掉的做法。集体林权制度改革是一个迟到的改革，晚了 20 多年。2003 年，在福建、江西等几个省开始试点. 很快中央、国务院在 2008 年 6 月 8 日发文件，决定在全国范围内推行集体林权制度改革。

这项改革有三个突破。一是，林权证落实到户，这是一个突破，而不是按学术界某些人曾经建议的落实到村，落实到乡，或落实到自上而下组成的林业合作社、林业协会等。事实证明，这些都是无效的，必须把林权落实到农户，农民们的积极性才会被调动起来。二是，林地、林木可以抵押，这样一来，农民承包林地后就有可能经营林场了，一个个家庭林场就是一个个小微型企业。金融活了，全盘皆活，农民林下养鸡种药材，生产蘑菇、木耳，日子也富裕起来了。三是，明确林地承包期为 70 年不变。70 年，第三代都长大了，爷爷种树，让孙子采伐，种树的积极性就增加了。可见，这些突破，没有中央做出决定，地方不敢这么干。这就是统筹安排的成果。

现在需要全盘考虑、统筹安排的问题很多，包括金融体制如何改革？财政分权制度如何改革？国有企业今后的管理体制如何确定？今后的改革过程中，试点仍是需要的，但重要的是从整体上考虑，要有战略眼光。

双重转型中的结构调整

结构调整是没有止境的。随着科学技术的进步，随着消费习惯和消费观念的转变，随着国内国外形势的变化，以及随着经营管理经验的丰富和经营管理人员水平的提高，今天的结构优化只代表现阶段的结构优化，不能代表以后对经济优化的认识。从这个角度看，结构优化总是相对的，所以结构调整还将继续。

尽管结构优化在发展的不同时期有不同的标准，但总的说来，在发展的任何时期都有新兴产业这个概念，结构的优化要符合每个阶段的实际，把发展新兴产业作为衡量结构优化程度的标准之一。在发展的任何时期都有产能过剩产业和产能短缺产业这样的概念，所以结构优化要从这些产业的产值在国内生产总值所占比例的增减程度来衡量，产能过剩产业和产能短缺产业所占比例的下降都反映了结构在趋向优化；反之，如果产能过剩产业和产能短缺产业所占比例上升了，则反映结构状况趋向恶化。因此，在现阶段要讨论中国的结构调整，必须首先关注新兴产业的发展、产能过剩产业和产能短缺产业所占比例的下降，以及产能基本平衡产业所占比例的上升。

另一个值得关注的问题是，在双重转型过程中，一定要朝着清洁生产、循环经济、低碳经济的方向进行结构调整。高污染、高耗能以及其他高消耗资源的产业要进行技术改造，其中有些企业要被淘汰，不能再因此而使环境继续遭到损害，使资源消耗过度。中国在环境治理方面一定要有决心，否则社会经济的可持续发展将难以维持。

在双重转型过程中，地区经济结构的合理化也是结构调整方面的重要课题。根据中国的实际情况，地区发展不平衡是受到自然条件的影响和历史文化因素的影响而形成的。结果，东西部发展和居民收入之间的差距呈扩大趋势。要缓解和逐步扭转这种地区差距扩大的趋势，必须实行向西部地区倾斜的政策，让西部得到优惠，以促进西部的发展。产业向西部转移和西部改变过去单纯输出资源的状况，是地区经济结构调整最重要的两项措施。

关于产业转移，主要同发生地区的制造业企业，尤其是劳动密集型企业，出于降低成本的考虑有关。例如用工成本、土地使用成本、企业建设成本、物流成本等，随着工业化的推行。近年来都有逐步上升的现象。而经济次发达的地区则成为产业地区间转移的承接者，它们一般拥有较丰富的劳动力资源、土地资源和矿产资源，它们可以发挥这些优势来承接产业转移，以加速本地区的发展，并增加地方的财政收入和扩大就业。在这方面，体制改革依然是最重要的。有什么样的体制才会出台什么样的政策，才能让有责任的、有效率的、讲政府诚信的、重法制的官员在岗位上得到重用。只有这样，次发达地区的经济才有可能迅速发展。与此同时，发达地区的经济结构因产业转移到次发达地区之后，可以更好地发挥自己的优势，在自主创新和产业升级等方面做出更大的成绩，并在增强本地区的企业竞争力方面继续领先。

关于西部（也包括东部发达省内某些次发达地区）如何改变，过去只谈输出资源的状况，现在同样需要在体制和政策上做出新的安排，例如发展资源在本地加工的产业，以增加产值，把收益留在本地。还应当注意到，西部和其他次发达地区在产业转移和发展资源加工产业的过程中，一定要加快培育本地的民营企业队伍。这是因为，当发达地区的企业迁移到西部和其他次发达地区以后，骨干职工可以从发达地区带来，有管理经验的管理人员也可以一并带来，但配套的生产营销方面的合作企业却不一定迁入，在西部和其他次发达地区需要有一些能与转移来的企业配套的、为之服务的合作企业。这将有赖于本地民营企业家的努力。由于产业转移和发展资源为加工企业提供了若干商业机会，而且这些商业机会往往是转瞬即逝的，本地的民营企业不抓住它们，很快就会被外地的民营企业所获得。

再者，产业向西部和其他次发达地区的转移，只是地区经济结构调整中的一个阶段。随着西部和其他次发达地区承接发达地区的企业转移后，势必也会促进本地企业和转移进来的企业的产业升级。这是阻挡不住的趋势。也就是说，发达地区准备向西部和其他次发达地区转移企业，既是为了利用这些地区的资源优势，也是着眼于这些地区的市场前景而决定转移的。而一旦实现了产业转移之后，为了提高企业的竞争力，以及为了开拓更大的市场，取得更多的市场份额，迟早会走上产业升级之路。这也意味着西部和其他次发达地区的结构调整，不可能只限于产业转移，而可能把今后的产业升级也包括在内。

结构调整，有可能是存量调整，还可能是增量调整，二者各有利弊。一般说来，存量调整见效快，效果也大，这是它的好处；但存量调整的影响面过大，难度较大。一个常见的例子就是：如果强制关闭某些企业，迫使某些企业或某些产品停止生产，无论对地方财政收入，还是本地的就业，都会发生消极的影响，从而引起地方政府不得不采取“明关暗不关，明停暗不停”的做法。增量调整，是指在经济继续增长，财政收入继续上升的情况下，进行结构调整。其弊病在于收效较慢，拖延的时间较长，但这样做也有好处。第一，经济仍保持一定的增长率，从而为结构的调整提供更好的条件，以免发生较多的企业关闭、停产和较多的职工失去工作等情况。第二，在经济增长和财政收入增长的条件下，可以利用较多的投资支出来改进技术，以便在产业升级的过程中实现结构的调整，使经济在较平稳的环境中实现经济转型。

实际的做法可以是：经济仍应保持一定的增长率，财政收入大体上也应保持增长的态势，然后实行增量调整，同时也可以有选择地强行关闭某些严重污染和耗能高的企业，或强制它们停止生产某些产品。增量调整与存量调整相比，增量调整的可行性更大一些。

双重转型中，宏观调控应以微调和预调为主

前面在讨论经济运行中的内生力量和外生力量之间的关系时已经指出，要通过深化改革，让内生力量起主要作用，而外生力量则起辅助性作用。在双层转型过程中，这一点是可以逐步做到的。这符合建立完善的市场经济体制的要求。

问题首先在于政府职能的正确定位。政府不可能是万能的，政府调控经济的作用在任何情况下都带有局限性。经济中的变量过多，这些变量对经济运行的影响经常是不确定的、难以准确预测的。而且，政府掌握的信息始终有限，政府不可能在较短时间内掌握全部信息，即使在较长时间内可以掌握到较多的信息，但客观形势在较长时间内可能已经发生变化，政府所掌握的信息中肯定有一部分已经过时了。因此一般来说，政府总是在信息不完整的条件下做出决策的。这就是政府在宏观调控中不可避免的局限性之一。

政府在宏观调控中的另一个不可避免的局限性是，政府的博弈对手是公众，政府在同公众的博弈中通常处于被动的地位。这是因为政府只有一个，而公众则是千千万万；公众的千千万万双眼睛都盯着政府，政府却无法把眼睛同时盯着千千万万个公众。于是就

必然形成了如下的格局，即政府有政策，公众有对策，或者说，上有政策，下有对策。公众人数众多，每个人，无论是投资者、消费者，还是储蓄者，都根据自己的预期选择自己的对策，从而抵消了政府政策的效果。这表明，来自方方面面的公众的预期和对策，会使政府趋于被动。

政府在宏观调控中还有一个不可避免的局限性，这就是，由于政府总是在信息不完整的条件下做出决策，以及由于政府政策的推行总是处于同公众博弈中的被动地位，所以政府的宏观调控措施往往会力度过大，矫枉过正，因此造成了“一管就死，一放就乱”的局面。“一管就死”，是因为政府总是相信自己的力量，所以一紧缩，就把经济搞死了，企业就失去活力；“一放就乱”，也是因为政府事后感到紧缩过度给经济造成了损害，于是从紧缩转向放松，而一放松，投资过热，信贷膨胀，通货膨胀又来了，于是政府又感到再度紧缩的必要。

在双重转型中，这种时紧时松、时“死”时“乱”的现象之所以一再发生，既由于市场机制尚未完善，也由于政府职能未能正确定位。

由此得出的结论是，在双重转型已经取得一些成绩的基础上，政府职能更应正确定位，切不要再像过去那样认为政府是万能的。政府要遵循市场规律，不要打乱投资者、消费者、储蓄者的正常预期，宏观调控不宜大升大降、大紧大松、大起大落。否则，要么会导致经济中出现大量泡沫，要么经济中的泡沫会突然破裂。这些都会使经济遭到伤害，并使公众对宏观调控失去信心。

经济运行中是会出现运行不正常的预兆的。即使政府掌握的信息始终是不完整的，但通过筛选，仍会发现经济运行不正常的预兆。所以今后政府的宏观调控应当重在微调，并且要尽可能少采取总量调控措施，而要以结构性调控措施为主。与总量调控措施相比，结构性调控措施所引起的震荡较小，效果会更显著。

在今后的宏观调控中，除了应当重视微调以外，还应当进行预调。宏观调控起始时机的选择是十分重要的。过去，宏观调控起始时机往往滞后，宏观调控的结束时机更可能滞后。这两种滞后都会给国民经济造成损失，也会给后续一段时间的经济运行增加困难。

宏观经济运行中，政府调控原来只是以调节总需求为目标，这主要适应于对失业和通货膨胀的短期调节。自从 20 世纪 70 年代以后，由于美国发生了滞胀，单纯调节需求不解决问题，仅仅着眼于短期调节也远远不够。于是美国在先，其他国家随后，宏观调控由单纯调节总需求转为需求调节和供给调节并重，由短期调节转向短期调节与中期调节并重，以及由总量调控转为总量调控与结构性调控并重。这已经成为当前发达的市场经济国家惯用的调控方式，可供我们在双重转型中借鉴。

在中国，宏观调控滞后的主要原因在于政府不仅所掌握的信息不完整，更重要的在于政府没有对自己所掌握的信息进行认真的筛选，从而容易被各地区、各部门汇报上来的报喜不报忧的假象所迷惑，而经济运行中的许多真实情况却不一定能被政府所掌握，这样，宏观调控的时机往往滞后。在今后的宏观调控中，政府应当吸取以往的教训，要尽可能掌握经济中的真实情况，并把预调放在重要位置上，做到今后预调和微调并重。

最后，在这里还需要谈一谈宏观调控中的限价政策问题。既然我们要继续体制转型，那就必须懂得限价政策的局限性，理解这会破坏市场机制发挥作用。加之，在经济生活中，商品价格总是相互影响的，也是互为成本的。在宏观调控中，有时为了控制某种商品价格上涨而采取对该商品限价的政策。经验表明，限价政策顶多只能短期有效，但给经济带来的损害却是不可低估的，理解限价政策实行的结果，结构失调现象必然更加突出，更加严重。这是因为全部商品价格都得到管制，这是做不到的。能够做到的，不过是对某些商品的价格采取限价措施。这样一来，在商品互为成本的条件下，在其他相关商品的价格可以浮动时，某些商品的价格却被冻结了，那只能使被冻结价格的商品减少供应量，使产业链断裂，使结构更不协调，进而给经济运行带来一系列后遗症。

资源价格的管制所造成的是同样的后果。资源绝对不可能做到无限供给，土地资源、水资源、矿产资源和劳动力资源莫不如此。中国劳动力资源虽然比较充足，但如果按年龄、技术工种、专业水平、居住地区来分类，依然是有限供给的。所以从土地资源、水资源、矿产资源来考察，不能完全按市场需求来制定使用和分配规则，政府在必要时可以实行配额管理。但配额管理的利弊并存，不能随意使用，否则对经济运行不利。至于对资源产品实行价格调节，也应当考虑到资源有限供给的现实性，价格调节也会导致产业链断裂，扭曲结构现状，甚至使结构失调更严重。对于资源产品价格不合理之处，最有效的对策是推进资源价格体制的改革。只有通过这一改革，使资源定价趋向合理，才能避免资源价格不合理所造成的不良后果。

这再一次证实体制转型在双重转型过程中的首要作用。

中国经济的大变局与新动力

实现中高速增长的两个重要条件

关于中国经济的发展，第一个问题要从“新常态”谈起。我们对新常态应该有一个正确的认识，“新常态”就是按经济规律办事。比如前几年中国经济一直高速增长，持续的高速增长不符合经济发展规律，也不能够持久。正因如此，我们转入了中高速增长，这符合当前的中国实际情况。

高速增长带来五方面的不利影响：一是资源过度消耗，二是生态恶化，三是部分产业产能过剩，四是经济效益普遍低效，五是为了促进高速增长错过了技术创新和结构调整的最佳时机。2008 年国际金融危机爆发后，包括美国、德国、日本在内的发达国家都是尽量从技术创新找出未来经济发展的道路，而我们忙于高速增长，耽误了时间，所以这是我们要牢记的重要问题。

另外，新常态的一个重要表现就是我们的经济转入中高速增长。一般而言，7% 甚至 6%~7% 是中高速增长，中高速增长同样是不容易的，而且并非转入中高速增长就真能够实现中高速增长，因为它需要重要的条件：一是结构调整，二是创新。没有创新，没有结构调整，中高速增长也是不可能的。

经济下行压力的原因是多方面的

第二个问题，是当前我们遇到了经济下行的压力。

第一，要分析下行压力是如何形成的，在经济下行压力下我们该怎么办？要先把问题弄清楚，然后再想办法找出对策。现在不是增长率本身的问题，而是增长速度放慢的问题。另外，也应看到要长期保持高速增长代价过大，我们现在的问题就是前几年的高速增长过程中大量的重复建设，包括低水平的重复建设，加上地方产能过剩等各种因素叠加所产生的后遗症。产能过剩的最大问题一个是造成消耗，另一个是浪费资源。前几年我们超高速增长实际上是浪费资源的增长，没效率的增长。

第二，从经济学的角度讲，经济要稳步增长要看基数是越来越大，还是越来越小。今天我们的基数和 10 年前相比，是越来越大的，每增加 1% ，难度将更大，这样的状况不可持续，所以有一个递减的过程，前几年的高速增长实际上也给我们今天的继续增长带来了困难。

第三，国际市场的不稳定给我们的出口、对外贸易造成了一些不利影响。我们遇到了两个困难：日本在高科技产品方面是我们的对手；东南亚国家在低端产品方面是我们的对手，它们的劳动生产率虽然比我们低，但是它们的工资低。所以，我们处于这样的环境中，应该认识到今天的困难和国际经济形势是有关系的。

第四，要明白经济下行压力增大后，想要扭转局面为何困难重重。结构调整不是一件容易的事情，已经形成了这么多过度投资，现在要扭转过来，显然不是一件容易的事情。所以，进行结构调整要有壮士断腕的决心，能不能忍受结构调整带来的损失，坚持是非常重要的，如果坚持不下去就会前功尽弃，所以要认识到结构调整的艰巨性。

第五，技术创新。技术创新不能性急，能真正占领市场的技术创新需要经过多年的积累。比如深圳的华为，华为也不是一下子就发展起来的，它现在是收成期了，但华为也意识到不能止步，还要继续创新。

当前有一个话题是“互联网 + 创新”。互联网意义重大，但是我们还处于起步阶段，还在探索，谁都不知道互联网会把我们推到什么地方，这是经济学界也难以预料的问题。但这是一种趋势，互联网作用巨大，会呈现出很多新技术，让结构调整变得更为顺利，但是否能拉动经济的发展，还要经过一段时间的检验。

正因如此，我们在应对经济下行压力时要坚持两点：一是结构调整，结构调整这一关非过不可；二是技术创新，要走群众创新、创业的道路。思路上要坚定，不要再幻想，也不要老调重弹，经济的大起大落对我们没有好处。所以，我们还得讲宏观调控，着重放在定向调控上，因为定向调控就是结构性的调控，重视微调和预调，这样我们才能适应当前经济运行的下行压力。

未来，高投资未必带来高就业

第三个问题是观念上的转变，高投资未必带来高就业，这是我们遇到的新问题。过去讲新的工作岗位是在经济增长中出现的，经济增长率高，新创造的工作岗位就多。这个观念在过去是符合情况的，因为中国经济还在比较低的层次上运行，但是现在情况变了，因为中国要在产业升级中实现经济增长和高科技的发展，所以对当下来说，就业问题不是靠大量投资就可以解决的。

最近我在某企业考察时，这个企业未来的厂长在工地上向我介绍，他们进行了大量投资，我问他，你增加了多少就业？他的回答很简单，一个都不增加，还得裁员，现在的投资和过去不一样了，技术创新的投资是完全现代化的。比如，用机器人代替劳动力，效率提高了，但不增加就业，原来年纪大的工人被重新安排，有的就退休了，年轻一点的工人要再培训，进来以后首先得是一个技术工人，和以前不一样了。

我再问其他的企业怎么解决当前的就业问题，他们说不是靠高投资解决，而是把民间的积极性调动起来，让他们创业，创业就增加了就业。还有的把企业很多部门分散开来，一个部门就是一个创新单位，自己有一帮人在里面工作、发展、赚钱。现在很多人的观念都有所改变，就是从农村出来的劳动力，也不主张出去打工了。首先是学技术，更多的地方需要技术工人，还可以创业，甚至回家去创业。所以，民间存在着极大的创业积极性，这就是中国未来解决就业的主要途径之一。有人预测，20 年以后不再需要写字楼，完全采取职员在家里办公的方式，因此我们的就业观念需要改变，这就意味着解决就业未必靠高投入。当然，尽管技术在改进，但适度的基础设施投资和加强人力培训还是需要的。

“钱荒”主要是贷款难造成的

第四个问题，高利率未必能够抑制通货膨胀，这是新观点。传统观念认为，通货膨胀是由于投资太多、消费太旺等导致的需求过大造成的，这种形势下，能够用紧缩的办法来解决通货膨胀问题。20 世纪 70 年代初，美国发生了滞胀，一方面是通货膨胀，另一方面是失业，就是失业与通货膨胀并存。于是，当时主流派经济学家都感到不知所措，因为按照传统的凯恩斯理论，总需求扩大了就易引发通货膨胀，总需求小了就产生失业，所以通货膨胀和失业是不可能并存的。当时的美国总统尼克松就找那些主流经济学家，让他们研究为什么有滞胀，结论是当时出现了两种垄断力量：一种垄断力量是工会，工会认为它能控制工人的行动，它坚持一点就是工资必须刚性，就是只能升不能降，工资降了就罢工；还有一种垄断力量是跨国公司，跨国公司认为价格是它控制的，所以它有价格的刚性，价格只能升不能降，哪怕将东西销毁也不能降价出售。这两种刚性的同时存在，就像小孩玩跷跷板游戏，经济学家主张去按住小孩，如果两只手把两个小孩全按住，工资和物价就跳不起来。其实，这完全是违背市场经济规律的观点，但尼克松居然接受了，他实行了新经济政策，这就是 20 世纪 70 年代美国著名的工资冻结、物价管制措施，但是后来搞不下去了，尼克松的政策也就破产了。

到了 20 世纪 80 年代，里根总统接受了供给学派的观点，由于问题出在供给上，所以通过创新产生更多新产品，集中创新成果就能够带动经济增长，于是美国从 80 年代以后经济发展就摆脱了停滞状态，通货膨胀问题也解决了。

这个经验告诉我们，目光不能短浅。今天的通货膨胀，就是之前投资过多，需求过大造成的，所以该投资的投资，银行该放低利率的放低利率，才能适应新经济增长。

“钱荒”怎么来的？我在浙江专门为这个问题考察了好几个市，它不是货币供应不足，M1（狭义的货币，即现金+活期存款）、M2（广义的货币，即现金+活期存款+定期存款）的供应都挺多的。“钱荒”主要是贷款难，银行感到民营企业靠不住，贷款收不回来问题就大了，所以就找信得过的国有大企业来贷款，可是这些国有企业并不需要这么多钱，贷款利率还低，那怎么办呢？把钱转放出去。

民营企业贷不到款，就找国有企业分借一部分钱。另外，很多人贷不到就求助于自己人，于是在浙江就流行一句话——“现金为王”，就是企业最重要的就是把现金拿在手里，有了现金就有了一切，这样资金链不会断，产业链会顺畅，有投资机会就能下手。最终，家家企业都是超正常储备现金，结果现金储备量大了，以至M1 、M2 没变，但还是紧张。

所以，中国以后如果发生通货膨胀，一定要多方面考虑原因和解决方案。

市场是可以创造的

第五个问题，任何行业都应该懂得市场是可以创造的，这是一个新命题。我在河北沧州考察，沧州的肃宁县专做裘皮，有些人说现在生意不好做，以前裘皮主要卖给俄罗斯，但由于卢布没购买力了，所以肃宁裘皮即使比欧洲便宜得多，俄罗斯人也不买。最后，我给他们几句忠告：一是“让产品更具有个性化”。因为当前的消费和几十年前是不一样的，20 世纪 90 年代初甚至 90 年代末都属于排浪式消费，赶时髦的，但现在不是了，现在的消费是个性化的。二是“让服务更人性化”。你和顾客打交道，你板着脸，好像我是给你恩赐一样，那就错了。三是“把品牌打到国外”。目前中国的品牌还没完全建立起来，而品牌是靠多年的产品和质量建立起来的。四是“把消费者留在国内”。如果国内能够买到质量好的马桶盖，人们怎么还会出国去买？把消费者留在国内，这都是可以解决的，我们现在的自贸区就是在解决这个问题。

我在北大光华管理学院经常给研究生讲一个案例，一个生产木头梳子的工厂，找了四个推销员各带一批样品到指定的寺庙里推销。第一个推销员一把没卖掉，因为和尚说光头不需要梳子。第二个推销员销售了几十把，他跟和尚们说梳子除了梳头之外还有其他功能，如刮头皮止痒、美容等，所以在寺庙卖了几十把。第三个推销员卖了几百把，他观察到庙里香客很多，香火很旺，但香客们磕完头后头发有点乱，香灰掉到头发上有点脏，于是他就去找方丈，说庙里香火旺，香客这么热情，庙里应该关心他们，在每个佛堂前面放几把梳子，让他们感觉庙里关心他们，他们来得会更勤快。于是他卖出了几百把。第四个推销员销售了几千把，他直接找方丈聊天，说庙里出去办事有人事关系要打通，木头梳子是最好的礼品，可以在木梳上刻上“佛在心中”“积善为本”，把它变成了庙里的名片，这样一来他卖出了几千把木梳。

这个故事告诉我们，市场可以创造，市场创造以后产品功能发生了变化，新功能代替了旧功能。今天我们要走出去，一定要让产品增加新功能，让产品满足消费者的新需求，这样我们才能打开、创造新的市场。

“互联网 +”时代的社会人视角

第六个问题，是经济人和社会人的问题。以前所有的经济学书本里谈到的都是经济人假设。经济人假设是说人们是从最低成本、从最大收益考虑的，但今天的世界在发生变化，光讲经济人假设是不够的，社会人假设，就是不完全从经济人角度考虑，也从社会人考虑。

比如说有 A 和 B 两个地方都可以进行投资，在 A 投资利润高，成本小，在 B 投资利润没 A 那么高，成本还比 A 高，所以从经济人角度出发，人都会在 A 投资，但偏偏有人愿意在 B 投资。为什么在 B 投资呢？有各种理由。第一个理由是 B 是我的故乡，我已经发展起来了，有钱了，可故乡还那么穷，我愿意在那里投资办厂，解决下岗问题，这是从故乡的角度出发。还有一个人可能这么想：我从小在那里生活过，在那里上学、工作，人多瞧不起我，说我没出息，于是我离开那里创业了，现在有成绩了，我就回来给你们看看，我是不是你们眼里那样没出息，我回来办一个大企业，改变你们过去的成见。或者还有一个人，过去在这里生活了一段时间，做过一些对不起人的事情，今天可能感到内疚、后悔了，而现在自己成功了，就在那里办一个厂，到当地赎罪。

人有各种各样的想法，今天我们进入“互联网 +”时代，社会人的想法会逐步增加，所以单纯从经济人角度考虑是有局限的。

重视“第三种调节”——道德的力量

第七个问题，是发现和利用好第三种调节。我们过去讲的第一种调节是市场调节，市场是一只无形的手，用市场规律调节；后来是政府调节，用政府有形的手来调节，用法律法规、政策来调节。那么有没有第三种调节呢？市场的出现是几千年前的事情了，部落之间发生了商品交换，才产生了市场。政府调节更晚，有了国家和政府以后才会产生。但是人类在市场调节和政府调节出现前，生存和繁衍都是靠道德力量在调节。有了市场和政府调节后，道德调节也在发挥作用，常言道“小乱居城，大乱居乡”，发生小动乱，乡下人往城里跑，投亲靠友，认为城里比较安全，所以小乱居城；大乱居乡，发生大动乱城里人都往乡下跑，但是大乱的时候市场是失灵的，政府是瘫痪的，但人类还是存活下来了，社会还在继续发展。没有市场不要紧，没有政府也不要紧，因为还有道德力量存在。

我们要重视第三种调节，道德力量就是文化调节，文化调节就是每个人都自律，都遵守公共规则。社区文化建设、企业文化建设都促进了人类道德力量的自律，这对我们今后很有用处。

重视资源配置效应，让国有经济增值

第八个问题，是重视资源配置效应。多年以来，经济学中研究的生产效用就是投入产出之比，投入不变，产出增加，生产效率就提高，假定产出不变，投入减少了，也是生产效率提高，所以生产效率是重要的。20 世纪 30 年代以后，出现了第二种效率，叫资源配置效率，资源配置效率的前提是假定投入是既定的，把配置方式调节一下效果也有了，就是用 A 方式配置产生 M 效应，用 B 方式配制产生 M+1 效应。这个观念出来以后，产生了两种效率并存，生产效率着重在微观领域内的企业管理、生产部门管理；资源配置效率着重在宏观方面，宏观方面能够使资源配置效率提高，所以我们今后更要重视资源配置效率的提高。比如，国有资产外溢，效率会提高吗？能否把它配置得更好？换一个方式来配置，如果它的效率比现在提高的话，那会增加更多国有资产。

最后，关于经济的未来我们可以得出两个结论：一是它的变化远远超过我们的预料；二是经济急剧变化而且可能是加速度的变化。在这种情况下，我们很难预料到 30 年，特别是 50 年以后的经济是什么样子。还有蓝领和白领的区别吗？货币的用处还有多大？企业的规模会不会变得很小？将来还有人会买汽车吗？很多问题都是我们今天想不到的。想不到的我们也要想，因为这种经济中的重大变化可能最早就是异想天开的，但异想天开的事或许最终会成为事实。

当前经济形势的六大前沿问题

如何理解“新常态”

如何理解“新常态”呢？这是相对于我国前一段时间不正常的经济高速增长而言的，意指经济应逐步转入常态。

过去几年中国经济的超高速增长是“非常态”，这是不能持久的，不符合经济发展规律。所以，现在提到的“新常态”主要有两个含义：第一，做我们力所能及的事情，盲目追求超高速增长对中国长期经济增长是不利的。第二，经济超高速增长给中国经济带来的负面影响是：资源消耗过快，生态恶化，效率低下，产能过剩，以及错过结构调整的最佳时机。其中，“错过结构调整的最佳时机”是最严重的。

错过了结构调整的最佳时机，会留下很多后遗症。现在我们不得不把结构调整放在重要位置。结构调整很重要，比单纯追求经济总量更重要。

虽然现在中国 GDP 总量已跃居世界第二位，但是，从结构上来说，中国还落后于一些发达国家。因为中国的高新技术产业所占 GDP 的比重还比较低，没有发达国家那么高。同时，虽然中国人力资源结构比过去改善了很多，但是，大学毕业生占总人口的比重也比较低，中国的熟练技工队伍正在形成。

在这种情况下，如果中国错过了结构调整就是最大的损失。所以，现在提出“新常态”，就有避免超高速增长、尽早使经济结构合理化的意图。

目前“十二五”规划（2011~2015 年）已经结束，正在开展“十三五”规划。对于“十三五”规划，很多专家（包括我在内）都提出，要保持适度增速，不能再追求超高速增长了，政府应该考虑适当降低 GDP 增速。如果中国 GDP 能够增长 7% 就不错了，即使能保持在 6.5%~7% 也属于正常，因为经济增长要重在经济质量提升和结构的完善，而不是单纯追求经济增速。

硬性的增长指标如何改

多年以来，中国政府靠下行政命令实现增长目标。比如，某年定的增长速度为 9%，全国各地拼命干，力求最终达到目标。这样下去，就会产生问题，无论对地方政府还是对中央政府，都同样形成压力。因为地方的发展规划是由地方人民代表大会通过的，全国的发展规划是由全国人大通过的。一旦通过这些硬性指标的目标，就意味着要严格执行。

于是，各地政府为了完成任务或者赶超别人，会不顾经济增长的质量和结构的调整，政府就会很被动。

为什么会很被动呢？主要原因在于，硬指标意味着一定要完成，一定要完成硬指标则意味着只顾增长，就把解决产能过剩、高成本、效率差等问题都放在次要地位了。过去我们总干这种傻事，力争今后改变这种现状。

可喜的是，关于把增长率从硬指标改为有弹性的预测值的做法，已经在一些地方进行试点。先试验一段时间，如果试行成功，再推广，这对于中国经济增长和结构调整是非常有好处的。

如何看待当前经济增速下降

经济增长下降有几个原因，比如出口下降、过剩的产品销不出去等。但同时，应该看到另一个非常重要的事实，即中国实际的 GDP 比国家统计局公布的数字要高，而且年年如此。那么，何以见得呢？

第一，农民盖房子在西方发达国家是计入 GDP 的，而中国农民盖房子从来不计入 GDP。

第二，有一些就业人口的收入没有计入 GDP。如现在从事保姆、月嫂等职业的人越来越多，她们的工资也越来越高。目前中国家庭保姆有几千万人，但是，她们的工资收入是不计入 GDP 的。而在西方发达国家，这些人的收入是计入 GDP 的。

第三，在中国，个体工商户一年的实际营业额是通过包税制倒推出来的，而他们的实际营业额会高于包税制下推算出来的营业额。也就是说，中国的大量个体工商户少报了营业额，中国的 GDP 统计也就少算了。国家还规定，月营业额不足 3 万元的小微企业免税，这就更不好统计它们的实际营业额了。

第四，据前几年数据统计，中国 GDP 构成中，国有企业不到

35%，外资企业大约在 10% 或略多一些，而民营企业则超过 55%。也就是说，中国的民营经济占了 GDP 的 55% 以上。近年来，有外国学者认为中国的 GDP 存在虚报的可能。实际上，这恰恰说明他们不了解中国。因为民营经济通常选择能少报营业额就少报，所以，民营经济占 GDP 的比重应该超过 55%。

我们要承认中国实际的 GDP 比国家统计局公布的要多。既然如此，就不要害怕 GDP 增速下降 0.2 或 0.1 个百分点。

投资和就业存在什么关系

这是经济学的一个老问题。经济学中，从来都是这种想法：新的工作岗位是在经济增长过程中作为投资的结果而显现出来的，要增加就业，就必须有大量投资。

但是，目前中国的情况变了。中国正在朝市场经济方向走。在大力推进技术创新或不断更换成套设备的时候，在投资于高新技术产业的时候，就业人数反而减少了，因为机器人、自动化使得人力减少，新技术下不需要那么多人就业。这是高新技术发展过程中必然出现的问题。

另外，中国正在加强环保建设，比如当前的雾霾是由于工厂烧煤太多、排烟过多等造成的，所以全国都在推动低碳化。而低碳化意味着必然要关、停一些企业，在国家治理环保的同时，会有一部分人因此而失去工作。

那么，中国靠什么增加就业呢？如何保持就业的可持续性？当前中国的政策是，要靠发展民营企业，发展小微企业，鼓励创业。现在创办小微企业，可以先营业后办证，可以省掉很多手续。同时，对小微企业，还有贷款的支持。

同时，还有第二种情况，即中国的农业正在进入新的发展阶段。2014 年中央一号文件正式提出要发展家庭农场。这是一个新的提法，过去从未如此提过。过去家庭农场主要出现在美国、加拿大、西欧等国家和地区，现在中国正在进行土地确权，部分地区农村土地已完成确权，也相应地提出了这个概念。

农村土地确权，是指在过去农民的土地是集体所有制，没有确权，农民事实上是被架空的所有制承担者。现在不同了，中国正在进行土地确权。

2012 年，全国政协经济组在浙江嘉兴市村镇考察，当时嘉兴市刚完成土地确权工作验收，之后我们到了嘉兴市的农村，看到村里满地都是鞭炮屑，一片红透出一股热闹劲儿，一般都是农村家里有喜事的时候才放鞭炮。原来这里土地确权工作刚刚完成，农民放鞭炮庆祝这件事，因此，满地都是鞭炮屑。

什么叫土地确权？简单地说，就是三权三证。农民拥有土地承包经营权，政府发给农民土地经营权证；农民拥有宅基地使用权，政府发给农民宅基地使用权证；农民拥有在宅基地上盖房子的权利，政府发给农民房产证。

土地确权完成之后，三权三证给了农民，农民就放心了，不必担心今后会发生未经本人同意就圈占土地的事件，农民的房子不能被随意拆掉，因为这些都侵犯了农民的产权。

根据嘉兴市的统计资料，在土地确权以前，城市人均收入和农村人均收入比例为 3.1 ∶ 1，在土地确权完成之后，这个比例变为 1.9 ∶ 1。由此可以看出，土地确权之后，农民的收入大大提高了。

农民的收入为何会增加呢？第一，土地确权完成之后，农民安心在农村工作，发展种植业、养殖业。第二，农民可以放心到外面打工，把土地租给别人，收地租，同时，农民在城市又找到了一份工作；第三，农民盖了新房子，租给别人，每月可以获得房租收入。

我们曾在嘉兴市的平湖市一个村里看到，该村旧房子全部拆掉了，都盖上了四层楼。我问村民这么多房子能住得完吗，村民说，一层店面租给外乡人开店，二层出租，家人住在三楼和四楼。

土地确权还有一个意想不到的收获，就是在确权之前，先进行土地丈量，丈量完毕后发现土地面积增加了 20%。为什么会增加 20% 呢?

一是，30 多年前，农村进行土地承包经营，那时候农村的土地质量有好有坏，在丈量土地进行承包的时候，好地一亩抵一亩，坏地两亩抵一亩。30 多年过去了，经过农民的精耕细作，土地质量都提高了，因此，在这次确权丈量土地时，都是一亩算一亩，不再折算了，于是，土地就多了。

二是，在刚开始承包的时候，农民用牛耕地，土地都是一小块一小块的，有很多田埂。计算土地面积时，要把田埂扣除，连田埂两侧遮住阳光的面积也要扣掉。现在农民用上了拖拉机、插秧机等，小块地不方便使用机器，田埂被逐步刨掉了。所以，这次丈量时耕地就多了。

三是，2006 年以前中国还征收农业税，有多少地征多少税，农民在上报自己家土地的时候就尽量少报一些。比如，一亩三分地报一亩地，因为多报地要多交税，几乎家家如此。现在不同了，农业税取消了，加上土地刚丈量完，农民均如实上报，谁都不愿意少报。因为少报土地面积的话，在出租或转包土地、入股时，少报耕地就吃亏了。

上述三个原因叠加起来，土地就增加了 20%。目前，中国的农业正在兴起，农村也需要劳动力。现在中国土地确权工作正在试点阶段，估计 5 年之内可以完成全国的土地确权，届时中国的农村将会有新的面貌，农民也将富裕起来。

为什么会闹钱荒

中国的货币流通量并不少，按照 M1（狭义货币供应量）、M2（广义货币供应量）来看，流通的货币量都挺大的。但是，做生意的民营企业到处借不到钱，闹钱荒。

为什么会发生钱荒呢？前文我也讲过，有两个原因：一方面，中国正处在双重转型阶段。什么是双重转型呢？一是发展转型，即从农业社会到工业社会；二是体制转型，从计划经济转到市场经济。在这两个转型过程中，特别是农村，对货币需求量大增。现在农民自己经营土地甚至开办小工厂，需要大量资金。同时，中国的货币需求量是很大的，不是光靠经济增长率、人口增长率就能够计算出合理的货币需求量。通常，实际货币需求量比计算出来的货币需求量要大一些。

另一方面，钱荒的根源是由大量的国家投资以及贷款不配套造成的。作为信贷的主体，银行将大部分贷款给了国有企业，民营企业尤其是小微企业很少能获得贷款。贷不到款，民营企业会慌，因为如果手上没有现金，万一有好的投资机会，就丢失了。还有，如果资金链断掉，到哪儿去借钱呢？连企业的日常运行都会碰到困难。

金融改革的目标是什么

中国当前的金融改革主要有三个目标，分别是宏观目标、微观目标和结构性目标。

从宏观的角度来谈，中国的金融业、银行业应该走向市场化。利率市场化是很重要的，不过，利率市场化不等于对利率的自由放任。因为，自由放任对经济是有害的。所以，宏观上来讲，利率的市场化，也就是中共十八届三中全会所讲的，让市场在资源配置中起决定性作用。

微观目标就是银行作为金融机构和微观单位，应该既有经济效益又有社会效益，两个效益并重，这是微观目标。因为在中国的环境中，银行除应有经济效益外，还要有社会效益。

从结构性的目标来看，金融改革应该把重点从虚拟经济转到实体经济中来。毕竟，实体经济是最重要的。中国的产品要打入世界，必须有一个自主创新的过程，要帮助实体经济完成产业和技术升级。

在结构方面，大中小银行分别以大中小企业作为服务对象，大银行对应大企业，中等银行对应中型企业，小银行对应小企业，但是，所有的大中银行都应该为最底层的小微企业提供贷款服务，这是支持草根金融。

总之，金融改革的三个目标中，宏观目标要实现利率市场化；微观目标是银行经济效益和社会效益两个效益并重；结构目标是走向实体经济。

此外，还应该大力发展政策性银行。政策性银行目前还比较弱小。比如支持教育产业发展，可以成立一家教育银行，这就是使政策性银行为教育事业的发展提供金融服务。又如，开发西部地区，有很多工作可由政策性银行来做，因此，政策性银行应该进一步扩大。

双向城乡一体化显露生机

中国改革开放30多年，城乡经济总的说来都在快速发展，成就显著。但城乡收入差距仍然存在，并成为实现社会安定和谐的障碍。要推动城乡发展一体化，切实有效地缩小城乡收入差距，首先必须弄清楚城乡收入差距扩大的主要原因。

从三种资本看城乡之别

首先从前文提过的三种资本谈起。

第一种即物质资本，这是传统的概念。货币投入以后转化为厂房、设备、原材料等，这都是物质资本。

第二种资本是人力资本，由体现在人身上的技术水平、知识、智慧、经验所构成。人力资本理论一般都认为财富是物质资本和人力资本共同创造的，而且人力资本往往比物质资本更重要。比如第二次世界大战中，德国和日本的工厂、桥梁、港口被破坏了，可是战后经济很快就恢复了，原因是：物质资本虽然被破坏了，人力资本还在，人力资本对于经济的复兴起了重要作用。

第三种资本是社会资本。这里谈的社会资本和我们现在很多报纸上谈的社会资本不是一回事，报纸上谈的社会资本指的是民间的资本，也就是民间的货币资金。经济理论中的社会资本是一种无形的资本，是人际关系，是人的信誉。比如说改革开放以后，广东的经济为什么发展得这么快？这是因为广东有充足的社会资本，社会资本在哪里呢？港澳同胞、华裔华侨都是广东人可以利用的社会资本。浙江经济为什么发展得这么快？家庭关系、家族关系、同乡关系都是浙江人的社会资本。

物质资本、人力资本和社会资本这三种资本的结合创造了财富。从目前来看，三种资本中的任何一种资本都是城市占优势，农村居于劣势。

以物质资本来讲，城市的土地是国有的，所以，祖传的房子有产权，有房产证，可以用于抵押。如果城市居民要创业，房产证一抵押，钱就到手了，土地不能卖，房子是可以卖的。而农民到现在为止，土地是集体所有的，农民除了现在的改革试验区以外，承包地、宅基地都不能抵押，自己盖的房子盖得再好也没有房产证，不能抵押。从这个角度看，农民是缺乏物质资本的。

我曾带了全国政协经济委员会调查组在农村调查。农民就提出，国有土地上的房子为什么能抵押？我们在宅基地上盖的房子为什么不能抵押、不能转让，连出租都困难？他们认为，因为自己没有产权，心中没底。租给外乡人住，他赖着不走，怎么办？他不交房租怎么办？所以，要出租，只能租给亲戚朋友，房租很少。

怎么让农民持有物质资本呢？除了他自己在农业、畜牧业、多种经营中可以有资本积累以外，最重要的也是现在中国正在做的叫土地确权。土地确权就是说这块土地使用权究竟是谁的，面积有多大，都把它确定下来，通过确权保护农民的利益，使其不能被他人侵占。土地确权还是土地流转的前提，土地确权以后，实行三权三证：承包土地的使用权、宅基地的使用权、农民在宅基地上所盖房屋的房产权，这是三权，给三权发证。现在在试点，以后推广了，农民的房子确了权，有了证以后，就可以抵押。抵押和质押是不一样的。什么叫质押呢？当铺是最典型的：典当。我要去借钱，把手镯押给当铺就可以变钱了，到了期限，没有赎回手镯就归当铺，这叫质押。抵押是房子照住，土地照耕，只把房产证、土地证抵押，如果将来到期不还款，通过法院来解决，按法律程序判决。

再看人力资本。农民人力资本弱，怎么办呢？怎么造成的？这是教育资源配置不均衡所造成的，城里的学校国家投资多，经费足，师资力量强，设备也很齐全；农村的孩子上学，校舍差、设备差、师资力量又不足，将来升高中，城里的孩子容易一些，农民难一些，升大学就更难了。城乡比较，青年人上大学的比例，城市要比农村高得多。这种情况是需要改变的。教育资源的配置一定要均衡化，要改革。现在有些地方已经开始搞了。

我曾带全国政协经济委员会的调查组在内蒙古通辽市的一个旗调查过，在那里，所有边远地区和山区的农牧民的孩子一律迁到城里住校，家里穷的政府给钱，他们把这样的学校叫作“教育特区”。这样都在城里接受教育，资源的均衡化就在某种程度上实现了。

最后看社会资本。为什么说城里人的社会资本比农民多？城里人如果想在市场上闯荡，自己创业，总有熟人，什么“亲戚的亲戚”“朋友的朋友”，都可以帮一把、扶一把。农民的社会资本就少，特别是住在山沟里的农民，谁也不认识，对市场经济也不熟悉，这方面，农民当然收入比较少。这里要学习温州人当初的做法，温州人鼓励农民出来，让他们在市场中去摸爬滚打、拼搏、创业。尤其要有信誉，信誉是自己创造的，一个人有信誉，就有了最大的社会资本。别人信任你，你就可以在市场经济中施展才能了。中国有句老话说得好，小富靠勤奋，中富靠机会，大富靠智慧。这是有道理的。现在可以补充一句，无论小富、中富、大富都要靠信誉，没有信誉，谁相信你？谁来帮你？没有人。所以，信誉、诚信，很重要。

二次分配要起到应有的调节差距的作用

在国外一般是这种情况，第一次分配是市场调节下的分配，第一次分配收入有差距，二次分配来补。二次分配是政府调节下的分配。所以，二次分配一调节以后，低收入的就上来了。我们以往的二次分配不足在哪里呢？二次分配在一定程度上会扩大一次分配的差距。怎么会扩大呢？因为社会保障是二元的，是不一样的，城里的职工公费医疗，农村农民是自己花钱看病，后来才有了合作医疗，合作医疗自己还要负担一部分钱，还有国家教育经费的分配、文化经费的分配、卫生经费的分配等，都是通过户口人数来分的，城市户口和农民户口是不一样的。所以，一次分配不足，二次分配反而扩大了差距。这也是造成城乡差距的原因。所以，我们要加快正在进行的城乡社会保障一体化的改革。

能人外迁和弱者沉淀的问题有办法解决

农村有本事的人和在城市有关系的人，都进城了，做工的做工，开店的开店，做买卖的做买卖，留在农村的大都是老弱病残。如果这个人留在农村种地，产量低，收入少，跟城市相比，收入差距怎么不扩大呢？

怎么解决呢？能人外迁是对的，能人外迁后，愿意在外面长期工作的，听其自愿，愿意回乡来创业的，创造条件给他们方便，让他们愿意回来。

弱者沉淀怎么办？留在农村的老弱病残怎么办？最好的办法是让他们把土地流转出去，比如出租等。他们自己种地，土地收益率太低，土地利用率也太低。如果土地流转的同时安置好他们，他们的收入肯定比自己种地还多。此外，社会救济也应该跟上去，有些人该社会救济的由社会救济，这也是缩小城乡差距应该考虑的问题。

谁来种田和种田方式的变化

这就出现一个问题了，能人进城了，老弱病残者的土地流转出去了，其中有人还受救助，社会养起来了，将来谁来种田？散户始终存在，要听其自愿。除此之外，今后种田的主要是三种人。

第一种是种植能手、种植大户。他们通过转包、租赁的办法，把自己的耕地面积扩大了。我在湖北省调查，农田种植大户，最多的有一万亩、两万亩，雇了一些工人，全部机械化操作，规模经营。农民把土地租出去了，有的进城打工了，有的做生意去了，土地出租了以后，不进城的农民就被聘为雇工了，他们得到了租金，得到了工资，还有其他的劳动收入。

第二种是农民专业合作社。现在农民专业合作社和改革开放前是不一样的。因为现在是自下而上，农民自愿组织的。全国政协经济委员会调查组调查发现，农村中有柑橘、西瓜、茶叶、花卉、中药材等专业合作社。合作社由农民自己组成，土地入股、民主管理、账目公开，领导人员是选出来的。这种情况下，农民把土地经营得更好。

第三种是农业企业下农村。农业企业下乡租地，采用高新技术，带资本下乡，带技术下乡。举个例子，我们在广东湛江市徐闻县调查，那里是中国大陆的最南端，隔岸就是海南省，那里干旱，没有大河，靠天吃饭，产量很低，一亩地种粮食一年才三四百元，没有更多的收入。农业企业下乡，其中有民营企业，有港资企业，还有台资企业，从农民手中租到了土地，规模经营。从国外引进的新品种，种热带水果，在徐闻县大量地种菠萝，现在徐闻县农民收入提高了，菠萝产量占到全国产量的1/3。土地租给企业以后，农民要出去打工就打工，不打工就留在当地，和农业企业签合同。农业企业的合同工根据技术水平，干一个月相应地拿一个月的工资，这样农民生活就改善了。公司投资，打深井、喷灌，城郊有一片土地，上万亩，挂了个大牌子，因为是种菠萝的，地名都改了，叫“菠萝的海”，中国的“菠萝的海”就在那里。第二个例子，贵州毕节市七星关区有一家民营企业，原来在浙江的，到这里投资，经营果园，种梨，引进韩国的品种。业主告诉我们，种梨树一亩地年收入5万元，种粮食一年才1 000元。所以，农业企业下乡很重要。要鼓励更多的农业企业对农业进行投资。今后中国要改变农民进城这种单向的城乡一体化，要走向双向城乡一体化：愿意来农村经营的就来农村，农民愿意进城打工的就到城里去。这样不但可以提高生产率农业，城乡收入差距也会进一步缩小。

扩大内需十论

中央经济工作会议将经济工作重点确定在拉动内需方面，这是一项极有针对性的决策。怎么拉动内需呢？这里谈谈个人的看法。

扩大内需主要指扩大民间消费

扩大内需主要指扩大民间消费，也就是说，要提高民间消费在经济增长中的作用。扩大投资可以扩大需求，扩大政府消费也能够扩大需求，但是与扩大民间消费相比，二者都有一定的限制条件，并且副作用大，后遗症也可能存在，历史经验已经证明了这一点。

扩大民间消费是一个渐进过程，不能靠一时突击

扩大民间消费是一个渐进的过程，不是靠一时突击，就能提高民间消费能力的。如果一时突击提高民间消费能力，比如，靠政府

发钱，靠向其他国家掠夺，都会造成不好的后果。历史上有两次教训：第一次是公元前 4 世纪末，马其顿国王亚历山大控制了希腊以后，渡海攻打波斯帝国，波斯帝国被灭了，波斯帝国王宫中的金银财宝都落在了亚历山大手里。他把一部分发给希腊各个城市（除了不支持亚历山大的斯巴达）；一部分老兵退役，要大量发钱，而且都是大量现金；官员又分了一部分。这些钱到民间以后，造成了消费品价格上涨，连续 100 年都是通货膨胀，这是历史上有记载的。可见，用这种方式来花钱，最后造成的是通货膨胀，因为供给没有上去。第二次是 16~17 世纪时，西班牙占领了拉丁美洲（除巴西以外），大肆开采金银矿，这些钱运回了西班牙，成为王室成员、官员、军官等的私有财产，但是西班牙国内供给不足，就向法国、荷兰、英国购买消费品，引起整个西欧的物价上涨达 200 年之久，这就是“价格革命”。这两个例子告诉我们，我们要随着经济的增长逐步扩大民间消费能力，使供给和它相适应，这样才会出现一个稳定发展的状态。

从以投资拉动为主转变为民间消费为主的经济增长，其中必须有一个过渡

我们要从现在以投资拉动为主，转变为民间消费为主的经济增长，其中必须有一个过渡期，如果突然从投资拉动变成民间消费拉动，消费力量还不够，中国经济就会下滑，可能会降到 5%，那是不行的。所以，我们首先要经历一个投资和消费并重的阶段，然后再过渡到民间消费为主的阶段。历史上最典型的例子是，第二次世界大战结束以后，西欧和美国的增长是投资与消费并重的，共同拉

动了经济，长达20多年。这是因为，战后西欧经济因遭到破坏，需要重新建设。为什么能做到消费和投资并重？因为20世纪30年代危机以来就一直被压抑的个人消费在战后恢复了，家家都要重新盖房子、买汽车，这样，消费有了，再加上投资，二者并重是可以做到的。所以当前我们的扩大内需、扩大民间需求，应由投资为主过渡到投资与消费并重，再到民间消费为主。

当前扩大内需主要是提高低收入者的收入

当前扩大内需主要是提高低收入者的收入。低收入者的收入边际消费倾向是高的。但要尽可能让更多的低收入家庭转为中等收入家庭。因为中等收入家庭消费趋于多样化，低收入家庭的消费基本上是单一的，就是吃、穿、住，而中等收入家庭则不一样，消费多样化了。只有这样，才能使我们做到长期增长的稳定性。

扩大内需必须先解决中低收入家庭的后顾之忧，这就要实现城乡社会保障的一体化

要扩大内需必须先解决中低收入家庭的后顾之忧，这就要实现城乡社会保障的一体化。20世纪30年代大危机的时候，在西方经济学界发生了一场争论，当时主流经济学派是新古典学派，有两位经济学家，一个是罗宾斯，一个是坎南，就如何解决当前的失业问题，他们提出了自己的想法：一个人的工作两个人做，一个人的工资两个人分，一个人的饭两个人吃，就解决了。可是，当时年轻的瑞典经济学者米尔达尔，跟他的同事一起向瑞典政府提交了一个报

告，认为解决瑞典的社会问题必须先解决老百姓的后顾之忧，具体政策是大盖平价房出售、大盖廉租房出租，让人人有房子住；再加上失业救济、教育免费、公费医疗、养老金保障，这些政策是瑞典成为福利国家的开始。"二战"结束以后，西方经济学者再次开会讨论 30 年代初期两派经济学家的论断谁对谁错（30 年代初，凯恩斯主义还没有出来）。大家一致认为，新古典派是错的，瑞典学派是对的。新古典派错在什么地方？一个人的工作两个人做，一个人的饭两个人吃，一个人的钱两个人花，这不会增加社会购买力，这是靠企业内部来解决就业问题的办法，对社会失业问题是没有效的，所以瑞典学派在这方面是对的。可见，要扩大消费，就要解决消费者的后顾之忧。消费水平的提高增加了就业，一批人就业后就有收入，收入花掉，别人可以就业了。别人有收入再花掉，更多人就业了。这就是就业乘数理论。

要让农民有财产性收入

要让农民有财产性收入，这是增加农民收入、扩大民间消费的一个重要途径。产权要落实到户。最近几年进行了集体林权制度改革，林权落实到户，林权证发到农户手里，这样，农民的积极性就调动起来了。假定不是这样，比如，搞集体林权制度改革，只是承包到乡、承包到村，就不会有今天这样的效果。

兴办小型微型企业是扩大内需的重要方法

各类民间创业，兴办小型微型企业是扩大内需的重要方法。要调动这种积极性，要给予支持，包括金融支持。农民的家庭果园、家庭菜棚、家庭作坊、家庭养殖场，一直到家庭林场，都是小微企业，它们是与市场直接联系的。提高农民收入，可以通过经营自己的林场、菜棚、果园、养殖场等形式来进行。这样，农村经济就活了，小城镇的经济也就活了。

让社会垂直流动，保持渠道畅通，这是促进居民收入增加的重要手段

让社会垂直流动，保持上下流动渠道畅通，这是促进居民收入增加的重要手段。20 世纪 70 年代以后，西方经济学界出现了二元劳工市场理论。什么叫二元劳工市场？就是说，市场分上等劳工市场和下等劳工市场，上等劳工市场的职业是“好职业”，下等劳工市场的职业是“坏职业”。“好职业”和“坏职业”区别在哪里？“好职业”工资多，“坏职业”工资少；“好职业”福利多，“坏职业”福利少；“好职业”有发展前途、有提升机会，“坏职业”没有；还有，就是前者可以不断学习知识、增强自己能力，后者只是简单的重复劳动。今天的中国可能有这样一种情况，社会流动渠道堵塞，父母干这个职业，儿子也干这个职业，孙子也干这个职业，父子世袭。农民出来打工，世世代代都还是农民工。流动渠道发展不畅，应该怎么办？怎样避免社会阶层的凝固化？首先要创造公平竞争的环境，所有人都竞争上岗、择优录用，没有例外。另外，“好职业”数量应不断增加，让“坏职业”逐渐变成“好职业”，比如，可以改善工资待遇，提高服务标准，改善工作环境，提供学习机会，等等，这些对增加农民和低收入者的收入，都是有好处的。

要增加教育投资，使教育资源均衡分配

没有一定的投资推动不了民间消费，特别是要增加教育投资。教育资源分配不均衡，这是一个大问题，会造成就业不均衡，就业不均衡进一步造成收入不均衡，收入不均衡就造成生活不均衡，生活不均衡了，那下一代也就处在不平等的起跑线上了。我曾到一些地方考察，有些地方正在拟定规划：村里不办小学，只办幼儿园，或者一般的小学也有，但都是低年级的小学，因为孩子太小。小学高年级或者小学加上初中一律在乡镇办，可以住校；高中一律在县城办，必须住校。我就问那个县领导，你有钱吗？他说我们正在计划，准备这么做。“可以住校”就是说，如果自己或有亲戚朋友住在乡镇所在地，可以住校，也可以走读。如果是高中，不管家在不在县城里，也不管有没有亲戚，一律住校，便于管理，使教育资源均衡分配。

对奢侈品的认识要逐步改变

对奢侈品的认识要逐步改变，要随着时代的变化而改变。30 年前，戴一条金链子、戴一条珍珠项链、用一些化妆品，这就算奢侈了。现在变了，现在人们出国旅游，特别是去欧洲旅游，会购买很多东西，其中很多都是奢侈品，或者叫“高档消费品”，这种现象是挡不住的。与其如此扩大外国的消费，不如创造条件让大家在国内买，所以，要降低这些产品的进口税，而前提就是对奢侈品的认定要跟上时代发展，要与时俱进。

第四章

经济方式必须转变

如何转变经济发展方式[①]

在 2008 年国际金融危机对中国经济产生强烈冲击以前，不少人对中国经济增长的速度和出口增长的势头都感到满意，只有少数人察觉到这意味着中国经济发展方式存在问题并且越来越具有出口依赖性质。2008 年第三季度以后，由于受到国际金融危机的冲击，中国经济增长率持续下滑，在政府加大投资和扩张信贷的刺激下，2009 年下半年起，经济增长率终于止跌回升。这一过程使较多的人认识到，这种出口依赖型的经济增长方式不能再继续下去了，否则中国经济难以走上稳定持续增长的道路。这可以说是 2009 年这一年中国从经济波动中学到的最宝贵的经验之一。

为什么中国经济会成为出口依赖型的？要回答这个问题，首先要认识到，中国经济在这以前已经成为高速增长依赖型的经济。中国经济增长必须有高速度，这是受就业压力越积越大的逼迫所致。

① 本文为作者在上海世博会高峰论坛上的演讲，后在《经济参考报》发表。

换句话说，进入 20 世纪 90 年代以后，国有企业改革所引起的人员分流，以及农村多余劳动力一直不断地流向城市，再加上城镇每年新增劳动力需要就业，使得就业形势始终是严峻的，于是经济增长必须保持高速度。2008 年的经济波动表明，当该年 11 月起经济增长率下降到略高于 6% 时，失业人数就骤然上升了，似乎中国经济增长率只有达到 9%~10%，甚至超过 10% 时，就业问题才稍稍缓解。为了社会稳定，看来高速增长是唯一的选择。从另一个角度看，这意味着中国经济，包括若干大中城市的经济，已被迫走在高速增长的道路上，非高速不可。经济增长率下降到 7% 以下，就会出现社会不稳定等情况。

如何实现经济增长？无非要依赖投资、消费、出口。其中，对投资的依赖是一贯的。20 世纪 50 年代起，投资就在经济增长中起主要作用。尤其是政府投资，长时期内一直是经济增长的主要推动力量。至于消费，这些年来，直到现阶段，由于种种原因，一直没有成为带动经济增长的主要因素。剩下的就是出口，近些年来正是出口在中国经济中起着越来越显著的作用，对经济增长率和就业的贡献越来越大，从而使中国经济增长对出口的依赖也越来越突出。能增加出口，并不是坏事，即使在今后，我们也仍然应该重视出口贸易，需要继续开拓国际市场。但较大程度地依赖出口，却不是好事，因为这容易导致我们受制于人、受制于其他国家的政策变动、受制于国际形势的动荡不定。更何况，在过去这段时间内，中国的出口产品中有相当多的产品全凭劳动力成本低廉，而企业赢利空间则是有限的。此外，还有一些出口产品是高耗能型的，它们在生产过程中消耗的是中国的能源，污染则留在中国，因此对中国来说是得不偿失的。尽管这些产品的出口维持了一部分工人的就业和为国家挣得了外汇，但这是一种不可持续的出口带动经济增长的方式。

在经济转型过程中，必须改变过去那种出口依赖型的经济增长状况。怎么改？一要靠自主创新，二要靠扩大内需。

2008~2009 年的经验清楚地告诉我们，自主创新是生产出口产品的企业的生存和发展之路。城市的繁荣或衰退，取决于自主创新的力度。不管是国有企业、民营企业还是混合所有制企业，莫不如此。自主创新做出了成绩，城市和企业不仅掌握了核心技术，而且创立了品牌，拥有了自主知识产权，国际市场也就打开了。在国际金融危机的冲击下，这样的城市和企业所受的影响是较小的，它们有很大的机会在保持国际市场上原有份额的同时，还能扩大市场份额，从而带动经济增长和就业。

内需的扩大同样有助于早日摆脱出口依赖型的经济增长方式。在 GDP 不断增长的基础上，首先要让在促进经济增长中起重要作用的投资和消费二者并重，然后再让消费所起的作用逐渐大于投资，这样，GDP 的增长就有坚实的基础了。当然，出口仍然有必要占据一定的位置，但这已经截然不同于对出口依赖时的情况。扩大内需，主要是指扩大民间消费，而民间消费的扩大，一是以城乡劳动收入占 GDP 比重的上升为基础的，二是以增加农民的财产性收入为基础，这才符合经济持续增长的规律。需要指出，这里所指的农民的财产性收入，主要是指农民从承包土地入股获得的分红、农民出租自有住房的收入以及农民经营商店和作坊的投资盈利等。那么，居民的消费会不会有一个“饱和点”呢？即国内消费品的需求在“饱和”之后会不会停滞不前呢？这取决于消费品设计的创新、制造工艺的创新和居民对生活质量的追求。而且，对中国这样一个大国来说，考虑到目前的生活质量水平和消费方式，即使有所谓的

"饱和"，那也是许多年之后的事情了。

靠自主创新和扩大内需而摆脱了出口依赖型的经济增长方式之后，我们的对外贸易（包括出口和进口）就真正成为自主的对外贸易了。这里所说的自主的对外贸易，主要是指我们在对外贸易中掌握了主动权。有了对外贸易的主动权，我们不会不惜代价地增加出口，也不会在国内某些产品供应紧张时勒紧腰带"挤出"产品出口。同样的道理，有了对外贸易的主动权，我们的对外贸易将不再受制于人，不怕其他国家采用贸易保护政策来限制我们，从而对外贸易得以建立在真正互利互惠的平台上。换句话说，只要我们有自主创新的工艺、技术和产品，只要我们拥有广阔的国内市场，国内民间需求旺盛，可以出口的出口，需要进口的进口，那有什么可以担心的呢？

实际上，自主创新和扩大内需不仅有助于中国经济摆脱对出口高度依赖的轨道，更重要的，这是促使中国经济发展走上良性循环的运行轨道。通过自主创新和产业升级，资源节约了，环境清洁了，经济和社会的可持续发展也就可以实现了。而由于内需的扩大以及国内市场潜力的不断挖掘，经济增长不仅不再主要依靠投资，还会制造出更多的就业机会，使就业压力逐渐缓解，这样，中国经济就不一定非维持高增长率不可，中国的经济增长率也就会维持在适度增长的水平上。

如上所述，我们当前面临的挑战主要是就业压力增大。经济发展方式的转变同样受到这一挑战的影响。这是因为，即使城市当局已经认识到经济发展方式转变的必要性和紧迫性，但它们会有所顾虑：如果要关闭一批污染重、耗能高、缺乏竞争力的企业，本地的财政收入不就减少了吗？大批工人下岗，失业率不就上升了吗？农民工失去了工作，如果他们不愿回乡务农，有什么办法安置他们？如果他们回乡了，是不是有那么多土地可让他们耕种？再说，即使关闭了一批应当被淘汰的企业，那么本地如何兴建后续的、替代性的企业呢？资本从何而来？市场有没有保障？技术水平能不能符合市场的要求？否则，就业压力依然难以缓解。在这一大堆问题面前，城市当局陷入两难境地，所以顾虑重重。

政府增加投资并且用来注入实体经济的决策是正确的。政府投资于基础设施的建设，有助于今后持续的经济发展，也有助于改善民生，但这并不等于可以迅速缓解就业压力。比如说，基础设施建设规模扩大了，不可能为下岗或新增的妇女劳动力直接提供就业岗位，也不能让那些已有一定技能的下岗工人安心地去基建工地干活。因此，城市当局在经济发展方式转变的过程中，一定要采取如下的对策，即在有步骤地关闭那些污染重、耗能高、缺乏竞争力的企业的同时，以扩大融资和支持兼并重组的方式，让一批有市场的民营企业迅速发展壮大，以增加就业和增加财政收入；支持和帮助那些能够提供就业机会的社区、街道服务单位，让他们增用劳动力（例如环卫人员、维护治安人员和照顾老人、病人、孕妇、儿童的服务人员等）；对进入城市的农民，如果愿意自行创业的，可以给予贷款帮助，让他们开店、开作坊；对于有就业愿望而又适合在某些行业工作的农民进行职业培训，以便适应今后的工作岗位。此外，建议在市政府之下设置指导性的中小企业服务中心，为广大中小企业服务。

在这里还应当着重指出城市支持、扶植微型企业在转变经济发展方式上的重要意义。

以往，我们都习惯地按经营规模和资本金多少把企业分为大、中、小型企业。多年来的实践证明，这种划分仍比较简单，当前尤其重要的是应当把小企业再细分，即分为小企业和微型企业。微型企业通常是指雇工人数和资本金都很少的企业。

支持、扶植微型企业的意义在于：

第一，建立微型企业可以吸纳许多人就业。就业是靠就业扩大的，一部分人就业了，就有了收入，他们支出了这些收入，就给更多的人提供了就业机会。

第二，微型企业是适应市场需求而出现的，它们提供社会所需要的商品和劳务，这样，不仅可以增加国内生产总值，而且方便了群众。

第三，对微型企业的扶植能大大调动民间创业的积极性，它们遍布于各行各业，使人们乐于创业，敢于创业，争做创业者。这种创业热情既反映了人们对社会的信心增强，也反映了他们对自己的才干和信心的肯定。一场群众性的创业活动必将给国民经济和社会和谐带来不可估量的成效。

第四，微型企业中有一些是科技人员创办的，具有高新科技的特点，它们在自主创新方面做出成绩后，会被风险投资者看中并投资介入，迅速成长，有的后来能成为大企业。

第五，微型企业还可以成为大中企业生产的配套合作者，这一方面有利于微型企业自身的存在和发展，另一方面对大中企业效率的提高也有积极作用。

因此，城市当局应当把支持、扶植本地微型企业作为政策重点，政府的支持扶植主要表现在财政、信贷、培训和注册登记四个方面。

财政方面：一是对微型企业的税收实行减免；二是对微型企业

的创业资本金不足者，根据条件，给予一定补助；三是对开业后一定时期内在自主创新或其他方面做出较大成绩的给予奖金。

信贷方面：对于微型企业提出贷款要求而又缺少抵押品的，可以由担保公司给予担保；同时，对于符合条件的贷款给予利率优惠。

培训方面：可以在城市内设立各类微型企业投资者培训机构，减免他们应当缴纳的培训费用；对于微型企业的骨干人员，也可采取类似的办法帮助他们接受培训。

注册登记方面：在微型企业投资者申请注册登记和银行开设账户方面给予方便，简化登记开户手续。

有了政府的支持和扶植，微型企业一定会在各个城市中很快发展。在这里还需要补充一点：一个没有大量微型企业的城市，显然是人气不旺的；一个存在着大量微型企业的城市，居民的创业热情高，就业状况好，城市就有了生气，有了活力，经济上去了，社会也就比过去和谐了。

产权改革的若干问题

加快发展社会主义市场经济，我们仍然需要推进产权改革。因为不妥善解决农民的产权问题，不继续解决剩下的国有企业的产权改革问题，我们的市场经济就很难发展成为有效的市场经济。

国有资本体制改革分两个层次：高层次的是国有资本配置体制的改革，低层次的是国有企业管理体制的改革。

今后，国有企业应一律按法人治理结构来管，因为它们已经是股份制企业了，有些已经是上市公司了，是独立的市场主体。

关于民营企业改革问题，我提出不用“体制改革”这几个字。因为用“体制改革”会引起误解：民营企业会误以为是要国有化！用“体制转型”更好。所谓体制转型，是指民营企业的产权必须清晰，必须界定。

国有企业与民营企业既不是“国进民退”，也不是“国退民进”。它们的目标是双赢，当然，双赢的目标现在还做不到。因为它们还是不完全独立的市场主体，所以今后要有国有企业体制改革，要有民营企业体制转型。

关于收入分配体制改革，我的一个基本思想是：初次分配是重点。这跟现在一些人的看法不同。有的人认为，二次分配更重要，二次分配便于抑富济贫。也有的人认为，初次分配、二次分配同样重要，应两者并重。我的观点很明确，初次分配更重要。

福利刚性非常重要。中国一定要量力而行，循序渐进，不要去攀比。

当前我国推进新型城镇化，重点要考虑符合中国国情的城镇化。基于中国的国情，我们的新型城镇化应该是：老城区 + 新城区 + 新社区。

近年来，我对产权改革问题比较关注，这里结合十八届三中全会通过的《中共中央关于全面深化改革若干重大问题的决定》(以下简称《决定》)的有关精神，谈谈有关产权改革的几个问题。

关于产权：没有产权界定，就谈不上市场经济

《决定》精神："完善产权保护制度。产权是所有制的核心。""健全归属清晰、权责明确、保护严格、流转顺畅的现代产权制度。"

贯彻落实《决定》的精神，一个很重要的实践问题就是产权界定问题。因为没有产权界定，就不能形成真正的市场主体，就谈不上市场经济。

关于产权改革和非均衡经济中的市场主体，我在 20 世纪 80 年代末写作、90 年代初出版的《非均衡的中国经济》一书中有所论述。其实，非均衡是一个普遍现象。非均衡可以分为两类：一类是资本

主义国家出现的非均衡，主要是市场不完善和存在着垄断等情况而形成的；另一类是中国这样的非均衡，即除了市场不完善以外，还缺乏市场主体。为什么会缺乏市场主体呢？因为产权不明晰，产权没有界定；没有产权界定，当然就不会有真正的市场主体。所以我当时提出的主要观点是股份制改革。我认为，股份制是明确产权最有效的办法，因为只有产权明确了，市场主体才能形成，这样才能走上市场经济的道路。

中国的产权改革到现在为止尚未完成。为什么呢？虽然国有企业进行的产权改革相当有成效，但是还不彻底，还要继续努力。另外，从全国范围看，广大农民的产权至今没有明确界定。这么多农民，他们作为种植者、农产品的销售者，照理说都应该是市场主体，但因为产权没有界定，农民实际上并没有产权，从而没有财产性收入，所以到现在为止仍算不上是真正的市场主体。

为加快发展社会主义市场经济，我们仍然需要推进产权改革。因为不妥善解决农民的产权问题，不继续解决剩下的国有企业的产权改革问题，我们的市场经济就很难发展成为有效的市场经济。所以，《决定》指出："健全归属清晰、权责明确、保护严格、流转顺畅的现代产权制度。"这是完善社会主义市场经济体制的必然要求。

关于土地确权：农村改革最重要的环节

《决定》精神："允许农村集体经营性建设用地出让、租赁、入股，实行与国有土地同等入市、同权同价。""完善土地租赁、转让、抵押二级市场。"

《决定》中的这些规定，对于推进农村改革、进一步解决"三农”问题具有重要意义。当前，农村改革从哪里启动？最重要的环节在哪里？就是土地确权。我们经过多地的调查、座谈，感觉土地确权的确是一场受农民欢迎的大变革。

第一，农民心里踏实了。对于土地确权，农民说：“我们不怕别人随意侵占土地了，他不敢！承包地的经营权、宅基地的使用权、宅基地上房屋的房产权都已经明确了，他能够随便圈我的地吗？能够不经过我们同意就把房子拆了吗？他不敢！”土地流转，也使农民心里踏实了。要知道，农村土地流转到现在为止还很少。因为以前如果农民用土地入股，他们会怕入股以后土地就归别人了。现在不一样了，土地确权以后入股，农民的股权有了保证。土地出租以后产权不变，所以农民放心了，踏实了。

第二，城市人均收入与农村人均收入之间的差距缩小了。例如前文提到的嘉兴市土地确权以后城市人均收入与农村人均收入之比，从 3.1 ∶ 1 缩小到 1.9 ∶ 1。为什么会缩小那么多呢？开座谈会时有的农民说：“一方面，我扩大了种植业、养殖业。另一方面，我宅基地的旧房子拆掉了，盖成几层楼的新房。”房子可以出租，农民本人可以出去打工，所有这些都表明，城乡收入差距在缩小。

第三，还有一个意想不到的好处就是耕地面积增加了。前文讲过，经过 30 年的承包和农民精耕细作后，以前质量差别大的土地现在不大了，确权前重新丈量土地，一亩就是一亩，这样土地就多了。二是现在，田埂都拆掉了，小块土地合并，耕地也就多了。三是现在不用交农业税了，而且若少报土地，土地入股后股份少，因为土地出租面积会少。所以，大家都实报。这样，重新丈量后，耕地增加了 20%，农民都很开心。

土地确权将来对农业大有希望。2013 年中央一号文件提出，要推行家庭农场制。这次三中全会《决定》也明确提出："鼓励承包经营权在公开市场上向专业大户、家庭农场、农民合作社、农业企业流转，发展多种形式规模经营。"这也将会给农村带来一些大变化。现在，世界上只有西欧、美国、加拿大有真正意义上的家庭农场制，我们中国还没有。将来中国要推行家庭农场制，要提高家庭农场主的技术水平和劳动生产率，还要懂经营，要采用规模经济的做法。

关于国有企业：行政干预太多

《决定》精神："改革国有资本授权经营体制，组建若干国有资本运营公司，支持有条件的国有企业改组为国有资本投资公司。""健全协调运转、有效制衡的公司法人治理结构。"

这些规定对于我国今后的国有资本体制改革将产生重要影响。一般说来，国有资本体制改革分两个层次：高层次的是国有资本配置体制的改革，低层次的是国有企业管理体制的改革。《决定》指出："完善国有资产管理体制，以管资本为主加强国有资产监管。"因此，不妨这样改革：国资委下面设立若干个专业的或综合的国家投资基金公司，负责国有股权的增加和减少：哪个部门是短缺的，哪个是新兴产业，要增加投资；哪个是产能过剩的，哪个是效益不好的，把国有资本撤走。这样，资源配置的效率就能提高了。

三中全会《决定》提出："使市场在资源配置中起决定性作用"，这突出强调了市场在资源配置中的地位和作用。为什么强调资源配置呢？

与生产效率的意义不同，资源配置效率对宏观经济来说可以更有效。资源配置效率会带来两个观念变化。一个观念变化是：过去经济工作中，管融资的企业职员，从事人事组织工作的职员，从事宣传工作的职员和做行政管理的职员，都被看成是非生产人员。他们不在生产第一线，生产效率跟他们没有关系。资源配置效率提出后，情况就变了——管融资的人，使资源得到更好的配置；管人事组织工作的人，把人力资源配置到最佳位置；做宣传工作的人，调动了每个工作者的积极性；做行政管理的人，把物质资源跟人力资源更好地结合在一起，可以使效率提高。这样一来就不能认为，从事这些工作的人员与效率提高是无关的。另一个观念变化是：对资本市场、产权交易市场的看法改变了，它们都是提高资源配置效率的最佳场所。因此，要发展资本市场、产权交易市场，这是有利于资源合理配置的。

当前，国有企业的产权改革还没有完成，对国有企业行政干预太多。《决定》指出："健全协调运转、有效制衡的公司法人治理结构。"今后，国有企业应一律按法人治理结构来管，因为它们已经是股份制企业了，有些已经是上市公司了，是独立的市场主体。

关于民营企业：产权必须清晰，必须界定

《决定》精神："国有资本投资项目允许非国有资本参股。""引导优势民营企业进入军品科研生产和维修领域。""建立职业经理人制度，更好发挥企业家作用。"

关于民营企业改革问题，我提出不用"体制改革"这几个字，而用"体制转型"。因为用"体制改革"会引起误解：民营企业会误以为是要国有化！所谓体制转型，是指民营企业的产权必须清

晰，必须界定。

据调查，有些民营企业的产权也是糊里糊涂的。有些民营企业为什么现在会出问题？一个重要原因是当初成立的时候就没有很好地界定产权。因为当时有当时的情况，当时有当时的惯例，这就造成产权一开始就不清晰的状况。民营企业原来可能是家长制，因为家长是个能人，他有凝聚力，有经验等等。后来，这些民营企业规模大了，到了第二代，是不是一定要实行家长制管理呢？根据我们在广东、浙江的调查发现，民营企业第二代很多是留学回来的。他们在国外学习，但其中有些人不一定是管理人才，而是某一行业的专家，所以谁来接班就是个问题。民营企业中的家族企业，其接班无非是两种选择：一是选贤，谁能干挑谁，不一定是家庭成员，可以到社会上去选聘；一是选亲，挑选跟自己的关系最密切的，如长子或者最信得过的儿子等，但这是不适应发展潮流的。今后，民营企业也要走完善法人治理结构的道路，企业规模扩大以后一定要走这样的道路，即采取职业经理人制度，可以从外面聘经理人，可以从家庭内、家族内聘经理人。经理人重在能干，能把企业搞好，民营企业也能持续发展下去。

《决定》指出：“公有制经济和非公有制经济都是社会主义市场经济的重要组成部分，都是我国经济社会发展的重要基础。”这涉及对国有企业与民营企业关系的认识。国有企业与民营企业既不是“国进民退”，也不是“国退民进”。它们的目标是双赢，当然，双赢的目标现在还做不到。因为它们还不完全是独立的市场主体，所以今后要有国有企业体制改革，要有民营企业体制转型。民营企业如果不进行体制转型，也谈不到今后的大发展。这就是当前中国的情况。

关于收入分配：初次分配更重要

《决定》精神："形成合理有序的收入分配格局。""着重保护劳动所得，努力实现劳动报酬增长和劳动生产率提高同步，提高劳动报酬在初次分配中的比重。"

关于收入分配体制改革，我的观点很明确，初次分配更重要。这里，有几点说明。

第一点，农民必须有产权，农民没有产权是初次分配不到位的表现。关于这一点，前面已经提到。

第二点，劳动力市场的情况。劳动力市场有供求双方，供给方多数是农民工和城市中的中下层，这些人都是单个进入市场的，他们是弱势一方。求方是大企业、大事业单位，它们是强势一方。供求双方力量对比不对称、不平等。大企业力量强，工资给多少，由需求方说了算，弱势群体没有发言权。这种情况必须改变。在国外的经济发达国家是怎么解决的？它们靠工会的力量。工会维护低收入者，工资过低或者欠工资不发，工会替供方说话，工会是一个强势群体，它介入供求，双方的力量对比就变化了。农民工干了这么多年，他们也是工人，但因为他们是农村户口，工会管不着。所以，这种情况要改变。

第三点，农产品销售市场。出售农产品的，主要是单个农户、牧户，他们的力量是弱的，即使收购方在他们家门口收购农产品，供方还是弱势。而收购商、大超市，或者食品加工企业等收购方，它们是强势单位。他说不要你的产品，就不要你的产品，你到哪里去卖？你自己去卖，成本更高。所以，这种情况要改。在发达国家，农民组成了农业合作社，农业合作社有联社。我到荷兰、丹麦都考察过，在新西兰也考察过，它们的农业合作社联社的力量很大，自己有车队、船队、仓库、冷藏库、码头等，农产品直销国外。在中国还不行，因为中国的农民合作社刚成立，都是以村、以乡为单位的小规模经营。联社现在还没有开始组建。

第四点，教育制度的改革。教育制度关系到初次进入市场的就业者的工资待遇情况。在中国，由于存在城乡二元结构或者城乡二元体制，往往出现这样一种情况：城市人均教育经费多，农村人均教育经费少。所以，农村义务教育校舍差、师资差、设备差，学生学习质量不高，农村的孩子读完初中以后不想升高中。他们认为升高中没有用，反正考不上大学，考不上大学还不如现在就找工作，所以初中毕业就找工作。但是，农村孩子初中毕业找工作，能找到什么好工作？简单的、重复性的体力劳动，这在西方发达国家叫二元劳动市场，从事低等劳动工作。这种情况，慢慢就会在中国社会上形成社会阶层固化，或者叫职业世袭制，就会影响到收入的初次分配。

关于收入分配问题，我强调初次分配重要。产权问题重要，劳动市场上的双方力量要对等，农产品销售市场的供求双方力量也要对等，再加上教育改革，这些都是能说明中国的初次分配重要的问题。当然，二次分配也重要。在中国目前的二次分配中，最重要的是城乡社会保障一体化。社会保障一体化表明，我们可以有西方市场经济发达国家一样的福利制度。西方市场经济发达国家的情况是：初次分配不足，二次分配补，通过二次分配缩小这个差距。中国现在的情况是：初次分配有差距，二次分配扩大了差距，因为城乡社会保障不一样，城市职工看病有公费医疗或医疗保险，农民工看病能够办合作医疗的也要交一部分钱，有些连合作医疗都没办。这种情况要改。

关于福利刚性：要量力而行，循序渐进

《决定》精神："建立更加公平可持续的社会保障制度。""加快发展企业年金、职业年金、商业保险，构建多层次社会保障体系。"

关于社会保障问题，重点谈谈福利刚性。社会保障扩大了社会的福利，这是多年以来西方发达国家社会发展趋势所在。但福利多了，也就产生了福利刚性。福利刚性是指：福利可以增加，但不能减少，本来没有某项福利，也就算了；一旦有了，就不能取消，否则很小的问题都可能会变成大问题。在此方面，有两个例子。

第一个例子是："二战"时期，英国是个孤岛，被德国侵略者封锁了，食品很难运进去，食品供应不足，所以政府采取了配给制，连首相丘吉尔也跟大家一样，领一份配额。当时，英国人普遍感到，中学生正是长身体的时候，但吃不饱，营养不良情况严重。所以战争结束后，英国通过了一项福利措施，给在校的中学生上午上课期间提供一杯免费牛奶。这在英国整个福利政策里是很小的一项。到了 1967 年，"二战"结束 20 多年以后，英国的食品状况改善，但这个政策还在实行。于是有的官员说，这项措施可以取消，结果造成了全社会的不满，游行、请愿、抗议，反对取消这项福利——难道现在我们不应重视青少年吗？其结果是迫使政府改组，有关的大臣辞职。

第二个例子是：我访问爱尔兰时，驻爱尔兰的中国大使馆工作人员说，爱尔兰有一项福利，自来水免费，所以水资源浪费不少，国家财政也负担不了。爱尔兰现在财政很紧张，而且自来水本来就应该收费，但是自来水免费作为福利已经实行很久了，有了刚性，所以自来水要收费的消息一出来，游行、示威、罢工就发生了。结

果执政党考虑，再这样闹下去，下一届选举甚至这届选举的执政党都不能坐稳。怎么办？但话已说出去了，要取消也不可能，因为刚刚公布这个消息，只好找个台阶下。执政党政府于是说：自来水收费，每家必须装水表，老百姓不想装水表，所以不愿意出钱，要政府装，给全国这么多户装水表，政府得找到经费的来源，这一项开支不能列入今年的预算，所以要等有了装水表的经费，才能开始这项改革。

由此可见，福利刚性非常重要。中国一定要量力而行，循序渐进，不要去攀比，说什么“国外有这种福利，我们为什么不能有？”“那个城市有，我们这里为什么不能有？”要知道，各地有各地的情况，要量力而行。另外，在实行福利制度的同时，创业精神不能下降。任何国家都要有创业精神、创造精神。没有这种精神，社会经济发展就会停下来，人们就会变成懒汉，这样下去，社会就很难持续健康地发展下去。

关于新型城镇化：老城区 + 新城区 + 新社区

《决定》精神：“坚持走中国特色新型城镇化道路。”“优化城市空间结构和管理格局，增强城市综合承载能力。”

《决定》关于这方面的精神，对于我国新型城镇化和城乡一体化建设具有重大指导意义。我认为，当前我国推进新型城镇化，重点要考虑符合中国国情的城镇化。中国存在着城乡二元结构，这是我们要通过改革破除的。也就是说，一定要消除城乡居民权利不平等的现状，消除户籍歧视，不能再区别对待城乡居民。所以说，城镇化最终是要实现城乡一体化。

中国的城镇化要立足于中国的国情。西方发达国家当初的城市化跟工业化是平行的，城市化的同时就是工业化，工业化的同时就是城市化。西方已经反映出来的“城市病”就是城市变成污染源，城市变成贫民窟。这样就产生了反城市化，即是指：有钱人从城里迁出进入郊区，而穷人继续涌入城里，城里失业增长、环境破坏等。

中国的城镇化不能这么办。中国现在的城镇化率，国家统计局公布的是 2015 年已达到 56.1%，这个数字并不等于说有城市户口的人有这么多，因为其中包括很多是在城市住了半年以上的农民工。如果把农民户籍减掉，中国的城镇化率可能不到 40%。如果我们的城镇化率以后要达到西方发达国家那样，美国的城镇化率到 90% 以上，西欧的城镇化率在 80% 左右，也就是说我们也有 80% 左右是城里人，那么可以想象会是一种什么情况！现在我们的城市人口有 6 亿多人，如果将来再增加 5 亿多人，那么我们的城镇会变成什么样子啊?! 土地够吗？淡水供应够吗？很显然，城里人的生活质量会大大下降。所以，中国的城镇化不能像西方发达国家那样做。

基于中国的国情，我们的新型城镇化应该是：老城区 + 新城区 + 新社区。老城区就是：要改造历史上形成的城区，把工业污染的企业迁走，拆迁棚户区，把商业、服务业搞好。房子拆迁以后盖新的，成为适合居住的居民区。新城区要规划：在城市周围建工业园区、高新技术开发区、物流园区。新城区的一个重要特点是要有居民，没有居民是不行的。另外，民营企业、个体工商户要入驻，一个城市没有民营企业、没有小微企业、没有个体工商户，就成为“鬼城”了。有了民营企业入驻，才有人气，晚上路灯一直亮下去，两边的生意可以做到十一二点。新社区是中国的特色。现在，全国各地已有社会主义新农村，不少地区已经有些居民楼了。在这个基础上，可以再从以下几个方面来发展：一是园林化；二是循环经济化，绿色经济化；三是公共服务到位，建立各个公共设施；四是城乡社会保障走向一体化；五是从村镇管理变成社区自治。到那个时候，新社区就跟城镇一样了，它是未来的新城镇。那么多人都挤到老城区不行，涌入老城区加上新城区也不行，要大批分流到新社区，这就是“就地城镇化”。这是可行的。

中国经济面临的十大尖锐问题

第一个问题：新常态和适应新常态

新常态，用最简单的语言来概括就是按经济规律办事，不做违背经济规律的事情。前几年我们热衷的高速增长，实际上是不符合经济规律的，因为实践已经证明，高速增长会带来五个严重的弊端：资源过度消耗，生态破坏，产能过剩，低效率，错过结构调整、转变发展方式、科技创新的大好时机。

2008 年国际上发生了金融危机，在这个过程中，许多发达的西方国家，比如美国、德国、日本都在抓紧技术创新。而我们错过了这个机会，我们这个时候仍然要大力追求 GDP 的增长，这样我们错过了结构调整、经济方式与发展方式的转变和技术创新方面的时机。我们再进一步考察，适应新常态要怎么适应呢？首先要适应中高速增长，而不要再像过去那样追求 GDP 的超高速增长。因为“超高速”不符合经济规律，经济越发展基数越大，每增长 1% 所代表的内涵远远超过了过去 GDP 低的时候。我们应该认识到，适应新常态就是要适应结构的不断调整，经济方式的逐步转变，尊重市场规律。

第二个问题：第三产业产值达到 GDP 占比 51% 的意义

2015 年第三季度结束的时候，国家统计局公布了中国的经济现状，第三产业的产值达到了 GDP 的 51%。今天，发达国家第三产业的产值一般要占到 60%~70%，2015 年第三季度，中国的第三产业产值占比到了 51%，这是中国转向后工业化时期的开始。

转向后工业化时期实际上说明，我们更应该注意到经济的变化。第二产业为主的时代，经济增长是可以上去的，不一定上到那么高，但各种情况不一样。到了第三产业占优势的时代，西方发达国家能维持 3%，顶多 4%，它们认为已经是很了不起了。很多国家还停留在 3% 以下，所以中国在这个阶段应该注意到，关键还是结构调整，转变经济发展方式，而不再是追求数量性的扩张，结构调整比总量要重要。1840 年，当时中国的 GDP 是全世界第一，比英国多多了，可是结构不一样。英国 1770 年就已经开始工业化，它的 GDP 首先是靠钢铁、机械制造、蒸汽机、铁路建设，英国棉纺织品是用机器纺织，销售到世界。而中国的 GDP 虽然大，但以农业、农产品为主，加上少量的手工艺品，中国的棉布是手工制造的。

中国向英国出口茶叶、丝绸、瓷器、桐油、猪鬃，而英国向外出口的主要对象是西欧大陆，出口的产品是蒸汽机、钢铁。结构比总量更说明问题，因为英国的产品结构重新组合以后，站在了技术进步的前列。另一个大家容易忘记的是人类资本的结构。中国那个时候号称 4 000 万人，论人力资源的数量中国远远超过英国。英国小学已经普及了，当时还创办了很多中学，也新建了一些大学，每年培养出大量的科学研究人员、工程师、经济管理人员、金融方面的专业人员。而中国鸦片战争的时候是什么样子？大多数是文盲，少数读书人读的是四书五经，是为了考科举。中国有几个人懂近代的科学技术，有几个人懂现代的金融？所以结构问题是非常重要的，不调整结构实际上我们是跟不上的。

第三个问题：大力发展第三产业和继续推进工业化并重

这是我们当前最重要的问题。为什么要并重？因为中国并没有实现工业化，一个国家实现工业化主要看什么？主要是看高端成套设备的制造能力，高端的成套设备生产在经济中应该占据突出地位，中国在这方面还有差距。我们强调继续实现工业化，正是要把中国经济推上新台阶，因为高端成套设备制造在中国还不如西方的发达国家。

在这个过程中，第三产业也要发展，第三产业的发展主要是靠什么呢？主要靠消费者，这主要有两点。第一是消费者有足够的收入，这样才能扩大消费。我们现在人均收入在世界上还是中后，但是要发展的话，消费能力是最重要的。二是要有消费意愿，要让消费者愿意购买，而且愿意在国内购买，跑到国外买对中国的经济没有太大影响。

在这方面，我们应该做到四点。

第一，让产品更个性化。就是要抓住消费者的习惯、爱好，提供他喜欢买的、愿意买的。

第二，让服务业更加人性化。这是我们创造市场、创造新产品销路的重要方面。

第三，把品牌打到国外。将来的竞争实际上是品牌的竞争，品牌是靠不断的技术创新维持的。

第四，把顾客留在国内。这不仅是企业本身的问题，而且和外国产品进口的关税有关系。

我们要背水一战，把中国的制造业搞上去，这是对的。但是光有决心不行，一定要有行动。该关的关，该停的停，该重组的重组。这里面既包括对国有企业改革的希望，也有对民营企业转型的希望。

第四个问题：国有企业、民营企业都需要改革和转型

国有企业改革和转型分两个层次。第一个层次就是国有资本的管理。国有资本的管理专门成立国有资本、基金公司也好，投资公司也好，运营公司也好，高层只管资本，管资本怎么运行，这样的目的是提高资源配置效率。

国有企业第二个层次的改革是在企业。怎么改？让国有企业独立经营，投资者派董事组成董事会以后，企业服从董事会的决议。中国今天是国家管资本，让资本变活，产生资源配置效率，这是上层的改革。下层的改革是国有企业股份制，根据投资情况组成董事会，因为行业不同，国家控股的大小是不一样的，这是根据情况来定的。独立经营主要依靠健全的法人治理结构，包括股东会要起作用，董事会要起作用，还要有职业经理人。职业经理人在全世界企业发展过程中都是一个必经的阶段。因为原来都是家族企业，家族

企业最后到了第二代，能不能维持？还可以。到了第三代，企业能不能再这样下去？一定要看职业经理人制度是否产生，职业经理人有一个供给方和需求方，双方才能协调，这样的话管理效率就提高了。

现在中国还没有职业经理人市场，职业经理人不可能像一般的工作者拿着自己的简历到处上门求职。所以这需要有职业经理人的建设或是猎头公司，人才到他们那里登记，他们帮职业经理人去找、去谈。

今后的民营企业走职业经理人道路是有潜力的，潜力在哪里？国有企业过去是国资委主管企业，国有企业领导者退休、辞职以后，可以加入职业经理人队伍，职业经理人是责任制、任期制。所以说，转型是很重要的。

还有一个问题，民营企业同样需要转型。我在广东调查民营企业，有的企业感到产权不清晰，比如三个儿子都在父亲经营企业的时候出过力，父亲去世了产权怎么分？分的话，谁出力多少没记录，所以争得不可开交。民营企业的转型必须产权清晰，过去对家族成员是含糊的，所以矛盾就出在家族成员争夺产权，每天处在内乱中，这样的企业还能搞好吗？所以民营企业第一条先得记录家族成员的情况，谁付出多少要清清楚楚。另外，要早日选定接班人。中国无非用两个办法选接班人：一个办法就是从贤，谁最贤谁接班；二是亲，谁最亲选谁。这都是有问题的。

亲中选贤或贤中选亲都不行，维持一段时间还会出问题。最后也应该是职业经理人制度。职业经理人可以经过考察、推荐、试用，最后转化为持股合伙人，企业就延续下去，这都是国外的一些经验，对我们来说很多地方可以参考。

中国有中国的国情，究竟在什么样的程度上做这件事？先把职业经理人的市场建立起来，这样就能适应第三产业的进一步发展，也适应制造业的进一步发展。

第五个问题：要看到第一、第二、第三产业协调发展的重大意义

中国的经济要想保持中高速增长，第一、第二、第三产业一定要协调发展。第一是农业。中国是农业大国，农业不发展，就没有足够多的粮食供这么多人消耗。

第二是工业。主要是制造业，特别是高端制造业，高端成套设备的制造业应该快速发展，不然我们始终是世界的制造中心，但不是高端的。而且创造还是在西方。制造业要认识到自己的压力：中低端的产品成本不如东南亚，高端的产品技术不如西方发达国家，所以说第二产业也一定要搞好，要协调发展。

第三是第三产业。商业、零售、消费、服务业，都需要进一步发展。

第六个问题：结构调整和科技创新只有进行时，没有终点

我们一定要设法让更多人参加到创业、创新的潮流中来。比如现在一些新的创业者根本就不用上班，也不是企业员工，就在自己家里接订单，按合同完成任务，这是一种新的情况。鼓励一般的农民回乡创业，政府要推行三个清单，简政放权，这个非常重要：第一个清单是负面清单，规定了什么行业不能进去，什么行业限制进

入；第二个清单是权利清单，就是法律没有授权给你的不能做，法律授权给你的才能做，不然政府就违法；第三个清单是责任清单，就是政府、政府下属的部门在执法、执政的时候必须按程序办，必须按规定的日期批，这就可以制止乱作为和不作为。

这三个清单对我们下一步创业是重要的，第三产业有大量的个人从事服务工作，有服务性的企业，新企业不断出现，就便于开展结构调整了。

第七个问题：新常态下的宏观调控

经济要走市场化的道路，但是宏观经济调控又是必须存在的，这两个不矛盾，主要是方式要转变。除非在紧急情况下，宏观调控今后应该注重微调、预调、定向调。什么叫作微调？就是做轻度的调整。预调是发现问题即将来临，预先采取一些防止措施。定向调就是结构性调整，不是大水漫灌，而是有的放矢，是什么问题就解决什么问题。

所以在调控的过程中，应该根据具体情况来做，非到紧急状态，一般不要采取过大的措施。今后宏观调控的方式要把政府的作用结合起来，政府的第一个任务是执法，依法授权依法治国。政府的第二个任务是通过宏观调控，保持经济基本稳定。另外政府的宏观调控在某种程度上要起到集中引领、规划的作用，为了使将来怎样走、方向在哪里都定得清楚，我们对宏观调控的学习应该是经常性的。

第八个问题：新人口红利

现在一般都说，中国的人口红利已经用完了，这话不准确。旧的人口红利的确是在消耗的过程中。现在劳动力不好找，甚至有经济学家预言，10 年之后找不到保姆了。旧的人口红利的确是在消失，工资的上升是必然的，因为物价在上涨。

新人口红利主要有三个来源。一是看清楚今天大量的创业创新者，将来会成为中国的新人口红利。上千万人在创业创新，有 10% 的人多少能成就点事业，1%、1‰能成为大的企业家，就能对中国经济产生重大的影响，这就是新人口红利的第一个方面。二是大量职业技术学校毕业的学生。他们找能发挥自己专长的工作，将来也有可能进一步提升为熟练工人。三是农民。现在很多地方的农民开始学家庭农场的思维，农民要学技术，农民要懂得管理，这是西方农业发展的结果，也是将来中国要走的路。这样就可以说，中国不仅将会有新的红利，而且中国的人口多，新人口红利数量也是惊人的。

还有一点要注意到，蓝领、白领工人的界限正在逐步消失。《北京青年报》头版登过一篇报道，北京的环卫工人坐在计算机边上操作，这就产生了一个问题，这些技工过去凭体力去扫马路、清垃圾，现在用计算机指挥，使用机械设备在做。危险的工作由机器人去做，所以蓝领和白领的界限将来会逐步消失。

第九个问题：当前农村的两个突出问题

我带调研组到陕西调研，发现汉中市遇到一个新情况：汉中市下了死命令，原有的工厂有污染的全迁走，保证汉江水的清洁。汉江两岸的农田不准打农药、不准施化肥。汉中又很贫困，怎么扶贫？这就要因地制宜了。

我们去汉中市的西乡县调查，西乡县把沿江、沿河两边的山林、丘陵和农田改成种茶树，因为有很好的茶叶，就把茶树作为主要的产品。打工的人回到老家，要么种茶树，要么做茶工，而且茶树是不使用化肥也不打农药的。西乡县就这样因地制宜脱贫。

另外，现在农村送份子钱、送红包的陋习影响越来越大，同村的人婚丧嫁娶都得送，所以负担不了。外出到深圳打工的陕西汉中的民工春节不敢回家，春节过了悄悄回家，就因为怕送红包。

第十个问题：发挥第三种调节的作用

市场调节是第一种调节，政府调节是第二种调节，第三种调节是道德调节。

我们可以这么说，有市场、有政府以后，道德力量调节起着重要的作用，我们要清楚地认识这点。道德调节实际上就是一种文化调节，没有文化调节不行的。道德调节首先是自律，自律是对自己文化、道德的约束，互相帮助也是一种民间的传统，也体现着道德调节的力量。

这里我们可以进一步认识到，我们都在谈效率，效率有两个基础。一个是物质技术基础，要有一定的物质技术，没有物质技术是不可能有效率的。效率的另一个基础，是道德基础。重要的问题在于，有效率的物质技术基础只能产生常规效率，那么超常规效率从哪里来？超常规效率是从道德基础上产生的。

转变经济发展方式的几个问题

调结构

转变经济发展方式的重点是调结构。

应当树立这样一个观点：GDP 总量固然重要，但 GDP 结构更重要。GDP 结构的合理意味着经济发展质量的提高，也表明技术前进的方向。能真正代表一国的国力的，不只是 GDP 总量，更重要的是 GDP 的结构。

前文对比过中英两国在 19 世纪的 GDP 结构和人力资源结构，从中可见，我们要转变经济发展方式，就必须调整结构，包括经济结构、产业结构、产品结构以及人力资源结构。我们不仅要成为世界制造中心，而且要力争成为世界创造中心。这些都同自主创新、产业升级有关。我们要成为人才强国，首先是人力资源的结构要合理。我曾到云南楚雄考察，发现楚雄正在集中力量大办职业技术教育，想把楚雄打造成为职业技术人才和熟练技工的输出基地。我觉得这是具有战略眼光的，也符合当前的产业调整方向。

扩内需

要保证经济可持续发展，一定要扩大内需。这是因为，我们过去的经济增长主要靠投资，靠出口。民间消费应该是带动经济发展的最重要方面，但这只是在最近几年才有所重视。当前我们必须扩大内需。

首先，要不断提高劳动收入在国民收入分配中的比例，包括提高工资水平，提高农民收入。为了增加农民收入，要继续提高国家对农产品的收购价格和对农民的各种补助标准。

但真正实现努力扩大内需，增加农民收入的关键在哪里？关键是要找着帮助农民增收的撬杆。撬杆就是给农民发产权证。这是扩大内需的好办法。发给农民的产权证主要有三项：

1. 农民承包土地的使用权证；2. 宅基地的使用权证；3. 房产证。以房产证为例。我带了全国政协经济委的调研组到一些省市调研。在农村和农民座谈时，农民反映道：城镇土地是国有的，城镇居民祖传的房子有房产证，新购的商品房也有房产证；农村土地是集体所有，但农民祖传的房子没有房产证，新盖的房子也没有房产证。所以农民意见很大：为什么国有土地上的住房有产权证，而集体土地上的住房却没有产权证？

农民的住房没有产权证，会产生什么问题？农民说：想抵押，房子不能抵押；想转让，没法转让；想出租，出租也难，因为没有房产证，租金不高，而且还有风险。如果租房者不付租金，或以后一直住下去，无法收回，因为出租者没有房产证，打官司也纠缠不清。面对这样的窘境，农民只能用一把锁将房门锁上，带上家属外出打工。于是，就出现了“两个老鼠的故事”。上锁后，房子变成老鼠窝了，这是“第一个老鼠”。进城后的农民，两手空空，因为家里的房子不能抵押贷款，于是就只能租地下室住，这就变成了“第二个老鼠”。还有更糟糕的，上锁后的农民住房，被不法人员私自撬开后，变成了堆放炸药的场所、地下鞭炮加工厂，有的住房还被用来炼地沟油、聚众赌博，甚至从事卖淫嫖娼活动。

我们在山东省威海市考察时发现，离市中心不远的几个行政村合并变成一个社区，叫“小城故事”社区。该社区是新盖的农民新村，每家有两套房子，自己住一套，还有一套用于出租。我们到的时候社区十分热闹，农民们有的正在装修，有的正在搬家，买家具，买家用电器，买地毯和窗帘，因为他们有财产性收入了，每月可以收取房租了。2010 年 6 月 5 日，上海《文汇报》报道了上海市嘉定区的情况，嘉定区给每户农民发三套房，一套 60 平方米，一套 80 平方米，还有一套是 110 平方米。自住两套，出租一套，家庭人口少的可以出租 110 平方米，家庭人口多的至少也可以出租 60 平方米，这让农民的收入真正有了保障，农民的购买力立刻增加了。

给农民发房产证，不一定统一由房产局发，也可以由住房和城乡建设规划局发。我在山东烟台调研时发现，农民的房产证有的是房产局发的，有的是由住房和城乡建设规划局发的，虽然发放渠道不一样，但同样是非常可行的。在烟台的莱阳市农村，住房和城乡建设规划局发的房产证虽然在四大银行不能抵押贷款，但在农村信用社是可以抵押贷款的，这也符合农民的借贷需求。还有，在烟台的龙口市，龙头企业和行政村融合发展，农民用土地入股，企业给农民分配不同的股份：农民有的种葡萄，有的种蔬菜，有的进工厂，有的做建筑工，有的从事物流。农民的住房有公司发给的房产证，他们房产证在公司内部可使用。农民的收入包括：土地入股有股息、红利，在工厂或农场林场工作有工资，农民空闲的房子可以出租。这样，农民收入提高了，内需也就扩大了。

促进就业

促进就业最好的办法，就是要大力发展民营经济、大力扶持微型企业。现在全国每年新增的就业岗位有 75% 在民营经济中。但民营经济仍面临融资难、领域准入难、税费负担较重等困难。现在全国约有 3 000 万个体工商户，有 1 000 万家中小企业、民营企业，只要政策放宽一点，税费减免一点，融资上帮助解决一点，个体工商户的生意就好做了。这样，发展壮大后的每家个体工商户只要从邻居家里、亲戚家里招一两个帮手，全国一下子就可以解决几千万人就业。全国 1 000 万家中小企业和民营企业，只要每个企业增加三五个人，又可以解决好几千万人的就业。所以，促进就业的关键在政策。

同时，还要大力扶持微型企业。在国外企业中，不但有大中小型企业，还有微型企业。以重庆市有关大力扶持微型企业的规定来看，微型企业必须具备两个条件：一是包括业主和雇工在内的工作人员在 20 人以下，二是创业资本金在 10 万元以下。重庆扶持微型企业的主要做法是：对微型企业减免税，政府为企业提供银行贷款担保，出钱为企业进行职工培训和相关技术培训，并简化企业登记、注册及银行开户等手续。这样的举措，使重庆出现了蓬蓬勃勃的全民创业热，大学毕业生、农民工、退伍军人、下岗工人、残疾人、库区移民等纷纷成了跃跃欲试的创业者。

稳定物价

近年物价猛涨，稳定物价已经成了转变经济发展方式、促进经济可持续发展的当务之急。稳定物价一项重要的措施，就是把适度宽松的货币政策改为稳健的货币政策，使货币流通量回归到正常的水平。不能改成从紧的货币政策。一旦改成从紧的货币政策，可能重蹈20世纪90年代中期的覆辙，因为突然从适度宽松货币政策改为从紧货币政策后，会出现烂尾楼、三角债、银行不良资产增加，甚至通货紧缩等现象。所以现在需要实行稳健的货币政策，把货币流通回归到正常水平。同时，积极的财政政策不变，这样经济可以稳定增长。

现在，导致物价上涨的主要因素是农产品价格上涨，而农产品价格上涨是有其特殊原因的，比如说，城市没有菜地了，谁种菜？现在北京的蔬菜要从山东、从海南调运，流通成本高了，菜价当然就贵了。还有，西方发达国家有两种商品储备，一是国家储备，二是商业储备。而我们国家只有一种储备，也就是国家储备，但国家储备的东西毕竟是有限的。西方发达国家的大型超市，必须要有明确的商业储备。这样，短期内出现商品短缺问题不会引起恐慌。当前物价上涨的另一个因素，就是炒作，炒绿豆、炒大蒜、炒苹果。这是市场管理上的问题，必须打击囤积居奇的做法。可以相信，通过这些工作，物价可以逐渐被稳住。

城镇化过程中公共建设资金的筹集

公共建设资金的筹集，是在城镇化发展过程中一定会遇到的问题。“土地财政”的路已走到尽头，没有多少土地可以卖了。地方“债务财政”实际上是把还债的期限向后推，这届政府推给下一届政府、再下一届政府。这样不能解决问题。在这个方面应该学习国外的做法。国外城镇化过程中是这样融资公共建设资金的：在建设过程中，政府当然要对廉租房、社会保障性的住房，以及对义务教育、环保设施承担责任，进行投入。但城镇人口增加后的供水、供电、供热、供气等公用事业要花费很多钱，资金怎么筹集？可以成立城镇公用事业建设投资基金。政府拿出一定的资金作为种子基金，银行等金融机构可以投入一部分资金，基金成立和启动后，可以发行债券，向民间大量筹资，这样就能解决问题了。

制度性贫困问题的解决

制度性贫困，或者叫体制性贫困，主要是指由体制所造成的贫困。体制性贫困主要表现在四个方面：第一，由于体制的束缚，人民群众没有脱贫致富的积极性。如果想自己去寻找致富之路，可能受到打击。这样，积极性就被压抑了。第二，缺乏社会流动的渠道。这种社会流动的渠道在社会学上分为垂直性流动和水平性流动。正由于缺乏垂直性流动渠道和水平性流动渠道，人们无法改变现状。常言道，树挪死，人挪活，说的就是这个道理。第三，市场的限制。比如说，资本短缺、人才外流，贫困地区没有发展的空间。发展要资本，没有资本；发展要人才，人才都走了。我前几年到西北调查，西北的人在讲，哎呀，现在不但“孔雀”东南飞，连“麻雀”都东南飞了！什么是“麻雀”？就是指熟练工人、班组长，他们也往东南飞了。市场是讲选择的。市场经济中，如果国家不实行向贫困地区倾斜的政策，贫困地区的发展是困难的。第四，就是仅仅靠资源，吃老本，吃资源，吃光为止，没有考虑资源枯竭以后怎么办。所以，当前我们研究贫困问题一定要研究体制性贫困，并提出解决方式。

以上这几个问题，既可以帮助我们了解当前的形势，也能够帮助大家思考和讨论下一步的扶贫工作怎么做。

新常态就是按经济规律办事[1]

什么是新常态

新常态简单地说，就是按经济规律办事。

中国前几年经济的增长是超高速的增长，这种超高速增长并不符合经济规律。在其他国家，特别是发展中国家，可能有一段时间高，但是不可能长期这么高，因为这种超高速的经济增长给经济带来的害处很大：资源过度消耗，而且消耗得很快；环境破坏；低效；有些产业出现产能过剩；错过技术创新和结构调整的最佳时机。

2008 年世界金融危机以后，西方发达国家美国、英国、德国、法国、日本都抓住时机进行技术创新，以便给经济找出一条新的途径。中国本也应该如此，但是为了追求超高速的增长，忽略了这一点。

① 本文原载于《新京报》。

GDP 的结构比增量更重要。我们现在经济总量排世界第二位了，但是要论结构，我们跟日本还有差距。高新技术产业占经济中的比重、占 GDP 的比重小于日本。

对出口、进口的看法需要调整

出口越多越好，这是计划经济年代的观念，因为计划经济年代我们受到外部的封锁、抵制，外汇很少，出口越多赚取外汇越多，可以买需要的东西。

现在的情况变了，出口多，其他国家的进口就多了，出口就少了。这种国际贸易关系是不能持久的，所以应该转变，并不是出口越多越好，进出口基本平衡才最好。所以说观念要变，现在中国已经是一个大国了，而且在国际上有重要地位，要跟外国保持长远的贸易关系，都是希望能够在进出口基本平衡的条件下来做。

另外，外汇储备也应该根据国家情况考虑，并不是越多越好。因为外汇储备过多，会带来几个弊端。所有的外汇储备都是用人民币换来的。企业出口创汇，然后根据国家结算外汇的办法，把外汇卖给人民银行，人民银行付给企业人民币。所以外汇的增加实际上表明了人民币出口多。有的外汇存在金融机构不流通，会造成人民币通货膨胀。

高就业未必和高投资有因果关系

过去总是认为，要增加就业就必须提高投资，高投资就能够提供就业的岗位，就业岗位多，就业人数就多，这个看法已经过时了。

一些现代化工厂，不但不增加就业，还要裁员，全部用机器人，不再用那么多人。

跟新常态相对应的是适度投资，不是从前那样，投资越多越好、越大越好。

就业靠适度投资解决，靠政策，靠调动民间投资积极性，靠中、小、微企业发展。适度投资是并不全要国家投资，国家只投一部分，另外一部分靠民间资本投资。民间资本投资，这是解决就业问题的主要方向。中国大量的中、小、微企业都是民间投资，它所不同的地方就在于它这种投资是精打细算，不会铺张、不会浪费，因为民营投资是自负盈亏的。

高利率未必能抑制通货膨胀

过去对待通货膨胀，主要是什么办法呢？提高利率，货币流通量就减少了。但是根据中国一二十年的经验，高利率不能或未必能抑制通货膨胀。因为在经济学里面，国际传递的通货膨胀不算，就从供给需求各个方面来看，通货膨胀分两类，一类叫作需求拉动的通货膨胀，一类叫成本推进的通货膨胀。在 20 世纪 90 年代我们遇到的通货膨胀，主要是需求拉动的通货膨胀。

进入 21 世纪以后性质变了，更多的是成本推进的通货膨胀，成本提高了，物价就跟着上去了。

2013 年，一个月调整一次银行准备金率，全世界没有这样的，这个是很难动用的宏观调控手段，结果物价还是控制不了。所以要技术创新，2008 年以后全世界都认识到了要治理通货膨胀，不能采取提高利率的办法，而要采取鼓励技术创新的办法，一定要把结构调整和技术创新放到重要位置。

市场可以创造

我们所面临的市场是一个动态的市场，而不是静态的市场。比如说扩大内需，扩大内需重在扩大民间消费，民间消费增加还是挺慢的。原因很多，有一个原因可能是关键的，在销售运营方面没有新产品出来。要扩大消费，得有新消费品。

到服装店看，看来看去这个式样以前就有了，这个布料还是原来的，家里都有了，就不会再买了。市场要创造，一定要懂这个道理。

现在用的手机跟过去的手机不一样了，功能大大增加。10 来年前只是作为通话工具，现在的手机可以看电视、打电话、录音、照相等。

要有两个假设、三种调节

现在谈两种假设，第一种假设是经济学中最普遍存在的一种假设，叫经济人假设。经济人假设认为人都是自利的，最低成本、最小代价、最大收益，这是一个假设。这种假设并没错，但是现在显然是不够了，在今天的社会中一般认为应该是两种假设。一个叫经济人假设，第二种假设是社会人假设，人不仅是经济人，也是社会人。

为什么提社会人假设呢？因为很多事情都处于经济规律以外。

比如说有 A 和 B 两个城市，A 城市投资成本低、销路广、利益好。在B城市投资成本比A高、盈利比A少，按经济人假设肯定在效益最好的地方投资，有些人偏偏要到B那个地方去投资。经济学不好解释这个问题，但社会学可以解释，因为实际生活中有各种考虑。

三种调节，市场调节是第一种调节，是用一只无形的手来支撑的。政府调节是第二种调节，政府用有形的手来支配，有形的手包括法律、法规、制度、政策等。可是人类社会少说也有几万年了，在几万年时间里没有市场、没有政府，但是人类社会延续下来，只能是道德力量调节，所以道德力量调节是第三种调节。

资源配置效率比生产效率更重要

在经济学里面，长期以来所强调的是生产效率。生产效率在经济学里就是投入产出的关系。比如说一个企业，它如果在投入不变的情况下，产出提高了，生产效率就增加了，或者在效益不变的情况下投入能够减少也是一样的。生产效率是有用的，也是值得关注的。

20世纪30年代以后，出现了第二种效率，就是资源配置效率。

生产效率固然重要，但资源配置效率更重要。

因为生产效率主要是在微观领域起作用，一个企业、一个单位等有微观性。从宏观角度讲，更重要的是资源配置效率。

就我们国家来说，国有资产以万亿计，如果使用不好、配置不当，这就是损失。改革就是让国有资本、国有的资源能够更充分发挥作用。

需要重视产权激励制度

从经济理论分析，所有的经济学家都承认一个原理，利润是物质资本投入者和人力资本投入者共同创造的，光有物质资本投入创造不了利润，光有人力资本投入也创造不了利润。

既然如此，为什么利润的分配只是让物质资本投入者享有，人力资本投入者不能享有呢，只能从成本中的工资部分取得自己的报酬，这合理吗？

所以很多经济学家提出这样不合理，明明是共同创造的，为什么人力资本投入者只能从成本中的工资部分取得报酬呢？所以提出要分享，分享有各种办法，其中一个很重要的办法就是产权激励制度，人力资本投入者根据贡献的大小分享利润。

宏观调控重在微调、预调

进入新常态以后，宏观经济调控是不可缺少的。宏观经济调控一定要以微调、预调为主，不要动不动就大起大落、大升大降、大摇大摆，这是有害处的。

最大的害处在哪里？就是养成了宏观调控依赖症，没有宏观调控就不行了，这会削弱市场调节的作用。经济应该是让市场充分发挥作用，宏观调控是必要的，但应作为辅助。

经济中本来是有内生机制的，宏观调控太多、太频繁，会抹杀内生机制。从宏观角度讲，一部分人有小业主意识不是坏事，可以平衡社会。宏观调控不可少，但必然走向是微调、预调。

经济低碳化是新目标

任何一本宏观经济学教科书都会提到充分就业、物价基本稳定、经济持续增长、国际收支平衡四大目标。现在来看，要升级到第五目标。因为人们的环保意识在增强，现在的环保概念与 30 年前不同。30 年前只是有毒的不让排，现在的环保概念改了，二氧化碳也不让多排。

所以现在提出了第五个目标，就是经济低碳化，这对我们的长远发展来说有很重要的意义。

第五章

市场的道德与效率

论效率的双重基础[①]

在效率问题的研究中必须考虑人的因素

在市场经济条件下，效率是受市场调节的。利益的驱动就是市场调节起作用的表现。每一个资源投入主体为了取得利益，必须根据市场上生产要素的供求状况与价格水平来组合生产要素，提高效率。因此，在市场经济中效率背后的机制实际上就是利益机制或市场机制，资源投入主体的利益最大化就是他所追求的目标，这样利益驱动与目标吸引在效率问题上是统一的。

假定在市场调节之外还有政府调节，那么在效率的背后必定存在着政府调节的影响。政府有自己的目标，政府目标不是单一的，而是多元的。政府为了实现自己的目标，就需要通过各种调节手段对资源投入主体产生影响，使它们在对资源投入领域的选择上与资

① 本文原载《北京大学学报》（哲学社会科学版）1998 年第 6 期。

源投入方式的选择上做出符合政府目标的选择，从而影响效率的变动。

由于市场调节与政府调节是共同起作用的，所以高效率或低效率的产生实际上受到市场调节与政府调节的共同影响。但对这个问题的分析不应到此为止。我们还需要做深入一层的探讨。在市场上进行活动的是各个交易人，一个交易人就是一个资源投入主体。对市场进行调节的是政府，政府自身也是资源投入主体。受到政府调节的是市场上的交易人，他们作为资源投入主体，既要考虑自己的利益，也要考虑政府采取的调节手段对自己利益的影响。于是就出现了另一个问题：资源投入主体是怎样考虑的呢？他们的行为受哪些因素影响呢？效率除了受到市场调节与政府调节而外，是不是还受其他力量的影响呢？

让我们先以一个企业为例。

一个企业内部的关系可以分为人与物之间的关系和人与人之间的关系。人与物之间的关系主要反映为生产资料使用者与生产资料之间的关系。企业的生产资料状况和平均每个劳动者所使用的生产资料数量的多少，基本上反映了这个企业的技术水平，技术水平的高低影响着效率的高低。人与人之间的关系要比人与物之间的关系复杂些。可以把企业内部的人与人之间的关系分为若干种，例如，企业领导层同一般职工之间的关系，企业领导层内部的合作共事关系，企业领导层与各级管理人员之间的关系，各级管理人员内部的合作共事关系，一般职工相互之间的关系等。这些人际关系中，有的协调，有的不那么协调，还有的完全不协调。有些人际关系在这种情况下比较协调，在另一种情况下却不协调。

人际关系的协调程度响着效率的高低，而且对效率的这种影响同技术水平对效率的影响是不一样的。如果技术水平低，企业通过增加投入，或增添新设备、修建新厂房，或进行职工培训、鼓励职工钻研技术，就可以大幅度提高技术水平，达到效率增长的要求。但如果企业内部人际关系不协调，增加投入能有多大成效？难道效率会因此而大幅度提高？

再从企业从业人员（包括各级管理人员与工人）的角度来看，在一定的技术水平之下，人的因素被摆到了显著的位置，企业的效率取决于人的因素所发挥的作用。在人的因素中，职工的工作时间、每个人已达到的文化技术等级、每个人在自己的工作岗位上的责任明确程度都是已知的。但在人的因素中，还有一些未知数。例如，职工的努力程度就是未知的，因为每个人在工作中究竟做出了多大的努力，不易确定。又如，每个人都有一定的惰性，惰性的影响小，积极性、创造性发挥得充分；惰性的影响大，职工的积极性、创造性的发挥就受到阻碍。职工自身能在多大程度上克服惰性，也是一个未知数。再如，如果职工个人的目标同企业目标是协调的，效率将会增长；职工个人目标同企业目标不协调，效率将会下降。但职工个人目标同企业目标究竟在何种程度上协调或不协调。同样是未知的。这些未知因素的存在对企业效率的影响，是值得研究的课题，也是市场调节和政府调节都难以解决的问题。

由此可见，对效率的研究有必要在市场调节与政府调节以外展开。这并不意味着市场调节与政府调节对效率的增减不重要，这只是表明市场调节与政府调节在影响效率方面有局限性，特别是在分析效率的源泉方面有局限性。比如说，在企业内部人与人之间关系的研究中，在与人的工作努力程度、人的惰性等有关的若干未知因素对效率的影响的研究中，都需要深入到更深的层次。这就是说，道德力量在许多方面对人的行为发生作用，进而影响效率。什么是效率的真正源泉？效率的真正源泉在于人的作用的充分发挥、人的积极性与创造性的充分发挥。而要做到这一点，道德力量的作用不可忽视。在道德力量作用之下，人的作用充分发挥了，人的积极性与创造性充分发挥了，效率将会大大提高。

应当指出的是，上述分析是以既定技术水平作为前提的。技术水平的高低，从人与物之间的关系的角度来看，关系到效率的高低。比如有两个国家、两个地区或两个企业，如果一个国家、地区、企业的技术水平高出另一个国家、地区、企业很多，那么道德力量对效率发生作用后所产生的效果就难以进行比较。因此，只有把技术水平作为既定条件，道德力量对效率的作用才能准确地显示出来，这样的对比才有意义。

效率来自凝聚力：团体的凝聚力和社会的凝聚力

前面已经指出，在一定的技术水平的条件下，效率的真正源泉在于人的积极性、创造性的充分发挥，而要充分发挥人的积极性、创造性，必须有合理的经济运行机制，必须做到人际关系的协调。

凝聚力的强弱是人际关系是否协调或协调到何种程度的体现。凝聚力基本上分为两类：一是团体的凝聚力，二是社会的凝聚力。团体的凝聚力以团体内部人际关系的协调为条件，社会的凝聚力则以社会中人际关系的协调为条件。凝聚力产生效率：团体的凝聚力产生团体的效率，社会的凝聚力产生社会的效率。

这里所说的团体，包括了企业与事业单位、社区、社团、村、家庭等。团体有大有小，但各有各的凝聚力。团体的组织有松有紧，紧密不等于有较强的凝聚力，松散也不等于缺少凝聚力。团体组织的松散或紧密，是从组织形式上说的，团体有没有凝聚力或凝聚力有多强，则同团体与成员之间协调与否、成员与成员之间协调与否有直接的关系。比如说，某个社团，有严密的组织，但成员彼此之间可能钩心斗角，难以形成一股力量，或者成员与社团的领导层离心离德，存在着强烈的离心倾向，那么不管社团的组织形式多么严密，照样没有凝聚力。反之，某个社团尽管组织形式上是比较松散的，但成员之间的关系协调。成员同社团的领导层的关系协调、成员们为社团的发展齐心协力，这样的社团不仅有凝聚力，而且凝聚力还可能是很强的。

企业是由企业工作人员组成的一个团体。企业的凝聚力是团体的凝聚力中的一种。企业文化建设有助于企业凝聚力的形成。一个企业，如果有较强的凝聚力，不仅能够促使企业效率不断提高，而且在企业遇到困难时，能够使企业克服困难，闯过难关。关于这一点，人们一般是不会产生疑问的。

需要深入探讨的问题是：社会的凝聚力如何形成？团体的凝聚力同社会的凝聚力之间存在什么样的关系？怎样正确处理这两种凝聚力之间的关系，以便既有团体的凝聚力，又有社会的凝聚力？

社会的凝聚力是指社会成员能够团结一致，各尽所能来实现共同的目标。最显著的例子就是一个国家、一个民族在反侵略战争时期或遇到严重自然灾害时期社会成员所表现出来的齐心协力、艰苦奋斗与自我牺牲的精神。社会的这种凝聚力带来社会的高效率，创造过许多奇迹。即使在正常的情况下，如果社会上人际关系协调、社会凝聚力强，也会出现社会协调的环境，同样有利于效率的提高。

至于团体凝聚力与社会凝聚力之间的关系，应当认为，二者之间可能存在着相互促进的关系，也可能存在着相互制约的关系，关键在于团体的性质与团体的目标是什么样的。社会上有各种各样的团体，性质互异，目标互异。假定某个团体是政治性的组织并具有分离主义政治倾向，它的目标是要求改变现状，从一个国家分离出去，那么，这样的团体内部越有凝聚力，对社会越不利，社会的凝聚力越会受到损害。当然，这是极端的例子，我们可以把这一类团体作为特例，略去不谈。在一般情况下，团体的目标同社会的目标是相容的，也是可以协调一致的，因此团体的凝聚力与社会的凝聚力通常有着相互促进的作用。这里仍以企业为例。

在市场经济中，企业作为自主经营、自负盈亏的商品生产者，有自己的目标，而首要的目标就是争取实现最大利益。企业之间存在着竞争的关系，为了使自己在竞争中取胜，企业不断调整生产和经营方向，也不断改进管理，增强内部凝聚力。正当竞争、合法条件下的竞争，是处理企业之间关系的前提。在这一前提下，企业之间有着共同的利益，这就是：社会越稳定，经济越繁荣，企业越能受益。一个企业的兴旺并不是必定以另一个企业的衰败为条件的。

在社会稳定与经济繁荣的大环境中，企业都有发展的机遇，并且都能实现这一愿望。从现实生活中可以看到，即使在这样的大环境中，也总有一些企业由于生产经营不善，或投资决策失误，或适应不了技术迅速变化的形势，发生生产收缩、企业倒闭或被其他企业兼并等情况，但这是正常的，这只不过是资源重新组合的反映。只要资源的重新组合能给国民经济带来效率的提高，为投资者创造新的机遇，那么某些企业收缩、倒闭或被兼并不会损害企业界的共同利益。

团体的凝聚力同社会的凝聚力是两种不同类型的凝聚力。团体的凝聚力能否同社会的凝聚力统一起来，或者说，团体凝聚力的加强能否促进社会凝聚力的加强，同作为促进团体凝聚力增强的重要因素的文化建设（例如企业文化建设、社区文化建设、校园文化建设等）的内容与成效有密切关系。不妨仍以企业为例。在一个企业中，假定企业文化不仅强调企业自身的目标，而且同样强调社会的目标；不仅关切企业自身的利益和本企业职工的利益，而且也关切公共利益；不仅致力于企业精神的培育，而且也致力于优良的社会风尚的培育，这样，企业文化建设的成就既表现于企业凝聚力的加强，也表现于社会凝聚力的加强，企业凝聚力与社会凝聚力是一致的。这正体现了成功的企业文化建设的社会功能与社会价值。反之，假定一个企业单纯着重企业自身利益与本企业职工利益而忽略了企业文化建设的社会功能与社会价值，这样，尽管企业的凝聚力也有可能在某种程度上加强，但却无法使企业的凝聚力同社会的凝聚力协调一致，也无法使企业凝聚力的加强带来加强社会凝聚力的结果。在分析效率源泉问题时，我们不应当忽视这一点。

如果再做进一步的分析，那么可以了解到，国民财富的增加、社会的经济繁荣和文化教育事业的发展是联系在一起的。一个经济繁荣、文化教育事业发达的社会，将更有条件来进行文化建设，促进社会凝聚力与团体凝聚力共同加强。道德调节作用在促进社会凝聚力与团体凝聚力共同加强方面表现得尤为明显，道德调节的这种作用是市场调节或政府调节无法替代的。这是因为，只有运用道德力量，才能使团体的成员认识到团体目标的实现从根本上说是同社会目标一致的，个人的利益、团体的利益从根本上说是同公共利益一致的，于是团体的成员就会从内心认同社会目标，其结果将是既增强了团体的凝聚力，又增强了社会的凝聚力。团体的效率与社会的效率将在道德力量的影响下不断提高。

由此可以得出下述结论：以往在效率源泉问题的研究中，通常只着重经济因素与技术因素，而忽略非经济因素与非技术因素；只在意利益的影响，而不注意社会责任感与公共目标的作用；只强调物的价值实现，而忽视人的价值实现。在这种传统的思想与方法的指引下，实际上研究不了效率变动的深层次问题，也揭示不了效率的真正源泉还在于人的作用以及人与人之间的关系，而不仅仅在于物的作用以及人与物之间的关系。团体凝聚力产生团体的效率，社会凝聚力产生社会的效率，在这种情况下，效率的产生与提高的原因不应当到市场机制中去寻找，也不应当到政府的调节行为中去寻找，而只能到道德力量及其对人的影响中去寻找。

超常规的效率是怎样产生的

效率具有物质基础，这是人们所公认的。一定的生产设备和原材料，一定的技术条件和具有一定技术水平的工作者，以及一定的社会基础设施（如交通运输设施、通信设施、供水供热设施、能源供应设施等），构成一定的效率的物质基础。效率的物质基础的重要性已经得到了公认。不设法改善效率的物质基础，效率的提高会遇到障碍。

但是，效率是不是仅有一个基础，即物质基础呢？是不是只要具有效率的物质基础，效率就必定增长呢？从以上的论述中已经可以清楚地了解到，单有效率的物质基础是不足以充分说明效率增减的原因的。我们必须讨论效率的另一个基础，即道德基础。生产设备和原材料由人来使用，技术条件的发挥同人的素质有关，也同人的积极性、创造性有关。即以作为效率物质基础组成部分之一的具有一定技术水平的工作者来说，这些工作者是活生生的人，而不是机器人。他们有思想，有主张，有感情，也有目标。对待生活，他们可能持这种或那种态度；对待工作，他们可能热情，也可能冷漠。加之，他们一个个都不是孤立的人，他们同其他人交往，构成各种各样的人际关系，而这些关系的协调程度是不一样的。这一切成为效率的另一个基础，可以称之为效率的道德基础。

效率的物质基础和道德基础是并存的。单单用物质基础或道德基础都解释不了效率的增长或下降。两家企业，假定物质技术条件完全相同，生产出来的产品也相同，并且都被消费者所需要，但为什么其中一家企业的效率高而另一家企业的效率低？效率的道德基础的比较分析将会提供答案。

因此，正确的说法应当是：效率具有双重基础，即物质基础和道德基础。

在任何时代，小到一个家庭、一家企业、一座村庄，大到整个社会、整个国家，都需要有一种精神上的凝聚力、一种以道德规范为准则的行为引导、一种伦理观念。这些同科学技术是可以并行不悖的，而且也互不干扰。在处理人际关系时，凡是科学技术无能为力之处，就需要由道德力量来调整。人际关系融洽了，个人的积极性、创造性发挥了，效率自然会增长。这表明效率确实有自己的道德基础。

效率有双重基础，已如上述。接着要讨论的是：效率的物质基础是变化的，因为经济发展了，技术进步了，工艺改进了，使用生产资料的工作者的知识也更新了，效率发生变化，而且这种变化是不间断的。那么，效率的道德基础是不是也这样呢？难道会有一成不变的道德原则作为效率的道德基础吗？再如，既然效率具有物质基础与道德基础这样两个基础，物质基础是不断变化的，难道效率的道德基础就不会随之变化吗？如果说效率的道德基础是变化的，那么这种变化是主动的变化还是适应性的变化？所谓主动的变化，是指构成效率的道德基础的那些道德规范、行为守则、评价标准等自身发生了变化，从而导致了效率的道德基础的变化；所谓适应性的变化，是指适应于效率的物质基础的变化而引起的效率的道德基础的变化。当然，主动变化与适应性变化有时是很难分开的。效率的道德基础的变化可能既有主动变化，又有适应性变化，二者往往交织在一起。

接着，让我们考察这样一个问题：超常规的效率究竟来自何处？物质基础通常提供的是常规效率，道德基础则不仅能保证常规效率，而且还能提供超常规效率。

历史上移民社会的超常规效率，一直是学术界感兴趣的课题。在中国，中原战乱期间，流民纷纷南下，在广东、福建一带披荆斩棘，排水造田，改变了当地荒芜的面貌。在西欧，从 12 世纪起，移民们就开始在尼德兰北部垦荒，他们兴修水利，发展农牧业。这些移民所表现出来的高效率，是超常规的。工具简陋，人力单薄，环境艰苦，为什么会涌现超常规的效率呢？在移民迁移过程中，甚至在移民社会形成后的较长时期内，既没有市场调节，也没有政府调节，那么是什么力量使他们产生如此高的热情，提供如此高的效率呢？这就不能不归因于道德力量的作用、凝聚力的作用、人的创造性的作用。也许可以下这样一个结论：从历史上看，这些移民都是在超常规的客观条件下以超常规的主观力量来完成拓荒任务的，甚至移民的社会组织也是超常规的。这些可以被看成是人类历史上的一种奇迹。如果没有相应的道德基础，就不可能有超常规的移民社会组织，也不可能有超常规的个人主观力量，从而也就不可能有超常规的效率。

超常规效率的不断涌现向人们充分显示：效率增长是有潜力的。效率增长潜力的发挥，主要依靠效率的道德基础的存在，依靠道德力量的作用。除了前面提到的移民社会的例子，还可以举出一些例证，例如，反侵略战争时期人们种种奋不顾身的行为，在抗御重大自然灾害袭击时人们做出的种种努力，甚至在为了团体（小至一个家庭、一个家族，大至一个宗教组织、一个民族或国家）的目标的实现或团体尊严、荣誉的维护方面，都可以看到道德力量、信念、信仰在激发人们的意志与能力时的作用，超常规的效率正是这样产生的。那么，效率的物质基础是不是也能为效率的超常规做出贡献呢？当然，效率的任何增长总是离不开物质条件的。例如，移民拓荒过程中，无论人的积极性多么高，总需要有一定的生产资料；抵御重大自然灾害时，也需要有一定的物质条件。但要知道，假定没有道德力量、信念、信仰等在这些场合发生巨大的作用，仅依靠物质条件，人们只能产生常规的效率，而不可能产生超常规的效率。不仅如此，还可以认为，假定缺少效率的道德基础，即使有效率的物质基础，也完全有可能出现不充分的效率、低效率甚至负效率。

在学术界曾经长期引起争论的所谓效率标准与道德标准之间的冲突问题，通过对超常规效率的分析，这个问题实际上已经得到了解决。所谓效率标准与道德标准之间的冲突，通常是指：对一种经济行为，究竟如何判断，有两个标准，一是效率标准，即以效率是增长还是下降作为标准，效率增长是善，效率下降是恶；二是道德标准，即以伦理上的是非作为标准，符合伦理原则的是善，违背伦理原则的是恶。这两种标准在许多场合是不一致的，因为效率的增长很可能不符合伦理原则，而符合伦理原则的却引起效率的下降。这是一个由来已久的老问题，它之所以难以解决，主要矛盾在于伦理上的是非究竟是从什么角度来判断的。

效率标准是经济学的标准，效率判断也是经济学中的判断，而道德标准和道德判断都不是经济学的研究对象或研究任务。但是，当问题涉及道德标准同效率标准之间的关系，以及涉及道德判断同效率判断是否一致时，这些问题便进入了经济学的讨论范围。我在所著《社会主义政治经济学》中，曾对这些问题做过如下的论述："经济行为的道德判断必须和实践检验统一起来，否则经济中的伦理原则也就会变得难以捉摸……我们可以用'劳动者的最大利益'作为经济行为的伦理标准。也就是说，凡是符合'劳动者的最大利益'的，就是'是'或'善'，不符合'劳动者的最大利益'的，就是'非'或'恶'。"① 这是可以用来协调效率标准和道德标准的方法之一。如果采取这种方法，也许可以作为对某经济行为做出评价的依据。

但不管怎么说，在另一些经济行为的评价中，效率标准和道德标准的冲突仍有可能出现。这也是至今使经济学研究者感到困惑的事情。然而，单就超常规效率的产生来看，我们不难发现，效率标准和道德标准实际上已经一致了。超常规效率的产生，本身就已经表明效率的大大提高，所以效率标准在这里是完全适用的。而超常

① 厉以宁：《社会主义政治经济学》，商务印书馆 1986 年版，第 438~439 页。

规效率是怎样产生的呢？正如前面已分析的，这与道德因素的作用直接有关。没有道德因素的作用，在移民社会中，在反侵略战争期间，在重大自然灾害来临时，是不会产生超常规的效率的。因此，用道德标准来衡量，可以说明超常规效率的产生在符合效率标准的同时也符合道德标准。

效率增长潜力的发挥

在谈到效率的道德基础时，还有一个问题需要做进一步的探讨，这就是：是个人越有自主性，效率的增长潜力越大呢，还是个人的自主性越少，个人越是从属于某个团体、某个组织甚至从属于整个社会，效率的增长潜力越大？

为什么会提出这个问题？这与效率的道德基础有关。在生产资料的技术性质与生产的客观条件为既定的前提下，在个人作为生产者、工作者的文化技术水平已知时，如果个人有较大的自主性，那也就会有较高的积极性和创造精神，从而效率增长的潜力较大。这就是说，经济中自主的生产者、工作者越多，经济就越具有活力，经济增长的能力就越强，效率增长的潜力就越容易发挥出来，所以不能认为生产者、工作者的自主性越大对经济越不利。但从另一个角度来看，既然效率的源泉也在于人际关系的协调，在于人同团体或社会的适应，那么在个人从属于某个团体、某个组织，甚至从属于整个社会时，人际关系协调的可能性、人同团体或社会相适应的可能性也就越大，这岂不是表明效率增长的潜力越大吗？

其实，上述问题并不是不易弄清楚的。个人的自主性与个人对某个团体、组织甚至社会的从属，可以相容并存，不能做出必然非此即彼、必须二者择一的结论。效率的道德基础，既包括了人的积极性、创造性的发挥，也包括了人际关系的协调与适应。只强调前一方面而忽视后一方面，或者只强调后一方面而忽视前一方面，都是不对的。不能设想在个人从属于某个团体、组织甚至社会，同时个人又缺乏自主性、积极性与创造性的情况下，效率会持续地而不是暂时地提高。也不能设想在个人虽有较大的自主性，而人际关系不协调、不适应的现象却不断加剧的情况下，效率会持续增长。因此，合理的情况应当是：既有个人的自主性，又有人际关系的协调与适应，二者不可偏废。个人对某个团体、组织甚至社会的从属，与团体、组织、社会对个人的尊重是并存的，这种并存保证了效率的不断提高。换言之，个人对团体、组织、社会的从属应当是发自内心的，而不是强加的、被迫的，而要人际关系保持协调，人与人之间应当在各自自重的基础上相互尊重。

现实中的情况正是如此。一个人生活在社会中，他必然是社会的成员，一个人在社会中总会参加一定的团体、组织。家庭是最小的团体，一个人总属于某个家庭。如果他是职工，他会在一家企业中工作，也许他还加入工会。如果他是农民，他所在的那个村，或许有村民自治组织。如果他是城市居民，他从属于他所在的那个社区、街道。如果他是私营企业主或个体工商户，那么他有自己的协会之类的组织。总之，他既是社会的成员，又是某个团体、组织中的一员，为此，他必须尽可能地处理好人际关系，以求得相互协调、彼此适应。但与此同时，作为一个人，他有自己的愿望、自己的要求、自己待人处世的原则，他必须有自主性，然后才有积极性与创造性。换言之，他是有活力的。一个人的自主性，是他处理好人际关系的前提，也是他同团体、组织、社会协调与适应的前提。

假定他连一点自主性都没有，纯粹被当作一种工具被别人所使唤、支配，他没有活力，没有生气，处理好人际关系又有什么意义？人际关系的协调、适应等又从何谈起？这不正说明个人的自主性同人际关系的协调相比，应处于首位吗？

进一步说，社会上有无数个个人，一个团体、组织中有若干个个人，如果这些个人都有自主性，都有活力，都能发挥积极性、创造性，也都能够按自己的目标进行活动，并力求同社会的目标、团体的目标相协调、相适应，那么人际关系必定处理得更好，效率的提高会更快、幅度更大，这不正是社会或团体所希望实现的吗？

以上的分析告诉我们，效率的道德基础是客观存在的。但效率的提高既有可能是现实的，也有可能是潜在的，效率提高的潜力不一定能充分发挥出来。要发挥这种潜力，一要靠对人的自主性的尊重，以便人的积极性、创造性能得到发挥，二要靠人际关系的协调，靠人同团体、组织、社会的适应。

市场效率的道德基础[①]

效率的双重基础

我们经常谈效率，效率其实有两个基础，第一个是物质技术基础，包括现有的厂房设备，也包括劳动力等。第二个就是道德基础。如果仅仅有物质技术基础，只能产生常规效率，而超常规效率来自何处？来自效率的道德基础。

比如抗日战争期间，为什么国民有那么大的热情和积极性，有那么高的工作效率？就是因为效率的道德基础起了作用。

又如大地震、大洪水等特大自然灾害来临的时候，为什么全国都有那么高昂的抗震救灾精神？也是因为效率的道德基础起了作用。

再比如，为什么移民社会的效率非常高？闯关东，从清朝中

① 本文原载于《新京报》。

期以后一直到民国时期，山东人闯东北，那种凝聚力，那种开发精神，都是前所未有的，这就是道德力量的作用。同样，山西人走西口，广东人、福建人闯南洋，也都是依靠道德力量发挥作用，它把整个家庭家族都凝聚在一起了。

我们到福建龙岩参观土楼，土楼是客家人南下以后的居所，有些是上百户在里面住，外面有土墙。放火烧，土越烧越硬，包围也不怕，别人也打不进来，客家人靠的就是家族凝聚力。我参观以后感慨颇多，临走时当地人请我题字，我想了想，写了七个字："人情道德一楼中。"土楼反映了一种道德关系，客家人在当初的蛮荒之地扎下根来，最终从这里走向全世界，这也是道德力量起了作用。

道德调节的力量

我们的社会有三种调节方式。市场调节是第一种调节，靠一只无形的手来支配资源的配置。政府调节是第二种调节，靠政策、法规、法律起调节作用，这是一只有形的手。

道德力量调节是第三种调节。既是无形却有形，既是有形又无形。有形的是靠乡规民约来管理的，无形的力量就是自律，都是道德力量的调节。

难道第三种调节真的存在吗？当然。在人类漫长的岁月中，既没有市场，也没有政府。但人类社会延续下来了，而且一直在前进，是什么力量在调节？是道德力量在调节。

即使有了市场以后，有了政府以后，在偏远的地方，政府力量是达不到的，市场力量也到不了，但是这种地方仍然有人居住，为什么？这就是道德力量在发挥调节作用。

社会生活是个大领域，社会生活领域中，交易行为只是一小部分，很大一部分都属于非交易领域。家庭关系、家族关系、社交关系、街坊邻居关系等，都属于非交易领域。

非交易领域中，社会生活靠什么运转？市场的力量进不去，因为这不是市场活动。政府调节只规定了界限，社会生活不能违背法律。但是，多数场合还是在道德力量调节之中。中国古代有句话："小乱居城，大乱居乡。"小乱，乡下人往城里跑，因为城有城墙，有兵把守，所以乡下人投亲靠友到城里来。大乱居乡，大乱的时候人往乡下跑，跑得越偏僻越好，为什么？因为城市是兵家必争之地，包围、断粮、断水、火攻、水淹，破城以后还要屠城，所以人们都怕了，跑得越偏僻越好。市场当时是瘫痪的，起不了作用，政府是无能的，在战乱期间管不了那么多。但人类社会存活下来了，就是道德力量起作用。这些都告诉我们，道德调节是存在的，是无形的，它不是市场调节，也不是所谓的政府调节。

现在深化改革遇到阻力了，阻力在哪里？

第一，利益集团的干扰。

第二，就是制度惯性的存在。制度惯性在经济学里面又叫路径依赖，就是说我习惯了老办法，所以人们不想变，也不准备变。

第三，要有完善的、独立的市场主体。没有完善的市场主体，市场化改革是难以推进的。我们正在通过国有企业的改革，通过民营企业的转型，来逐渐使市场主体完善化。

第四，就是信用体系的建立，也就是道德力量的作用。道德力量的调节是重要的，在没有市场调节，也没有政府调节的时候，它是唯一的调节。有了市场以后，必须要有完善的道德力量的调节，要有有效的道德力量，这样，市场才能更好地起作用。人一定要讲信用，一个没有信用的社会是不可能建立市场经济的。

经济起飞需要信念

19 世纪末 20 世纪初，德国著名的经济学家、社会学家和历史学家马克斯 · 韦伯，写了很多书，包括经济学的、社会学的、哲学的。最著名的代表作是《新教伦理与资本主义精神》，这本书当时轰动了全德国。他解释了一个问题，为什么资本主义 16~17 世纪的时候在荷兰和英国产生。因为大家知道最早的资本主义的萌芽都在地中海沿岸，如意大利，意大利经济很繁荣，但意大利没有最早发展成资本主义。

古代中国经济也很发达，但是中国也没有走上资本主义道路。那为什么荷兰和英国最早建立资本主义制度呢？我们用唯物主义史观来解释，说物质生产是最重要的，生产力跟生产关系相适应。韦伯是用一种伦理观念、宗教伦理观念来解释。中世纪的意大利是天主教社会，天主教的伦理观念是这样的，人是上帝的仆人，人都是有罪的，人怎么赎罪，有两条途径供选择。一条途径：进修道院当修女当神父，把终身奉献给上帝。第二条路，你去不了修道院，就把钱捐献给教会，教会来替你做好事，你也就可以赎自己的罪了。所以当时的天主教会还发明了一种赎罪券，你买多少赎罪券你的罪就会少多少。这两条路现在看来都不能发展经济。人都不结婚，都进修道院去念经了，经济怎么发展？人把钱都捐给教会了，这也不能发展经济。所以天主教不能促进经济向前发展，意大利不可能最早发展成资本主义市场。

韦伯认为，以古代中国为例，中国以三种宗教为主。

第一种宗教，外来的宗教，就是佛教。佛教在观念上教导人：这一辈子做好事，下一辈子就会过好生活；这一辈子做坏事，下辈子变猪、变狗、变羊、变马。所以人们把希望都寄托在虚无缥缈的来世。这当然很不现实，讲究轮回不能使经济发展。

中国的第二种宗教是土生土长的宗教，就是道教。道教分上下两支，上支的道教追求享乐主义，比如王公贵族追求长生不老、炼丹等，追求享乐。下支讲究平均主义。东汉末年黄巾起义就是道教徒的起义。五斗米道，捐五斗米你就入道了，有福同享，有难同当了。这是平均主义思想，所以这也不能使经济进一步发展。

第三种宗教，其实并不是宗教，而是我们所说的儒家思想。有时我们也称儒教。儒教就是要忠君，要做一个清官，帮助皇帝治理天下，这样一种思想也不能使经济进一步发展。

韦伯认为，荷兰和英国之所以能发展成资本主义，是因为当时实现了宗教革命，基督教分成新教和旧教，旧教就是天主教，新教有新的伦理和资本主义精神。新教的伦理是这样的：人是上帝的仆人，人都是有罪的，人怎么赎自己的罪呢？勤奋工作、积累财富、创造事业，因为人是以上帝的名义在创造事业，事业做得越大，在上帝面前完成的任务就越好。正是这样一种精神，促进了资本主义发展。

第二次世界大战以后，全世界出现了“韦伯热”。韦伯已经去世多年了，为什么会掀起“韦伯热”？西方国家从韦伯的书里得到了启发，那就是必须要有一种创业精神。尤其是德国，战败了，德国人认为，如果没有创业精神，就不可能再崛起了，所以就拼命地干，韦伯讲的就是这样一种思想。

改革开放以后，中国有一阵子也出现了“韦伯热”。一个重要的原因是，必须有一种动力，一种竞争力。没有信念，没有精神，是不行的。信念需要精神力量。中国曾经落后那么多年，现在时机到了。改革开放以后，大家就应该贯彻这种精神，没有信念，没有信心，中国经济不可能起飞。

最大红利是社会和谐红利

我们谈过很多红利，比如资源红利。旧的资源红利消失了，科学进步导致不断出现新的资源红利。旧的人口红利也会慢慢消失，因为廉价劳动力时代过去了，这个时候就要加强教育，培养新的人口红利。发展方式的红利很重要，发展方式的改变就产生了新的红利。但是所有这些红利还不是最大的，最大的红利是社会和谐红利。

在其他发展中国家，以及一些西方资本主义国家，论资源红利，它们可以有新的；论人口红利，它们也可以有新的；论发展方式的红利，它们同样可以有新的，它们的发展也可能走在中国前面。但社会制度的和谐红利，他们不可能有，因为我们的社会制度决定了我们会产生这个红利。

因此，我们不仅要重视资源红利、人口红利和发展方式红利，更应当创造社会和谐红利。而社会和谐红利要依靠信用体系建设，要使人成为有道德、有信念、有信仰的个体，这样，社会就有动力了。社会和谐红利要靠我们去创造。

“市场在资源配置中起决定性作用”跟人的素质有关系，假如人都是讲信用的、有信念的，这就能够建成，否则就建不成。

混合所有制经济在于投资主体的多元化，要真正实行法人治理结构，健全混合所有制，这样我们还需要做很多工作。比如员工持股制。员工持股制实际上在探索一条路，能不能走向社会和谐。因为从经济学理论上来讲，财富、利润是人力资本和物质资本共同创造的，既然是共同创造的，为什么利润被物质资本的投入者占有，而人力资本投入者却没有分一杯羹？最重要的是实现产权激励制度，让那些发明者、管理者，一切做出贡献的人，都能够在自己创造利润的过程中得到一部分的股权。

不是比尔·盖茨、乔布斯他们个人多么聪明，而是公司培养了一支研究团队。正是研究团队充分发挥作用，公司才不断发展。他们用什么力量调动这个团队呢？靠的就是产权激励制度。这就告诉我们，在进一步探索混合所有制经济的过程中，要不断试点，不断总结经验，最后实现社会和谐红利，这是我们最大的红利。

道德力量调节的独特作用[①]

道德力量调节的作用是市场调节与政府调节所替代不了的，也是法律所替代不了的。

道德力量调节是市场调节、政府调节以外的第三种调节。即使在市场经济中，在市场调节与政府调节都起作用的场合，在法律产生并被执行的场合，道德力量调节不仅存在着，而且它的作用是市场调节与政府调节所替代不了的，也是法律所替代不了的。

道德力量超越市场、超越政府

为什么说道德力量超越市场和政府呢？

第一，在市场尚未形成与政府尚未出现的漫长岁月里，既没有市场调节，也没有政府调节，道德力量调节是这一漫长时间内唯一

---

① 本文原载于 2011 年 7 月 4 日《北京日报》。

起作用的调节方式。不仅远古时期的情况如此，即使在近代社会，在某些未同外界接触或同外界接触不多的部落中间，在边远的山村、孤岛上，甚至在开拓荒芜地带的移民团体中，市场调节不起作用，政府调节也不起作用，唯有道德力量调节才是在社会经济生活中起作用的调节方式。因此，完全有理由把道德力量调节称作超越市场与超越政府的第三种调节。

第二，在市场调节与政府调节都能起作用的范围内，由于市场力量与政府力量全都有局限性，所以这两种调节之后会留下一些空白。当然，在某些情况下，政府调节可以弥补市场调节的局限性；在另一些情况下，市场调节也可以弥补政府调节的局限性；但政府调节是不可能完全弥补市场调节的局限性的，正如市场调节不可能完全弥补政府调节的局限性一样。一个明显的例子就是：由于人是“社会的人”，人不一定只从经济利益的角度来考虑问题和选择行为方式，人也不一定只是被动地接受政府的调节，所以市场调节与政府调节都难以进到人作为“社会的人”这个深层次来发挥作用。市场调节与政府调节留下的空白只能依靠道德力量调节来弥补。从这个意义上说，道德力量调节是超越市场与超越政府的一种调节。

第三，社会生活是一个广泛的领域，其中一部分是交易活动，另一部分是非交易活动。在交易活动中，市场调节起着基础性调节的作用，政府调节起着高层次调节的作用。而在非交易活动中，情况便大不一样了。由于这些活动是非交易性质的，所以不受市场规则的制约，市场机制在非交易活动中是不起作用的。至于政府调节，则只是划定了非交易活动的范围，使它们不至于越过边界，而并不进入非交易活动范围之内进行干预，这样，非交易活动就要由市场调节与政府调节之外的道德力量来进行调节。

第四，在市场出现与政府形成之后，由于种种原因，市场可能失灵，政府可能瘫痪，市场调节与政府调节都有可能不发生作用或只发生十分有限的作用。但即使在这些情况之下，道德力量调节却依然存在，并照常发生作用。这又是可以把道德力量调节称作超越市场与超越政府的调节的理由之一。

基于以上分析，我们可以说，道德力量是超越市场，超越政府的。

道德力量调节介于“无形之手”与“有形之手”之间

需要说明的是，道德力量调节是介于市场调节与政府调节之间的，市场调节被称作“无形之手”，政府调节被称作“有形之手”，道德力量调节介于“无形之手”与“有形之手”之间。在道德力量调节的约束力较强时，它接近于政府调节，而在其约束力较弱时，又接近于市场调节。那么，为什么道德力量调节的约束力有时较强，有时却较弱呢？这主要取决于两个因素：

一是道德力量调节是否已经成为一种被群体内的各个成员认同的约定或守则。如果它已经成为各个成员认同的约定或守则，约束力就较强，否则就较弱。比如说，乡规民约是一个群体的所有成员共同约定的，成员们就有遵守的义务，这时，体现于乡规民约中的道德力量调节就会有较强的约束力。再说，行业组织作为民间的组织，对于参加本行业的企业有一些共同遵守的守则，例如要求企业讲信用，重视消费者利益、职工利益等。这既不属于市场调节，又不属于政府调节，而是本行业的自律行为，所以也属于道德力量的调节，但同样对本行业的成员有较强的约束力。

二是群体的各个成员对群体的认同程度的高低。如果成员对群体的认同程度较高，道德力量调节的约束力就较强，否则就较弱。不妨仍以乡规民约为例。乡规民约是某一群体的成员所制定的，如果该群体的成员对群体的认同程度较高，他们遵守乡规民约的自觉性较高，从而乡规民约对成员行为的约束力也就较强。

当然，道德力量调节在某些场合的约束力较小，这并不意味着道德力量调节不起作用，而且，也不是任何情况下道德力量调节的约束力越强越好。这是因为，道德力量调节的形式多种多样，乡规民约这种形式下的道德力量调节一般会有较强的约束力，而自律这种形式下的道德力量调节虽然没有什么约束力，但却经常发挥作用，对个人的行为产生影响。文化建设，包括企业文化建设、社区文化建设、校园文化建设等，都属于道德力量调节范围。文化建设对个人行为的影响，虽然是潜移默化的，但却是持久生效的。

随着非交易领域的扩大，道德力量调节的作用日益突出

从社会发展的趋势来看，由道德力量调节起主要作用的非交易领域内的活动有可能不断增多。这是一个值得注意的现象。历史上，在生产力发展水平极低的时候，交易领域几乎不存在，那时非交易领域几乎覆盖全部社会经济生活。以后，随着生产力的发展，交易领域逐渐扩大，非交易领域则相应地逐渐缩小。而在生产力发展水平大大提高以后，非交易领域在社会经济生活中所占的比例又会逐渐增加。也就是说，在经济高度发展之后，随着人均收入的增长，人们的需要也将随之发生由较低层次向较高层次的转变，人们的价值观念必然相应地发生变化，包括对利益的看法、对职业的看

法、对生活方式和生活本身的看法、对家庭和子女的看法、对人与人之间关系的看法、对物质财富和精神享受的看法等等，都处于不断变化之中。于是非交易领域的活动也将随着国民收入和个人可支配收入上升到一个新阶段之后而增多，非交易领域内的各种关系也会因此而得到发展。这是社会经济发展的必然趋势。道德力量调节既然在非交易领域内起着主要作用，那么显而易见，随着非交易领域的不断扩大，道德力量调节在社会经济生活中的作用也将越来越突出。

在当前我国经济持续发展中，强调市场调节、政府调节和道德力量调节并重，是十分必要的。三种调节并重，实际上表明了他律和自律的并重、法律和道德的并重、经济和文化的并重，这正是建设和谐社会所必需的。

信誉是最重要的社会资本

经济学中的社会资本概念

经济学中的社会资本是一种无形资本。与当前媒体上使用的“社会资本”不同，媒体用法指的是民间资本，是有形的。经济理论上所使用的“社会资本”，是与物质资本、人力资本相对而言的一种无形资本。

人际关系是任何一个人都可以拥有的社会资本。

人际关系广，人际关系好，就表明社会资本多。广东、浙江就是这样的例子。

人际关系是靠信誉支撑的，因此信誉是最重要的社会资本。只要个人有信誉，别人愿意同你来往，拉你一把，扶你一手，你就有社会资本可用了。反之，即使你有朋友、同乡、同学，信誉差，别人不同你来往，你的社会资本就消失了。

社会资本在经济中的作用

无论在市场中还是在非市场活动中，谁都离不开人际关系，也离不开信誉。

非市场活动占据了一个人一天的主要活动时间，如果失去信誉，失去亲朋好友，失去合作伙伴，那么生活会变得很不如意，无生活质量可言。市场活动更是如此。

就市场而言，不管什么样的人际关系，都应该看成是合作互助关系。这种合作互助关系，可以是有形的，比如有合同、有默认，也有约定等，但也可能是无形的。按照社会的惯例来处理，大家都处在同一个市场环境中。这全靠信誉来维持。

实际上，人们之间各种有形无形的合作互助关系，都建立在互信的基础上。由此来看，“诚信为本”意味着任何一个人必须以诚信作为自己的社会责任。互信就是双方互相都以诚相待。这也是彼此双方都尽到了社会责任。

社会资本在经济中起着重要的交流、相互支持和互利合作的作用。如果人人在市场经济中和非市场活动中都坚持诚信原则，大家的社会资本都会增加，物质资本、人力资本和社会资本的结合就更顺利了。

社会资本、物质资本、人力资本三者间的关系

物质资本、人力资本、社会资本三者共同创造财富和收入，离开任何一项都不行。当然，物质资本、人力资本仍是基础性的。

仅有物质资本和人力资本，而缺少社会资本，财富和收入的创

造只能是有限的。为什么有限？因为这反映某个人或某个企业实际上得不到别人的帮助，他是孤独地创造财富和收入。

市场范围越大，交易关系越多，社会资本越显得重要。

这表明，在现阶段的中国，社会资本对人们的意义比以往任何时候都更突出。

物质资本和人力资本都可以用数量来表示，而社会资本，尤其是信誉，难以用数量来表示。如果一定要反映社会资本多和少，以信誉为例，可以用社会中的个人信用记录来反映。信用记录可以作为评价一个人的诚信与否的依据。

信任危机的严重后果

一个人信誉不好，影响个人的发展；而社会普遍缺乏信用，将影响社会的发展与进步。

为什么个人或企业会不顾信誉？一是被利益所诱惑；二是存在侥幸心理，以为这样做成本小、盈利多，被发现的概率小，何况被罚或赔款也低于可能获得的好处。这种想法是错误的。要知道，一个人的信誉是最重要的社会资本。

不仅如此，如果社会普遍缺少信用，将发生社会信任危机，正常的社会经济运行将严重受损。假如信任危机发生了，社会将陷入无序状态，社会生活也将因无序而陷入混乱状态。

“你骗了所有的人，最后你发现你被所有的人骗了。”这表明失去社会信任的任何人，最终都会被社会所抛弃。失去社会信任的任何企业，同样会有这样的下场。

增加社会信任度，这是一个关系到民族生死存亡的大问题，不能认为这是小事。

社会资本是多年累积而成的

任何人，从小到大，社会资本靠多年积累而成，人际关系就是如此。你帮助别人，你也会得到别人的帮助，不管是有形的帮助，还是无形的帮助。社会的成长过程正是这样。

任何人，从小到大，信誉靠多年积累而成。企业信誉同样如此。

信誉的积累绝不是一朝一夕之功。以一家企业来说，品牌是最值钱的，这是多年努力经营才有的成绩。为了保住信誉，企业从上到下都要珍惜品牌。

信誉是多年积累的，信誉由好变坏，很可能就在一次偶然事件，如大堤溃塌一样。这就告诉企业和个人，不要以为一次做出有损信誉的事没有什么大碍，也许一次不慎，就把多年积累下来的信誉全毁了。

维护诚信是所有人的社会责任，因为没有诚信就不会有合作、互助、互惠和共赢。既然诚信如此重要，并且事关人人应尽的社会责任，所以在这个问题上切不可有所松懈。

道德底线和法律底线

任何一个人，不管从事何种工作，都应守住道德底线和法律底线。

法律底线当然至关重要，但守住道德底线同样重要。失信、违约、随意撕毁协议、欺骗，都等于自毁道德底线，同时也是在自毁人际关系。

任何一个企业，不管哪一个行业的也都应该守住道德底线和法律底线。

同任何个人一样，企业一旦不顾道德底线和法律底线，对人对己都会造成损害，这是置社会责任于不顾的做法。

政府工作人员同样应该牢牢守住道德底线和法律底线，这是最起码的社会责任。政府部门任何一个工作人员的行为，都代表政府的形象。所以，政府工作人员都必须加强个人的自律。政府形象绝不能因个别工作人员的违背法律和社会道德准则而损毁。

守住道德底线和法律底线，这只是最起码的社会底线，也是对每个人的最低要求。

自律当然重要，但如果没有严格执法，违法不究，没有舆论的监督、社会公众的监督，社会无序状态将继续存在。

社会责任当然不只是守住两条底线，至少这是起点。

也就是说，一个具有社会责任感的个人、企业或政府工作人员，应当以守住法律和道德的两条底线为起点，对自己有更高的要求。守住这两条底线，就是所有的社会成员，包括所有的企事业单位必须遵守的社会责任。

第六章

政府和企业该做什么

自主创新和产业升级：中国制造业的必由之路[①]

创新和创业的制度环境：自主创新和产业升级的前提

对任何一家企业，不管是国家控股的公司还是家族经营的民营企业，利润率都是重要的。利润率是吸引投资者前来的磁石。利润率下降，甚至亏损，必然引起投资人的不满，经理人一定会失去投资人的信任。企业不得不认真考虑，如果利润率连续下降，问题究竟出在何处。

实际上，这是一个在很大程度上涉及企业在价值链上处于什么位置的问题。价值链有高端，也有低端。利润大部分将归于有创意和创新的企业，知识产权属于它们。如果企业处于价值链的低端，只能成为单纯的加工者，这样的企业一般只得到加工费，赢利的空间是狭窄的。

① 原载《全球化》杂志 2013 年第 12 期。

所以，有眼光、有抱负、有实力的企业，要让利润率增长，就必须走自主创新之路，让产业升级，并拥有自己的知识产权。企业要尽可能立足于价值链的高端。现代市场的竞争态势是："最优才有出路，最优才有前途。"这意味着，次优者在市场中会被排挤，会被淘汰。形势逼人，市场从属于最优者，是最优者的天下。只有最优者，也就是控制了本行业、本领域的制高点，站在价值链的最高端者，才是本行业、本领域的领跑者。

企业还应当了解到，站在价值链的最高端，将会提高本行业、本领域的整体质量。结果是共赢、互惠。这是因为，本行业、本领域中的各个企业，彼此既是竞争对手，又可能是合作伙伴，如存在配套关系，相互提供服务。这样，本企业越有更多的自主创新成果，就会越是加快本行业、本领域的资产重组，进而本行业、本领域的整体质量会提高。如果某一家企业是本行业、本领域中的领跑者，那么它更有可能带领价值链上各个相关企业共同升级、转型。当然，并不排除本行业、本领域中新的竞争对手的涌现。对国民经济来说，这也未尝不是一件好事。

这从另一个角度告诉我们，在创意、发明、创新、创业的道路上，任何企业都不能满足现状，都需要在现有基础上继续前进而绝不能自满、止步。然而，在这里有一个必不可少的合适制度环境。下面从五个方面对此进行分析。

第一，要有一个由市场主体投资决策的体制。创新和创业都是需要投资的。创业成功以后和创业取得成效以后，扩大生产规模更需要投资。如果市场主体没有投资的决策权，政府审批手续烦琐，迟迟未能批准，那就会错过最佳时机，创新和创业都不可能取得实际的成效，市场占有率也不可能增加。因此，必须简化政府审批手续，减少政府干预，只要符合国家产业政策，就准许市场主体做出决策。这就会大大鼓励市场主体从事创新和创业。

第二，要形成公平竞争的市场环境，特别要切实取消所有制歧视和企业规模歧视。众多市场主体都在进行研究开发，都准备实践新的设计成果。它们理应处在同一个平台上，形成公平竞争。无论是所有制歧视还是企业规模歧视，都应取消。在公平竞争前提下，出发点是相同的，差别是竞赛的结果。

第三，要有一整套政府在税收、信贷、奖励等方面帮助创新者和创业者的优惠措施。政府根据国家经济发展战略和产业政策，实行不同行业、不同领域的企业扶植方面的轻重缓急区别对待的做法。但有一个前提是不可忽视的，这就是公平对待所有的企业，没有所有制歧视和企业规模歧视，只按创新和创业的贡献以及在国民经济中的重要性来给予扶植，给予优惠和奖励。

第四，要有一整套严格的知识产权保护的法律、法规和规章制度。缺少知识产权保护的法律、法规和规章制度固然是对创新者和创业者的沉重打击，但有法不依、执法不严、违法不究，危害性更大。因为这样一来，创新者和创业者的信心就丧失了。而他们信心的丧失，对国民经济的危害性是难以估量的。因此，必须使知识产权的保护落到实处，否则，创新、创业都会落空。

第五，要有一整套激励从事创新和创业活动的企业内部产权分享制度。根据国外创新型企业的经验，企业内部产权分享制度是一种行之有效的激励制度。这就是，为了调动企业内部职工的积极性，特别是为了调动企业中从事研究开发的专业人员的积极性，以企业的产权分享作为激励方法，使专业人员、广大职工不同程度地可以按优惠价格或在一定时间内以约定价格购买本企业的股票，或者以奖励方式给做出贡献的专业人员和职工一定的股票。于是很自然地掀起了企业内部的自主创新热潮，并且在这个过程中组成了一支有研究开发实力的团队，他们提出不少有价值的创意，在发明、创新、创业方面做出了贡献。

综合以上五方面的分析，可以得出如下结论，合适的制度环境是创新和创业的必要前提。

中国制造业的产业升级

制造业是工业化大国中最重要的产业。中国成为世界制造中心，是一件值得庆贺的大事，它意味着中国经过100多年的奋斗，终于成为世界制造中心，这是中国人的骄傲。不要听信某些人的说法，说这不是好事，是把中国的廉价劳动力和廉价的资源产品拱手让出去，使西方发达国家得到了实际好处。哪有这么一回事！我们说，中国成为世界制造中心是一个里程碑，我们还需要继续努力，争取中国早日成为世界创造中心之一。但中国作为世界制造中心这个地位不要放弃，也不能丢掉。路总是一步一步走出来的。作为一个大国，只有先成为世界制造中心，才有可能在此基础上成为今后的世界创造中心之一。

第一，中国制造业面临的亟待解决的问题

要素成本上升，尤其是工资成本上升。工资成本上升是不可避免的，工业化到达一定程度后，工资成本继续偏低反而不正常。其他要素成本上升，如土地价格、厂房建筑或租赁成本、某些原材料和燃料成本、运输成本，也都因供给增长不够快而需求则一直旺盛，呈上升趋势。这也是工业化推进过程中经常遇到的现象。不管怎样，中国制造业的成本增长成为企业面临的难题。

国际竞争激烈。受国际形势影响，近年来一些发达国家的市场不振，以至中国制造业企业订单下降。先是美国发生金融风暴，后来又是欧债危机的困扰，使中国制造业面临的出口困难增大。加上有些制造业产品，例如纺织品、食品等工业产品，中国还遇到一些东南亚国家的竞争，订单减少。

中国制造业企业长期居于制造业价值链的中端和低端，赢利空间狭窄，企业处境困难。这一现象表明，如果制造业企业能够处于价值链的高端，在经济形势不利于制造业时，处境要相对好一些；如果处于价值链的中低端，企业的日子显然不好过。这种情况不只中国制造业如此，其他一些国家的制造业同样如此。

资金普遍紧张，融资难，技术升级难，发展也难。这是中国制造业企业经常遇到的难题。为什么融资困难？总的说来，有两方面的原因：一方面，近两年宏观经济上采取控制货币投放的政策，制造业企业通常感到贷款困难；另一方面，制造业企业在利润率低下的情况下，经营困难，特别是受到东南亚国家劳动力价格和土地价格低廉的影响，经营前景不被看好，于是金融机构对国内制造业企业的贷款较为谨慎，害怕有较大的贷款风险。这样一来，民营制造业企业纷纷撤离制造业，或转移到境外投资，或转入虚拟经济领域，如房地产炒作等。

由于中国制造业企业缺少国际知名的品牌，在国际市场上知名度低。正因为如此，所以中国制造业企业，尤其是一些日常生活用品的制造业企业利润率低，只能赚取加工费。这可能是中国制造业企业长期不重视品牌建设的结果，然而，知名品牌的建设和树立，绝不是短期内就能达到目标的。

根据以上分析，可以肯定地说，中国制造业的出路在于自主创新和产业升级。

要知道，在任何一个市场经济国家，企业都是市场主体。自主创新和产业升级都依赖于企业。不管是国有企业、国家控股企业、民营企业还是各种混合所有制企业，只要它们有自主经营权，它们都承担自主创新和产业升级的任务和责任。政府起着规划者、引导者和协调者的作用，应当严格按照产业政策给予相关企业帮助，并按公平竞争原则来对待每一个企业。

第二，制造业企业自主创新和产业升级的要点

一是通过制造业企业的自主创新和产业升级实现由制造业价值链低端上升到中端的位置，使一部分较为领先的企业升到高端位置。但这并不意味着处于价值链低端和中端的企业不重要，因为处于价值链高端的企业照样需要处于价值链低端和中端的合作伙伴。加之，在中国，就业压力一直是较大的，所以就业问题值得关注，要靠许许多多处于价值链低端和中端的制造业企业来吸纳。而且处于价值链高端的企业也不一定是大型企业，只要技术领先就可以了。

二是制造业企业的自主创新和产业升级一定要与产业结构的优化和产业结构调整配合。在现阶段的中国，要统筹解决以下问题：如何促进短缺部门的发展和增加短缺产品的供给？如何消除产能过剩现象？如何实现资本向实体经济，尤其是制造业的回归？等等。

三是位于价值链低端的劳动密集型中小企业同样需要自主创新，但它们如何自主创新则是一个有待探讨的问题。珠江三角洲中小企业自主创新的经验是：1. 设计创新。包括玩具业、服装业、家用日常用品制造业在内的许多中小企业主都认为，产品设计创新是可行的。2. 产品新功能。同样是一种产品，如果给它增添了新的功能，就能打开销路。3. 原材料精选。这是指有些产品，如日常生活用具，如果在原材料上做一些精选，产品档次就会上去，会受到消费者的欢迎。4. 节能减排。这是经过企业努力可以做到的。5. 与行业的其他企业合作研发新产品。

由此看来，即使是制造业中的中小企业，在自主创新上也大有可为。

中国制造业的市场前景

关于中国的制造业企业的市场前景，首先要摈弃悲观失望的情绪，保持信心，对前景抱有乐观的情绪。前面已经说明，自主创新和产业升级是中国制造业的出路，现对中国制造业的市场前景再做进一步的分析。

要了解国际制造业产品仍有很大发展空间，要依赖国际竞争力来开拓、争取。对中国制造业企业来说，这既是机遇又是挑战。中国制造业企业只要努力，发展机会是存在的，我们没有理由在这场竞争中失去自信。

要懂得要素成本的上升，包括工资水平的上升，从来都是靠技术突破来缓解的。有了技术突破，不仅成本会降低，而且品牌也树立起来了。品牌总是由不断创新来支撑，品牌也是打开新市场的敲门砖。

为了开拓国内国外新市场，中国的制造业企业除了在自主创新和产业升级方面狠下功夫以外，还应重在营销和产前产后服务等方面努力。需求也是可以靠创新产品供给提升的，市场份额的扩大只可能是老产品推陈出新和新产品具有巨大吸引力的结果。要重视技术研发人才，要调动他们的积极性，但应当注意，营销人才同样要受到重视，他们在开拓市场的过程中起着同样重要的作用。

国内的制造业企业，不分国有企业、民营企业、混合所有制企业，要“抱团”，要合作开发，形成共赢的格局。在开拓市场方面，不同所有制制造业企业各有优势，比如说，国有制造业企业一般规模大，资本雄厚，人才众多；民营制造业企业一般机制灵活，自行决策，自负盈亏，敢于冒风险；混合所有制制造业企业要视其股权结构情况，才能判断其机制灵活程度和自行决策程度等。

一般来说，国有企业、民营企业、混合所有制企业有四种合作开发新技术、新产品的模式：

一是纵向模式，又称产业链模式。这是指，在某个制造业的产业链上，有各种不同所有制企业、各个不同规模的企业。其中，有些企业愿意共同攻克本产业链上的薄弱环节，取得进展后将有利于解决本产业链上瓶颈问题，产业链上所有企业都会因此受益。

二是横向模式，又称同行模式。这是指，在某个制造业内，生产同一类产品的，有各种不同所有制的企业、各个不同规模的企业。其中，有些同行企业愿意共同攻克本行业中的薄弱环节，取得进展后将有利于解决本行业的瓶颈问题，本行业的共性难题也将被克服。

三是子公司模式，制造业中生产同类产品或产业链上相互衔接、配套的国有企业、民营企业、混合所有制企业，经过协商，共同出资，组成一个子公司，专门从事研究开发，以解决制造业中遇到的技术难题。

四是国家立项的某个重大课题，以公开招标方式吸收各个制造业的生产厂家、研究机构，甚至高等学校共同参与；或将该重大课题分解为若干个子课题，让投标单位竞争获标。这也是一种产学研合作方式，这种合作方式还可以建成研究院（所），经常化运作。

总之，在技术创新中，企业之间合作形式、产学研方面的合作形式，是多种类型的。在国际市场上，只有中国制造业企业、中国制造业产品、中国品牌，不分国有企业还是民营企业。

怎样持续推进结构性改革

第一个问题，从供给和需求的互动关系，我们知道在经济学里面从来都是供给和需求并重。因为没有需求就没有供给，没有供给也就没有需求，两者是互动的关系。

主要的问题现在在什么地方呢？需求方面一般容易做好，而供给方面比较难。因为从供给方面来说，你要使得各方面都能够协调得好，必须把方向先搞清楚，如果方向搞不清楚，往往没有别样的。

供给方面最要紧的问题是什么？跟需求不一样，需求是个短期的调节，它主要是为防止需求过热、需求不足这样一些问题，供给则不是这样，供给最要紧的任务，是要形成一个自主经营的、独立经营的产业主体，就是企业。

如果企业不能够做到这样，整个经济就不能完成它的结构调整。所以，一般就把供给方面的改革当作中期的任务。

为什么它是中期的任务呢？因为它不是短期能完成的，要让企业能够自主经营、独立经营，不仅需要一个环境，而且需要企业自身产权清晰，能够自主经营，无论对什么样的企业，这些都是有用的，它是一个中期的任务。

我们可以讲，如果不把二者连在一起考虑，简单的去刺激需求，可以做好，简单的刺激供给，也可以做好，但是这样对经济没有太大的益处，问题会不断发生，所以结构调整作为一个中期的任务应该得到重视。

政府要懂得及时退出

第二个问题，供给侧方面结构的调整主要含义是什么？刚才已经讲过，我们谈到结构性方面一个主要的含义是在这几方面，培育独立的自主经营企业，就有市场的主体，如果没有这样一个主体的话，实际上供给侧的改革很难推进。即使推进，又反复，即使推进，也可能中途变化，变成什么样子？根据各种情况来定。但这点是很重要的，我们当前应该看得到这个问题，就是供给侧的改革的含义首先在培育适应于市场的主体。

关于政府调节的作用在什么地方呢？政府的调节作用应该从两个方面来看，第一个方面，政府有规划作用、有引领作用，还可能有微调，这些都是在供给侧改革中需要的。

但政府的第二个作用，在市场还没有发育的时候，在企业作为一个独立经营者还没有成长的时候，政府可能在一段时期内有代替市场主体的作用。

这在许多国家都是有的，许多国家都可以说，俄罗斯在彼得大帝的时期，由政府来充当企业主体，日本明治维新以后，企业力量不足，政府来代替，其他的西欧国家也有过，但所有的这些都需要政府及时退出。

政府不能老待在这个位置上，因为政府待的时候是企业还没有成长起来的时候，企业没有成长起来时政府可以代替市场的主体起作用，但这个只是短期的，否则对经济是有害的，历史已经证明了。

就业问题可以在发展中逐渐解决

第三个问题，供给侧方面的结构性改革究竟要完成什么样的目标?

第一个目标，前文讲过了，就是让企业有独立经营的地位，然后慢慢培育起来，但另外还有，就是一定会涉及就业问题，就业问题是供给侧改革不得不解决的问题，遇到的问题。

我们现在可以举个例子，供给侧改革开始以后，劳动力从哪里来？劳动力在西欧国家来自旧农民，因为农民感到了自己在农田里头的收入太低，他要寻找出路，就进城。

大量农民的进城在西欧这是事实，农民进城是为了找工作，跟中国的情况不一样，因为中国从 20 世纪 50 年代以后，户口就变成城乡二元结构，城乡二元结构是户口制度是二元的，城市是城市户口，农民是农村户口。

西欧没有这种情况，农民进城的时候老婆、孩子都带进来了，老婆、孩子都带进来以后，男性可以从事建筑工、修路工、采矿工等重体力劳动，女性找不到工作，孩子没有钱不能上学。

这个问题渐渐引起了社会的注意，一定要让女性也工作，有收入才能搬出临时搭建的棚户区，女性到哪儿找工作？这是在西欧工业化过程中的大问题。

怎么解决呢？有赖于缝纫机的发明和推广，这在经济史书里是有记载的，家庭妇女没法工作，缝纫机发明了，于是服装厂就开始了从手工缝制变成缝纫机大量的使用，只招女工，很少的男工只是缝纫机的修理者。缝纫机多了，缝纫机就便宜了，缝纫机便宜到那些工人的家庭也可以借点钱、筹点钱买台缝纫机。妇女因为有孩子，不能都到工厂去做工，家里还有很多家务事，这样她们可以在自己家里承包各种缝纫业务，这就解决了就业问题。

所以第一个阶段，西欧解决了家庭妇女就业问题，这样农民在城里生活比较过得去，渐渐地就搬出了棚户区，其他的农民就顶上了，但其他的农民不是西欧国家本身的农民，而是来自北非、亚洲、东欧的农民。

后来又遇到了问题，就业人口还在不断增加，遇到了什么问题？用电，电开始推广了，电开始推广的过程中那些不用电的工厂和个人竞争不过那些使用电的工厂，但是电很快就普及、推广了，进城农民这个时候就利用电办起了小作坊。

最明显的就是汽车修理行业，有汽车、有摩托车，要修理，修理要开小作坊，小作坊用上电，劳动效率就提高了，渐渐的人就富裕起来了，就形成了蓝领中产阶级。

我在德国考察的时候就发现，蓝领中产阶级在斯图加特——就是生产奔驰汽车的地方，整条街都是修理汽车的。车主到这里来，不管开的是哪年的、什么型号的奔驰汽车，只要能说出它的年代、生产的型号，作坊里头就可以仿制出当时的元件配上去。这是技工时代，技工时代有电。两次经验告诉我们，就业问题可以在发展过程中解决的。

现在又遇到了第三次就业的浪潮，第三次就业浪潮随着互联网的发展而出现，它带动了很多就业。就以中国现在来说，“11 · 11”很普通的一天，我们先不谈为什么能够有这么大量的销售量，它增加了大量就业。

比如说快递员，快递员这种新的职业怎么产生的？它是在经济发展过程中产生的，全国的快递员有多少自备工具、自己参加某一个组织或者帮助你取得信息，哪儿有货，收货、送货，所以说我们应用发展的眼光看就业问题，它跟科学技术进步有关，比如缝纫机的发明，比如电的推广，比如网络销售的实现。还有一点，之所以这样，就是经济中出现一种新的机遇，就会产生新的就业。情况就是这样，我们应该清楚认识这些情况。

政府应解决好诈骗问题

在供给侧改革实现过程中还有一个担心，物价上涨怎么办？物价会上涨，这一定是来自需求过旺或者供给不足，就要由市场自己来解决。市场感到困难的不是通常的物价上涨，也不是刚才讲的就业问题，而是诈骗的增加。

电信诈骗、购物诈骗，还有各种各样的诈骗手段，都是随着技术发展出现的，技术发展以后就一定会产生有人赢利，有人受骗，有人甚至因此倾家荡产。

这告诉我们什么呢？告诉我们一点，法治的进展是缓慢的，大量的诈骗到处在发生，为什么不好管呢？因为法律还不健全，制定一部法律、法规不是很严密的，经验要成熟，所以它始终是个较量问题，这才是一个值得研究的问题。

使所有的诈骗者能够伏法，使所有的欺诈行为能够受到打击，人们都有这种愿望，这就看政府怎样使法治问题能够不断得到解决了。所以说，结构问题之所以重要，还涉及法治往往是滞后的，我们必须更加注意这样的事情。

观念转变并不容易

第四个问题，供给侧改革的改革必然是一个渐进的过程。供给侧改革因为跟结构调整有关系，所以它是一个渐进的过程。这个渐进的过程我们应该看到，不要着急，应该把其中几个目标完成。

刚才讲到第一个目标，是要培育、发展自主经营和独立经营的企业，这个也不是简单的，“老字号”为什么不行，“老字号”之所以不行，是因为它以“老字号”的名义故步自封了，我是“老字号”，酒香不怕巷子深。现在没这个情况，酒再好巷子深了，很难购买，消费者就不会去购买，因为竞争的企业很多。

“老字号”有它观念的问题，观念上是“老字号”，死守这个观念的“老字号”已经没有几家声名不坠了。同仁堂已经改成股份制企业了。全聚德烤鸭也在改，不断适应社会发展，外卖什么都有。“老字号”还有很多问题，观念的转变是一个渐进的过程。

观念的转变不是容易的事情，我们今天谈结构性改革，很多重要的观念不一定转过来了。我们可以讲创新，创新的观念也不一定转变过来了，可能还是旧的。

“企业家”这个词过时了

“创新”这个词是熊彼特 100 年前提出来的，他对创新做了很多开创性的研究，取得了很多成绩。要不是他 1950 年就去世了，他肯定是首批诺贝尔经济学奖的获得者。诺贝尔经济学奖是 60 年代后期才出现的。

当时他谈的创新是工业化初期的创新，好多定义都与现在的定义不同。比如说什么是创新？熊彼特认为生产要素的重新组合就叫创新。当时处在工业化初期，制造业需要不断的生产要素的重组。

今天的情况不一样，100 年前工业化刚开始，所以重视生产要素的重新组合。现在更重要的是信息的重组，有了信息的重组才知道创新的方向，这才有创新。信息的重组是前提，生产要素的重组是以前发生的现象，现在并不重视它。

懂得这一点就会知道我们的观念需要转变，供给侧改革一样需要观念上的转变，因为谈到创新问题，现在谈到创新又涉及熊彼特的一个定义，“企业家是创新者”。因为企业家把发明家的许多成果拿来用到经济中去，这个观点在工业化初期是对的，工业化初期谈到创新的时候都知道，发明家的发明是在实验室中，要在经济中运用得靠企业家。

现在是这个情况吗？老早就不是这个情况了，现在的创新不一定是发明家，而是创意，先有创意，有了创意才有了创新，有了创新才有了创业，创意最重要。无数年轻人很活跃，他们在咖啡馆里、在会所、在俱乐部，或者吃饭的时候交谈，就在寻找创意。

无数创意是谁搞的？不一定是实验室搞的，实验室里头也在进行，但更多的是大量的年轻人，他们顺应趋势，想出市场需要的创意或开拓新市场。市场是可以创造出来的，市场的创造可以举一个案例，也是平时讲课的时候经常用到的案例。

一个生产木头梳子的工厂找了四个推销员来，让他们去推销梳子去，指明到寺庙里去推销梳子。晚上第一个推销员回来了，“怎么样？”“一把没卖掉。”怎么一把没卖掉呢？和尚说：“我光头要梳子干吗？”一把没卖掉，那就坐着等等吧，看看其他推销员怎么推销的。

第二个推销员回来了。“销了多少？”这个推销员说：“销了好几十把。”“你真了不起，你能在和尚庙里销售几十把梳子，请问你用什么方法？”“我就对和尚说，梳头是木头梳子的第一功能，但是梳子有第二个功能，你经常用木头梳子刮刮头皮，可以止痒、活血、名目、醒脑、美容、养颜。”“还有这么多好处呢。”这样靠第二功能销售了好几十把梳子。

一会儿第三个推销员回来了，“销了多少？”“我销了好几十百把，梳子都销完了，订单还有很多。”“快谈谈你怎么在和尚庙里销了这么多梳子呢？”他说：“我仔细观察了，庙里的香火挺兴旺，庙里的香客很虔诚，磕头，香灰掉下来，头发就乱了，我找到方丈，跟方丈说：‘庙里的香客多虔诚啊，你要关心他们。’‘我怎么关心他们呢？’‘你每天每个佛堂前面放几把木头梳子，香客磕头起来以后头发乱了，就梳一下，把香灰梳掉，这样香客感觉关心他们，香火不就越来越旺。’‘对，有道理。’就订购了几百把梳子。”

一会儿第四个推销员回来了。“销售了多少？”“好几千把，那点梳子不够，还有好多订单。”“你告诉我们为什么销售了这么多梳子？”“我直接找方丈：‘你庙里经常有人给你捐钱？’‘对！’‘你得有礼品回馈给人家，木头梳子是最好的礼品。’方丈就笑了：‘谁要木头梳子呢？’‘木头梳子是可以写上字的，把庙里最好的对联写在上面，方丈的字写得也不错，留几个字，人家作为纪念品留下来，并且以后捐的香火钱就更多了，给你送礼的也就更多了，你庙里去办事也更方便了。’‘有道理。’订购了好几千把。”

这个例子告诉我们什么问题？不仅产品是新的叫新产品，旧产品有了新功能，新功能就是新产品。

大家都在用手机，十来年前的手机也许就一个功能，就是通话，而今天的手机功能繁多，这都是新功能。

第一个推销员不懂创新，一把都没销掉。第二个懂了一点，梳子有第二个功能，保养头皮。第三个就不一样了，他把木头梳子定义为庙里关心香客的工具，因为关心这些香客，每天早上有几把木头梳子放在那儿，供你们梳头、梳香灰，就变成关心香客的工具了。第四个推销员能够销售几千把，主要是改变了木头梳子的性质，木头梳子不仅是个木头梳子，而且是一个庙宇的品牌，是一张名片，是一个纪念品。

这就可以看出，市场是可以创造的，结构性调整一定要认识到市场是可以创造的，不是我们现在仅有的这些产品和功能，谁能发现新功能这就是创意，有创意就行。

熊彼特当初的创新概念是：一个企业家必须要投资，要善于融资，找银行跑关系，找政府求低利率信贷等，这的确是熊彼特在100年前工业化初期之前的现实。今天不是这个情况了，今天主要是有创意，有创意以后一上网，资金很容易就来了。现在是有资金就怕没有好项目，只要有好项目资金自然就到了，不像过去那样非要有银行的贷款筹资才行。

今天的年轻人跟100年前的年轻人完全不一样，100年前工业化刚开始的时候，是大量农民工进城，他们在当时情况下也不知道怎么增加自己的收入，他们唯一的办法就是趁现在年轻出卖自己的劳动力。他们的妻子也就是当工人。

今天的年轻人不一样，今天的年轻人包括外出打工回来的，也包括那些农村中出去打工，学会了一些技术，留在城市的，他们是真正的现代的年轻人。很多大学毕业生跟过去是不一样的，他知道社会在关心什么问题，他们在聊天中能发现创意，发现了创意就能筹到资金。

中国整个经济发展速度在加快，谁能想到 50 年以后的中国经济什么样？ 50 年以后的中国经济现在能预料吗？那个时候人们还用货币、钞票吗？

人们的就业会像现在一样吗？还是只要有一台电脑，在家里上班，完全可以生活？到那个时候人们的消费方式会跟现在一样吗？无法预测。人们的就业方式也在变。还有企业家吗？企业家这个名词是过时的名词，真正的企业家存在于熊彼特时代，因为那时工业化开始。现在的企业家不一定是创新者，而是既得利益者，要保护自己的既得利益。

大量正在涌现出来的年轻人，他们现在不是企业家，但是将来可能是比企业家更有影响的人，一个新领域的发现者、领路人。结构性改革要想起作用，一定要依赖大量年轻人，大量的年轻人在探讨、寻找新路子，寻找产品的新功能。

次优选择下的消费

第五个问题，需求方面还需要做什么？需求和供给的效果一样的，只是作用在不同方面，是种互动的关系。但现在的消费也在变，看不到现在消费的变化就无法判断经济形势。

以前消费是遵守古典经济学的最优原则。消费即以最低的价格能够买到最大的满足，这就是成功了。从西蒙开始这个观点变了，西蒙在20世纪50年代获得了诺贝尔经济学奖，他提出了有限的理性。理性是有限的，古典经济学的最优理论是建立在理性人的基础上，人人都是理性的，所以他有最低的成本、最大的满足、最大的收益。西蒙认为，最优是做不到的，现在信息过多，无法做到最优。

一个女同志去买一件披肩，要想买最优的，至少得把全北京的大商场一家一家调查，记录下来哪个最好，而找出哪个最好时的成本已经太高了，甚至等你找到，最好的已经卖掉了，所以不是最优的。

现实的人就是次优选择。你到商店里去买针，跟售货员说我买针，一盒针拿出来，要挑一个最尖的，没有那么多时间和精力，所以一般都是次优选择。挑针，第一个一看不太直，放那儿了，第二个不太尖，第三个行了，第四个以后就不看了。

所以消费几十年都在发生变化，并不是我们所遇到的最优选择，这种情况下无法对需求做出最优判断。

消费值得重视，但消费已经跟过去传统消费不一样了，理性人的消费不存在了，因为最优没有了，人们存在什么样的消费呢？就是次优选择下的消费，就是现实生活中人的消费。

怎么推进宏观调控

第六个问题，宏观调控作用怎么理解？在新常态的过程中，不能没有宏观调控，但宏观调控应该分两个层次来讲，第一个层次，就是宏观调控是为了物价的稳定，这是最早的。因为货币流通量是重要的，要知道货币流通量多少，必须让它跟经济增长率相配合，所以宏观调控在控制货币流通量多少，如果货币流通量多了就会发生新的情况，新的情况就是指在经济增长率的允许下发行多少。事实证明这个观点是不对的，因为这个观点把经济都捆死了，很多因素在变化，人们如果是死守着按经济增长率控制货币流通量，最后会发生通货紧缩，通货紧缩的害处比通货膨胀还要大。

所以这个问题要引起人们的注意。现在在中国要谈宏观调控，主要是谈三个问题，第一，重在预调，发现苗头做在前面；第二，重在微调，不要大幅度波动；第三，结构性调控，有重点、一贯式的调控，而不要像过去一样大水漫灌。过去已经吃过亏的，大水漫灌的坏处是浪费了资金，精准扶贫就是滴灌的表现，一定要做到这样。

我们在贵州调研，发现毕节能够走到今天跟宏观调控思想有密切关系，首先重做规划，山上人要下来，不愿意下来，就盖几套房子在山下，让山上人下来住试试看，是不是比山上好，这样慢慢推下去。房子要盖得符合要求，不然山上人以后又跑到山上住了。有下过山的人反映住那个楼一点都不舒服，也不能养猪，也不能养鸡，我小孩每天吃的鸡蛋都无法保证，所以一定要精准扶贫。

现在中国正在发生一场悄悄的人力资本革命。农民工返乡是巨大的人力资本更新的表现，现代的农民工跟过去是不一样的。

我在陕西考察时发现，为了保证北京、天津用水的安全，汉江边上新建了丹江口水库，汉江水就流进了丹江口水库，为了保证这股水是清的，汉江两岸不准使化肥、不准撒农药，最好不要种稻子，要种稻子的话，可以用有机肥料，不能用化肥，不能打农药。

汉江岸边好多县，其中一个县叫西乡县，它把这个问题就解决了，它把岸边所有的土地开发出来种茶树，因为它是全国富硒茶的最好生产地。一听说家家不种粮食、不用化肥改种树了，在外打工的都回来了。

回来以后种茶树，茶叶不施化肥、不施农药，精心照料，种茶、收茶、摘茶、加工一条龙，劳动力需求量很大，这些劳动力都成了优秀的茶叶工人，这个问题解决了。

另外一个县叫洋县，有一种濒临灭绝的飞禽朱鹮，建保护区，让它繁殖，这么多年以来，朱鹮已经有200多只，成了旅游点。朱鹮这种动物有个习性，终身只有一个配偶，如果这个配偶死了，终身不再有第二个配偶了。结果洋县变成了附近很多县还有外省的人办结婚典礼的地方，要学朱鹮忠贞不渝，周六、周日专门来度假，有的庆祝金婚的、银婚的老人都来了，洋县把旅游搞起来了。

所以路子有很多，在中国的宏观调控的时候，一定要懂得精准。

我们现在最需要的是发扬创新精神，不管熊彼特的观点在哪些地方需要修改，但是熊彼特提出创新，一直在为创新论述，这是可贵的。熊彼特时代发明了“创新”这个词，到现在全世界认为，20世纪留下的最精彩的经济学术语就是创新，其他的经济术语过去了都不用了，但是创新留下来了，所以不能忘记创新的精神。我们现在更要加大力度保护创新，要使得供给侧改革在创新之下能够取得进展。

为什么要强调职业经理人制度

职责界定：董事长监督总经理经营

为什么我们现在要强调职业经理人制度？

第一个问题，企业的主要经营管理人是总经理，而不是董事长。因为董事长和董事会都是作为股东的代理人，负责企业的战略决策和对经理层的监督。董事长只是董事会的召集人，在这个问题上，董事长是企业的监督者，而不是干预者，这个关系一定要明确。企业由谁来办呢？要给总经理独立权力，让其独立承担责任。要加快建设职业经理人市场，并且通过职业经理人的市场来选聘经理人。我们首先要认识清楚这点。

第二个问题，选择总经理的权力在董事会。因为根据《公司法》，股东包括控股的股东没有选择以总经理为代表的经理层的权力，经营者由董事会聘任。所以，董事长直接指挥干预企业是不合法的。在这里我们要认识到，既然选择经理人，包括总经理是董事会的责任，是董事长的责任。那能不能从民营经济中选择国有企业的经理人？国外有这样的例子。法国的国有企业可以选民营企业家（他们叫私营企业家）作为总经理。总经理入职以后，不是以私人企业家的名义，而是作为聘任者的身份在企业从事自己的职业，这对法国国有企业的管理起了一定作用。

取消企业行政级别，让优秀人才进入领导层

所以，我们要区分开竞争性行业和非竞争性行业。非竞争性行业有它的特殊性。如果是竞争性行业，完全有可能由董事会在市场上找优秀人才，找到合适的、懂业务的、能够认真负责的人来做总经理。在这里还应该注意的是，为了做到从市场上招聘人才，不管是从民营企业家队伍里聘人，还是自己聘人，一定要取消企业的行政级别。因为行政级别实际上妨碍选拔有用的、有责任感的人才来从事混合所有制企业的管理。

国务院所公布的《关于深化国有企业改革的指导意见》中，就包括竞争性的行业可以改为混合所有制企业，而且国有资本没有界限，只有在非竞争性行业、那些要害行业中，国家要控股。竞争性行业，国家不一定控股，它没有资本的界限。行政级别的存在妨碍了优秀人才进入混合所有制企业的领导层，这点是我们在今后要注意的。

职业经理人市场需要三个形成条件

现在中国的问题在哪里？中国还没有职业经理人的市场。西方

发达国家从 19 世纪晚期开始，就已经在试用职业经理人制度，20 世纪 30 年代，大危机的爆发加快了这个进程。所以，它们有很多年的经验，中国没有。中国现在最缺的是职业经理人市场。所以，我们一定要为职业经理人市场做准备。

第一，所有愿意担任职业经理人的现有的国有企业高管人员，辞去自己的职务，不再用自己的行政级别，来参与职业经理人的竞争。

第二，如果现在企业中的经营人员无论认为自己适合本行业，还是适合另一个行业，都可以提出申请，通过请咨询公司或者其他机构来帮忙介绍。一旦介绍成功，谈完之后，经营人员辞去原来的职务，不再使用原来的行政级别。这就使更多人参与到这个队伍中来。

第三，要培养大量年轻人。年轻人可能没有实际经验，但锻炼一段时间就有了。因此，年轻人在得到学位——包括学士、硕士、博士——一定期限后，可以加入职业经理人的市场中去来供大家选择。先从管培生做起，中间有一个锻炼的过程。这样职业经理人的市场就可以形成了，职业经理人市场的形成对以后的发展是有帮助的。

职业经理人的流动、考核、激励

第一，加快中国职业经理人市场的形成需要发展重要产业，其中一个产业就是企业咨询公司，能够做一个企业高管的人，求职时不会带着自己的简历到处跑，到处找人，在国外也是这样，专门有企业咨询公司来帮职业经理人分析适合做什么，通过掌握资料帮他们寻找适合的职位。

第二，对职业经理人过去业绩进行考核是重要的基础。如果职业经理人在这个企业，这个企业赔，到另一个企业，那个企业又赔，当然赔有各种各样的原因，但是职业经理人也难辞其咎。所以，这个经历是很重要的。还有今后凡是在简历上造假的人不能进入经理人市场，以信誉为准，诚信为本，这是职业经理人市场最后能够成功的原因。

第三，仿照国外的经验，干到一定时间以后，对职业经理人要采取产权激励制度，把职业经理人变成合伙人，这点在国外是非常重要的。现在我们已经考虑到高管的产权激励制度，当然需要经过试验。但是，中央有一个精神是对的，不搞平均主义，在产权激励、股权的问题上，中央的政策有一条叫作“岗变股变”，岗位变了，股权也要变，不是终身制的。

共享经济：物质与人力资本投入者都参与分红

为什么不能搞平均主义？20世纪90年代搞过普惠制的入股，结果没人关心企业，只关心自己股票涨了就卖掉。这种情况对中国股市不利。所以，一定要把真正的产权激励搞好，产权激励制度的提出，是符合现在经济学中的“共享经济”原则的。为什么呢？所有的经济学家都承认，社会财富利润是物质资本的投入者和人力资本的投入者共同创造的。光有物质资本的投入，不能产生社会财富，光有人力资本的投入也不能产生社会财富。

既然承认这样一点是大家共同创造的，为什么利润按照现在的企业制度、章程是归物质资本投入者所有？物质资本投入者按投入取得股份，按股分红。而人力资本的投入者只能够从公司的成本中的工资部分取得自己的报酬。并不合理。既然是双方共同创造的，为什么只能够由物质资本的投入者来分红、分利呢？所以共享的概念实际上从这里开始。无论是物质资本的投入者，还是人力资本的投入者，都应该参与红利的分配，这才合理，才能调动人力资本投入的积极性。

中国的职业经理人制度是可以试点的。试点总结经验，慢慢走向成熟。不要急于求成，要循序渐进，但是一定要有规则，大家都得服从规则，这样中国的股份制进一步深入，一直到“共享经济”的完成，将会出现新的局面。

国企改革与国有资本关系[①]

现在，一个关键性的问题是要把国有企业体制改革提升到国有资本体制改革的高度，着重提高国有资本配置效率，把国有资本用到最有效率的地方，比如新兴行业和高新技术行业。要在现有基础上赋予国有企业更多经营自主权，让国企成为自主经营的主体，有健全的法人治理结构，这样才能调动国企的积极性。

国有资本体制改革分两个层次：一是国有资本配置体制改革，要点是使国有资本配置优化，结合结构调整进行，产生更高的配置效率；二是国有企业管理体制改革，要点是改革后的国有企业一律要按股份制企业模式运行，使企业效率提高，使国有资本保值升值。两个不同层次的体制及其改革，不可混为一谈。在现阶段谈到中国国有资本体制改革时，必须两个层次的改革一起进行，而且着重点应当放在国有资本配置体制的改革方面。

---

① 本文原载于《文汇报》。

国有企业应当自觉实现国家发展战略，为社会尽更大的责任，提供更多更好的产品和服务。国家的政策目标是国有企业和民营企业发挥各自优势，有公平竞争也有合作，形成双赢共赢，“国退民进”或“国进民退”都不应是政策目标。

国有资本的特殊性决定了国有资本配置体制改革的方向和实际做法，可以从四方面来论述。

第一，重在提高国有资本的配置效率。在经济学中，长期以来着重点是生产效率的变化。而事实上，资源配置效率和生产效率是同等重要的。今后，改革国有企业体制的着重点不在于如何调整国有资产监督管理部门的权限，而在于把它的权限规定为只管国有资本的配置，而不再管国有企业的运作。国有企业尽可能改制为股份制企业，其中又尽可能改制为上市公司。它们同其他非国有的或非国家控股的股份制企业、上市公司一样，一律自主经营管理，由股东大会、董事会、总经理、监事会行使各自的权利，承担各自的责任。

第二，调动国有企业的积极性。国有企业在管理体制方面至今存在的一个突出的弊病或问题，就在于政府部门干预多，国有企业并未成为真正的市场经营主体。这在很大程度上同国资委没有把工作的重点放在提高资源配置效率方面，而对本来可以由国有企业作为一个市场经营主体自己决定的事情，通过烦琐的申请与批准的程序，集中由国资委做出决策有关。这样，不仅容易错过机会，而且还挫伤了国有企业的积极性。在某些场合还会使一些国有企业养成事事依赖国资委的习惯。假定通过国有资本体制改革，国有资本配置体制由国资委直接管理，那么国有企业就可以成为真正的市场经营主体，它们的主动性、积极性也就可以调动起来。

第三，国有企业应致力于健全法人治理结构。国有企业既然成为市场经营主体，就应当健全企业的管理体制，建立完善的股东会、董事会、总经理和监事会制度。这样，国有股不一定占绝对多数，在非国有股股权分散的情况下，国有股可以占相对多数。这实际上是让更少的国有股份取得对企业的控制权。在不止一个国有投资单位参股某个国有企业时，可能形成不止一个相对大股东，这也有利于改变董事会的结构，便于董事决策的合理化、民主化。

第四，伴随国有企业市场经营主体地位的确立、国有企业积极性的调动以及国有企业法人治理结构的健全，国有企业的另一个弊病和问题——创新动力不足和创新能力弱——也将发生变化。造成国有企业不敢自主创新的障碍主要有三个：一是国有企业受政府部门的干预过多，使它们没有主动性和积极性；二是怕吃力不讨好，风险责任大，而利益和责任则是不对称的；三是部分国有企业总是对现实生活中存在的行业垄断现象有依赖性，以为自己可以在行业垄断的保护下，不必搞什么自主创新也能取得巨额利润。通过国有资本体制两个层次的改革，情况将会发生变化，上述不利于国有企业自主创新的三个障碍将会逐步消失，从而将会出现国有企业自主创新、技术突破、产业升级的热潮。

新常态下小企业有大作为

不久前在一些省市调研，同民营小企业经营者座谈。他们说："经济进入新常态，主要是大企业的事情，我们这些民营小企业能做些什么？我们在经济新常态下能起多大作用？"这个问题有一定代表性，需要认真解答。

对我国经济形势要有信心

从 2013 年和 2014 年的情况看，由于经济增长出现下行趋势，民营企业包括大量小企业产品销售不如过去，加上贷款难等问题仍然没有得到很好解决，劳动力成本、店铺租赁成本、物流成本又居高不下，因此普遍感到经营困难，对市场前景顾虑重重。

怎么帮助他们消除这些顾虑？最重要的是正确认识当前经济形势，增强信心。在目前情况下，再指望出现超高速增长是不现实的。我国经济增长率虽然降低一些，但从全世界看依然处于前列。

而从结构调整的角度看，结构合理是稳定增长的前提，只要结构调整不断取得进展，市场前景就是看好的。因此，对于广大民营企业特别是小企业来说，一定要懂得结构调整过程中的波动甚至挫折是难免的，企业成长过程中也会遇到一些不适应、不如意的事情。这时候，更需要鼓足干劲，勇于投身于竞争之中。市场如此广阔，还怕没有发挥自己才能的场所！

小而精、小而强，关键在专业化

在新常态下，小企业无论从事制造业还是从事服务业，都要走专业化道路。小而精、小而强，就会开拓出市场。市场不是静态的，而是动态的，市场是可以创造的。小企业虽然规模小，但只要有自己的专长，产品精致、有特色，服务到位、有声誉，市场份额就一定能不断扩大，并在此基础上稳步前进。

小企业如果有机会成为大企业的合作伙伴，千万不可错过。大企业需要寻找和固定为自己配套的服务者，也需要能长期提供零配件和部件的合作者。如果小企业能够为大企业提供优质服务、优质零配件和部件，大企业就愿意同它合作。这种合作对大小企业来说是双赢的：大企业可以降低成本，小企业可以有稳定的市场，稳步壮大。

靠诚信积累社会资本

这里所说的社会资本是指一种无形资本，又称“人脉”“人缘”，它体现于人际关系之中。人际关系要靠自己开创。一个企业无论规模大小，要想拥有更多社会资本，只有依靠自己努力，一点一滴地积累。

诚信在社会资本积累中是极其重要的。企业时时处处守信用、讲诚信，就会获得社会资本。现在，小企业之间“抱团取暖”“抱团过冬”是互助合作的好现象。企业“抱团”，只能建立在相互信任、以诚相待的基础上。有人抱着侥幸心理，以为在合作中失信一次无所谓。实际上，只要失信一次，就可能把多年积累的社会资本毁掉。这样的例子并不少见。企业包括小企业，一定要把积累诚信资本放在首位。

既留有余地，又积极创新

有些小企业往往稍有成绩，就头脑发热，好高骛远，不考虑风险，孤注一掷，最终一败涂地。从这样的例子中可以总结出一个道理：一切要从实际出发，步子稳一些、基础巩固一些，比孤注一掷强。这并不是说小企业不应大胆开拓，大胆开拓在任何时候都是不可缺少的。问题在于，小企业千万不能忘记自己的弱点，如规模小、底子薄、资本供给不足、技术人才缺乏等，切不可被一时成功冲昏头脑，不留余地。

推动企业发展，不能只凭个人经验。经验可能是财富，使自己迈出重要一步、迈上新台阶；也可能是包袱，使自己做出错误决策、陷入难以自拔的陷阱。世界上没有两片完全相同的叶子。市场竞争错综复杂，波诡难测。一些人投资成功，一些人投资失败，这在市场上司空见惯。因此，小企业应当牢记：宁肯稳一些，切忌追风赶时髦，以致脱离实际。那样一来，失败在所难免。

适应新常态，需要积极创新。有些小企业主说，创新是高新技术企业的事情，同我们这些小制造业、服务业企业有多大关系？其实，创新有多种层次，不能认为小企业在创新方面不可能有所作为。事在人为。在珠三角一次小制造业企业主座谈会上，笔者就听到一些经验介绍，比如：原材料选择方面能不能有新的考虑，以使产品质量更好、价格更低？能不能在燃料、动力方面有所改进，以便降低成本、减少环境污染？这些都是很实际的创新领域。

总之，对于小企业而言，有了信心，以诚信为本逐步积累社会资本，再加上一切从实际出发，走专业化道路，不仅可以有所作为，而且一定会有大作为。

第七章

中国经济的下一程

从供给方面发力促进经济稳定增长[①]

2015 年 10 月 10 日，习近平同志在中央财经领导小组会议上，首次提出“在适度扩大总需求的同时，着力加强供给侧的结构性改革，着力提高供给体系的质量和效率”。10 月 15 日在二十国集团会议上，习近平同志又重申重视供给端和需求端的协同发力。至此，供给侧改革进入决策公共讨论。

何谓供给方面发力

经济学当中经常考虑供求平衡问题，都认为可以从需求方面调控，也可以从供给方面着手调控，二者区别在哪里？从需求方面调控是近期可以做到的，主要通过增加财政收入、货币贷款来刺激需求，或者用减少财政收入和减少信贷来抑制需求面。

---

① 本文系笔者在 2015 腾讯财经年会上的主题演讲。

需求方面调控是近期的调控，供给方面调控是中期的调控，主要在于经济结构的调整，包括产业政策的调整、技术政策的调整、资源配置的调整，这些都不是短期就可以见效的。

供给方面可以抑制供给，但不是主要的，抑制供给比如关闭产能过剩、消耗能源和资源过多的企业，看起来容易，实际上也会遇到困难，比如怎样安置失业工人、怎样处理闲置设备和厂房。当然供给方面的发力和需求方面的发力都可以取得一定成效，但是供给方面的调控比需求方面调控一般要难一点，风险也会大一点。

风险在哪里呢？风险在于失业人数增加，如果这样长期存在失业，社会将不稳定，因此一谈到供给侧的发力，通常指增加供给而不是关停企业。

供给侧发力的难点和障碍

在供给产能不够的情况下，盲目扩展产能是有问题的，产能扩张会使停产企业由于重新得到贷款又恢复运行，使资金继续流向那些停产、减产的企业，结果不但宏观上会造成通货膨胀，而且会使国内经济结构更加不合理，结构调整也就更困难。此外，供给增加的同时会带来三个不足：资本不足，因为要增加投资；专业人员和技工不足；土地能力、淡水、营销力量不足。

这三个不足都需要统一规划、统筹解决，因此把供给方面发力看成中期调控，需求管理是近期调控。

要克服供给侧改革的障碍，我有六个方面的建议。

第一，可以通过定向调控克服障碍。定向调控也就是结构性调控，以定向的减税、免税手段来鼓励发展现有生产能力，增加供给。

第二，鼓励高新企业的成长，扶持短板行业，以弥补生产能力的不足。

第三，大力发展新产品，提供居民需要的消费品与服务，以扩大需求。

第四，加强职业技术培训，提高劳动力素质，缓解人力资源供给的不足。

第五，继续简政放权，明确三个清单，即负面清单、权力清单、责任清单。这样有利于民间资本投入供给方面，增加供给的主体。

第六，调动企业创新的积极性，加快国企混合所有制改革，也使民营企业更快转型。民营企业转型主要是指到了一定规模以后，应该从家族经营制改为现代企业制度，要实行职业经理人制度，实行产权的细化、产权的奖励。

增加供给和增加需求往往是互动的

供给方投资主体和需求方投资主体都不是被动的，他们各有自己的赢利目标和实现目标途径，他们的行为是互相影响的。简要地说，要增加供给必须增加投入，包括资本的投入、各种生产资料的投入，以及人力资本的投入。而要增加需求，除了政府购买以外，更需要民间的消费。民间的消费包括居民的购买力，这就要缩小城乡收入差距，还要提高居民的消费愿望。

2015 年上半年我曾经在河北做了一些调查，被一些企业家围住了，我针对当前形势给他们提了几个建议。

第一，让产品更个性化。过时，不够时尚，千篇一律，是打不开销路的，所以产品一定要个性化。

第二，加强购买意愿。购买意愿是很复杂的问题，实际是文化问题，比如有某种信仰、某种习惯的人，即使衣服不够了，也不买，或者宁可把钱存了不消费。所以购买意愿的转变实际是更长期的事情，是跟文化的更新、文化的创新结合在一起的。

要真正扩大消费，不仅要在居民购买能力方面做出努力，而且要加强他们的购买意愿。年青一代的消费观念跟老一代不一样，但是年青一代一般没有什么钱，有钱可能不一定投入消费，他愿意投资。

作为投资者，无论是投资到供给方面，还是投资到需求设施方面，一定要考虑回收的成本、利率高低，假设都往供给方面投，这个时候需求怎么样？需求方投资者会转到供给方面，因为感觉到供给方面力量大。假定供给方力量没有需求方力量大，人们又会从供给方面把资金抽出，改投到需求公共设施上，所以双方是一个互动的过程。在这个过程中，很多资本要先观察，所以这个过程是需要时间的。

第三，通过供给增加，还需要配套人力资源结构调整。供给不仅要看资本的投入，如果人力资本跟不上、技术工人跟不上、专业人员跟不上，供给不可能取得那么大的效果。所以这里就涉及一个重要的问题，我们要重视供给的发力，要跟人力资源升级结合在一起。我们现在经常讲旧的人口红利没有了，但新的人口红利将不断涌现。

大众创业、万众创新，给人类自然升级创造了条件。农民热衷于创办家庭工厂，创办一些小微企业，这都是人力资源在创新。所以中国的人力资源将随着供给的发力逐步提高，不提高跟不上供给需求。供给需要熟练技工、需要责任人员，就要靠创新创业，这是我们能够看到和完成的希望。

但也要考虑到，人类资源的提高涉及一个根本性的问题，就是教育制度要改革。我去贵州调研发现，过去的学院改成工程学院，培养技工，90% 的毕业生分到企业，和企业合办，除了增加供给以外，也使得人力资本构成得到改变。

这也告诉我们一点，旧的人口红利虽然消失了，新的人口红利正在涌现。我到云南也看到职业教育在向沿海一带输送技工，99.99% 都能够被企业聘走。

供给侧改革要符合经济规律

供给的增加会遇到一个不可逾越的障碍，也就是土地有限、资源有限，包括淡水、交通运输等都属于资源有限。东南沿海土地已经稀缺，那就往西部投资。西部土地虽然多，但是其他资源不足，运输成本高。这个问题怎么办？要增加供给，必须在劳动生产率提高基础上增加供给，供给是中期的调整，中期的调整就跟政府规划有关。

增加供给不是万能的，因为供给增加也要符合经济规律，要注意增加供给长期效益，不然将来又会遇到麻烦。

我们知道新常态已经给我们带来很多启示，但是供给方发力，一方面供给和需求是互动的，一方面有些问题短期内不容易解决，比如土地供给问题、资源供给有限问题、交通运输问题。

我对企业家讲过四句话。第一句是让产品更个性化。第二是让服务更人性化。第三句话是把品牌打到国外。第四句话是把顾客留在国内。所以供给方发力要先考虑这些问题，特别是改革中的问题。

怎样跨越“中等收入陷阱”[①]

“中等收入陷阱”包括发展制度陷阱、社会危机陷阱和技术陷阱三个“陷阱”。从世界上某些发展中国家的发展经历可以看到，世界银行报告中提到的“中等收入陷阱”确实存在。

中国进入中等收入国家行列的时间并不长，中国会不会遇到“中等收入陷阱”并落入其中？这已经成为人们关注的热点问题之一。我们认为，只要应对得当，改革措施及时到位，中国完全可以跨越“中等收入陷阱”。但是，除了“中等收入陷阱”外，就没有其他类型的“收入陷阱”吗？中国在跨越“中等收入陷阱”以后，就能保证此后不会再遇到“高收入陷阱”吗？这些问题都需要予以讨论和研究。

---

① 原载厉以宁、石军等著《中国经济改革警示录》，人民出版社 2013 年 5 月出版。

“中等收入陷阱”概念的提出

有一些发展中国家在由低收入国家行列进入中等收入国家行列之后，经济往往长期停滞不前，总在人均 GDP 4 000~5 000 美元上下徘徊。因此，世界银行在《东亚经济发展报告（2007 年）》中提出了“中等收入陷阱”（Middle - Income Trap）概念。

“中等收入陷阱”是指：有些中等收入国家经济长期停留于中等收入阶段，原有的发展方式中的矛盾积存已久，终于爆发出来了，原有的发展优势渐渐消失了，它们迟迟不能越过人均 GDP 12 000 美元这道门槛，不能进入高收入国家的行列。例如，东南亚的菲律宾、马来西亚，以及拉丁美洲的墨西哥、阿根廷、智利，都长期落入“中等收入陷阱”之中。

据世界银行的专家分析，落入“中等收入陷阱”的国家遇到了以下困难：

第一，由于国内工资收入水平上升，这些国家无法同低收入国家的廉价劳动力竞争，某些低收入国家在劳动密集型工业品的出口竞争中，比中等收入国家生产的同类商品具有优势，在吸引外资方面也更有吸引力。

第二，由于这些国家缺乏能与发达国家竞争的优势产业、先进技术和自主创新的产品，它们的困难加大了，它们迈入高收入国家行列的机会几乎没有了。

第三，这些国家已经丧失当初由低收入国家向中等收入国家挺进时的那种艰苦拼搏的精神和斗志。一般民众开始更多地追求福利社会的成果，总希望政府把更多的资源用来实现福利社会的各种目标，否则就对政府不满，于是胃口越来越大，难以自拔。一般民众不了解福利社会主要在高收入阶段才能逐步实现。

第四，这些国家政府官员的贪污腐败盛行。人们亲眼看到政府官员的贪污、受贿、敲诈勒索、滥用职权牟取私利等情况，他们的信心大大下降，官民矛盾激化，引发社会动乱。他们或者移民国外，或者消沉、失望甚至绝望，他们不再像当初创业阶段那样致力于经济振兴了。一般民众的消极、颓废、失望、绝望情绪成为落入“中等收入陷阱”的国家的又一致命伤。

“中等收入陷阱”就是这样出现的。在这里，不妨再做进一步分析，“中等收入陷阱”，实际上包括了三个“陷阱”，即“发展制度陷阱”“社会危机陷阱”和“技术陷阱”。

下面，分别对这三个“陷阱”做些探讨。

避免“发展制度陷阱”

“中等收入陷阱”中的第一个“陷阱”是“发展制度陷阱”，要靠深化改革来避免。已经或正在落入“中等收入陷阱”的发展中国家，主要是从传统社会走向工业化社会的国家。在它们从低收入国家行列进入中等收入国家行列时，不一定经历了传统制度的激烈变革阶段，从而可能还保留着较多的传统社会的特征，传统势力和传统的社会组织形式仍起着很大的作用。这些特征和势力往往在农村尤其是经济落后的山区、边缘地区表现得相当顽强，它们成为这些国家“发展的制度障碍”，也就是“发展的制度陷阱”。

一个明显的例子就是土地制度依旧保留着工业化以前的状况。基本上有三种不同的表现：

一是传统的社会组织把持着土地，让土地的民族共有性质长期不变，实际上农村的土地仍掌握在最有势力的氏族和家族长者手中，农村和农业尚未受到市场化和工业化的影响。

二是农村和农业已经受到市场化的影响，农村中所发生的土地关系变化，表现为一些有势力的家族对土地的占有，从而形成了大地产制度或新建的种植园制度。大地产通常采取租佃制生产，佃户没有地产，沦为失地的阶级，而成为新建种植园的劳动者或者是雇工，雇工没有土地，他们靠微薄的工资为生；或靠在种植园内领得一小块土地，自行耕种，作为工资的替代品。

三是在一些国家或地区经历过初步土地制度改革，农民曾分得一小块土地，但在市场经济中，农民中间发生了两极分化，土地兼并加紧进行，有些农民因种种原因，渐渐失去了土地，又成为无地的农民。

无论哪一种情况，土地分配的不均和贫富差距的增大都成为一些发展中国家的“发展的制度障碍”或“发展的制度陷阱”。

除了土地问题迟迟未能解决以外，“发展的制度障碍”或“发展的制度陷阱”还表现在以下方面：

第一，传统组织和氏族、家族势力根深蒂固，阻碍了市场化的继续推行，地方政权大多数受到这些势力的操纵，成为大地产主人或种植园主人的工具，地方政府官员成为大地产主人或种植园主人的代理人。公平竞争的市场秩序在广大地区尤其是偏远地区难以建立。

第二，这些国家中，传统社会的限制和土地制度的不合理，使农业劳动生产率低下，农村的收入增长率大大低于城市的收入增长率。农村购买力普遍低下，造成内需不足，限制了工业化的继续推行，市场化步伐相应地受到严重限制。

第三，发展中国家要进一步发展经济，必须有财政的支持。然而在这些国家，由于市场经济发展受阻，财政通常十分困难，只能靠增税来维持，而财政收支经常有巨大缺口，财政赤字无法弥补，结果形成了财政赤字与经济增长率低下交替的恶性循环。

第四，发展中国家要进一步发展经济，必须有金融的支持。然而在这些国家，金融业的发展通常是畸形的：一面是资本找不到合适的投资机会，没有出路；另一方面是资本严重不足，高利贷盛行。造成这种畸形金融状况的制度障碍主要是金融机构或者被外资控制，或者被官僚和权贵们控制，民间金融不得不转入地下活动。

第五，在这些国家，发展的制度障碍还在于社会垂直流动渠道被严重阻塞了。社会垂直流动渠道通常比社会水平流动渠道更重要。这是因为，如果存在着居民迁移受限制的户籍制度。农村或集镇的居民不能自由迁往城市居住并在那里就业，其后果主要反映为城市生活环境恶化，出现贫民窟或棚户区，社会治安状况不佳等情况。如果社会垂直流动渠道通畅，则可以调动低收入家庭成员努力学习和工作，以及自行创业、发家致富的积极性。反之，社会垂直流动渠道的严重阻塞，将会对经济的发展和社会的安定产生消极的影响。社会垂直流动渠道的严重阻塞，主要是制度性的问题，往往和垄断的存在、利益集团势力强大，以及社会上种族歧视、身份歧视、宗教与文化歧视、性别歧视等有密切关系。

如何克服发展的制度障碍？如何避免落入“发展的制度陷阱”？对发展中国家而言，唯有通过“补课”，也就是改革传统体制，才有出路。这里包括对不合理的土地制度的改革、完善市场经济体制的改革和从制度上消除各种歧视。

然而，深化改革对这些发展中国家而言，绝对不是一件容易的事情。阻力越来越大，主要原因是：改革拖得越久，利益集团的力量就扩张得越来越广，改革所付出的代价也会越来越大。

以这些发展中国家的土地制度改革为例。如果在工业化开始前，或者在工业化刚开始时，对传统的土地关系就进行调整，使“耕者有其田”的主张得以基本实现，同时采取立法措施保护农民财产，限制以强凌弱式的土地兼并，也许后来就不会造成那么严重的“发展的制度陷阱”。如果在发展之初，采取土地赎买政策，让拥有大地产或大种植园的地主取得土地赎金而转投于工商业，后来的土地重新分配方案也不至于遇到那么大的阻力。然而，改革的最佳时机一旦错过，以后再改革就会困难得多。

何况，以后要深化改革，谁来主持这场改革？利益集团及其代理人和支持者是不愿这么做的，因为他们的切身利益必然会因此受到损失。谁来主持和推进改革的深化呢？单靠少数有正义感、责任感的知识分子，他们力不从心，不可能实现这项任务，在激烈的政局动荡中，他们会很快被排挤掉，或者被逮捕、被流放国外，或者被杀害。如果单靠下层社会的穷人，特别是贫困农民来从事改革的深化，很可能酿成暴乱，实行极端的“均贫富”政策，甚至演变为一场内战，不仅无济于事，而且只能使局势越演越乱。

这就是这些落入“中等收入陷阱”的发展中国家的深刻教训。

避免“社会危机陷阱”

“中等收入陷阱”中的第二个“陷阱”是“社会危机陷阱”，要靠缩小贫富差距、缩小城乡收入差距、地区收入差距和社会管理创新来避免。“社会危机陷阱”是怎样形成的？原因很多，归结起来，无非是贫富差距扩大、城乡收入差距扩大、地区收入差距扩大和缺乏社会管理创新所造成的。

在这里，首先要从这些发展中国家经常遇到的失业和通货膨胀难题谈起。

对发展中国家而言，就业压力始终是存在的。经济发展到一定程度后，农村的青壮年，包括农村妇女在内，走出农村寻找工作的人越来越多，因为早离开农村在城镇中找到工作的人生活得到改善，会有示范效应，会吸引更多的农村中青壮年男女向往城镇，不断走出农村，结果是求职人数超过城镇的就业岗位数，就业成为城镇不得不面临的巨大压力。

同样的道理，在经济发展到一定程度后的发展中国家，由于投资需求增大，财政支出增大，便有了需求拉动型的通货膨胀压力；由于土地、原材料燃料供给紧张，房地产价格上涨，生产成本上升，又有了成本推进型的通货膨胀；加之，在发展中国家经济发展过程中同国际市场的关系日益密切，它们越来越卷入全球化的浪潮，所以无论从商品流通渠道看，还是从资本流通渠道看，它们都有可能发生国际输入型的通货膨胀。多种形式的通货膨胀相继发生，使发展中国家国内民怨沸腾，使公众不断增大对贫富差距扩大的不满，对政府的不满，对执政党的不满。

还应当注意到，如果发生的是成本推进型的通货膨胀或国际输入型的通货膨胀，那就会同失业交织在一起，形成失业与通货膨胀并发，也就是通常所说的“滞胀”。“滞胀”必将使这些国家的中产阶级受到打击，状况恶化，更重要的是使失业者和低收入家庭愤怒、绝望，“社会危机陷阱”不可避免地形成了。

“社会危机陷阱”的出现，造成社会动荡加剧，农村更加穷困，城市贫困人数增多，失业者增多，经济增长因城乡居民购买力下降而无法实现，因此政局会发生急剧变化，街头政治活跃起来，激进分子煽动大众起来推翻政府，并提出极端的政治主张。有钱人家相继移居国外。这时，任何想改革和发展的政治家都感到束手无策，不知从何着手。这些发展中国家只得长期落入“中等收入陷阱”之中，无法自拔。

就这些发展中国家的实际状况而言，要迈出“社会危机陷阱”，必须进行重大改革，然而，在“发展的制度障碍”刚出现时，尽管改革的困难已经比经济发展初期大很多，但只要政府的决心大、魄力大，仍有可能推进，而到了“社会危机陷阱”出现后，改革的难度就更大了。在“社会危机”影响下，政局已很不安定，再谈“改革中发展”或“发展中改革”，都使得政治家不知所措，通常转而以“自保”为第一目标。

比如说，由于贫富差距日益扩大和利益集团的势力比过去强大得多，这使得想进行改革的人员左右为难，如果不想得罪穷人一方，就会得罪利益集团一方，任何改革措施都难以使双方满意，有时甚至会使双方都不满意，改革因此半途而废。

要缩小城乡收入差距，在那些土地关系严重有缺陷的发展中国家，必须对现有的土地制度进行改革，但无论是住在农村的还是住在城里的大地主家族或大种植园主利益集团，全都反对土地改革，甚至连妥协的、折中的土地改革方案也反对。这是发生“社会危机”的发展中国家最难解决的问题。

要缩小地区收入差距，一定要从解决三个问题着手，一是增加贫困地区的就业机会，二是改善贫困地区的投资条件和发展条件，三是向贫困地区输入资本。但这三个问题都不容易解决。要增加贫困地区的就业机会，就必须增加投资；要改善贫困地区的投资条件和发展条件，同样必须增加投资。发展中国家没有足够的资本，巧妇难为无米之炊。那么，贫困地区能不能依赖本地区以外、本国以外的资本输入呢？这也是不容易做到的，因为必须有安全可靠的投资环境，必须有赢利前景，还必须有在赢利前景的吸引下愿意前来投资的企业家和愿意为企业家融资的金融机构。资本是不可能自动流入动荡中的贫困地区的。

为了保证贫困地区各项改革措施能有效地推进，能维持改革和发展过程中保持正常的社会秩序，社会管理工作应有所改变。这通常是指在贫困地区、经济落后地区和失业人数较多的城镇，推行农村和城镇社区的居民自治，采取各种化解民间矛盾尤其是地方贫富隔阂、官民隔阂的社会管理创新的措施。对于民间的突发事件，要采取应对预案，早做准备，早做疏导，早进行化解。在一些发展中国家，如果对民间突发事件处置不当，很容易发生大的骚动，最后加深社会矛盾，甚至激发更大的社会冲突。加之，在一些发展中国家，社会动荡往往同当地的民族矛盾、宗教矛盾、氏族或家族矛盾、地方派系矛盾纠缠在一起。因此，民间酿成的社会冲突必须在刚开始时采取适当的对策，及早化解，社会管理创新就显得格外重要。

避免“技术陷阱”

“中等收入陷阱”中的第三个“陷阱”是“技术陷阱”，要靠技术创新和资本市场创新来解决。一些落入“中等收入陷阱”的发展中国家之所以长期经济停滞，摆脱不了困境，同技术上难以有重大突破有关，虽然它们认识到，如果技术上没有重大突破，缺少自主创新，缺少产业升级，缺乏技术先进的优势产业，人均 GDP 难以跨越中等收入阶段与高收入阶段之间的门槛。然而，在这方面，它们往往无能为力。为什么？这主要是因为：技术创新必须同资本市场创新结合。如果缺少这种结合，这些发展中国家，即使已有一定的制造业基础，要想在尖端技术方面有重大突破，也是可望而不可即的。这就是“中等收入陷阱”中的“技术陷阱”。

要知道，技术上要有重大突破，必须有尖端的科研和技术人才，而在不少发展中国家，高端人才是远远不足的。为什么会发生这种情况？一是由于社会垂直流动渠道的严重阻塞，利益集团势力强大，通常缺乏鼓励人才脱颖而出的机制，所以科技领域的高端人才被埋没了，受压制了。二是由于工资待遇、福利待遇、社会保障和工作环境的影响，不少在国外学有所成的人才不愿回国工作，而愿意受聘于国外，留在国外长期不回。三是本国培养的人才也受到国外机构的吸引，不断流向国外。这样，高端人才的严重不足是很自然的。一些发展中国家之所以在高端技术领域和产业升级方面有巨大困难，还由于本国的资本市场发育不全。简单地说，落入“中等收入陷阱”的发展中国家的资本市场是先天不足，后天失调，再加上金融专业人才短缺，金融监督松弛，腐败丛生，投资者望而生畏，把创业投资视为畏途。

这些国家的富人尽管拥有较多的财富，但从来都把不动产的持有看作是首要目标。即使从事实体经济领域的投资，也一直把采矿业、建筑业和劳动密集型制造业作为重点，很少涉及风险较大和自身又不存在优势的先进技术设备制造业和新兴产业，因为他们对这方面投资并无把握。

在发达的西方市场经济国家，从来都要依靠较完善、较完整的资本市场体系来为技术创新的开展与推广进行融资。然而在这些发展中国家，如上所述，既由于资本市场不完善，由于富人作为投资主体不愿涉及风险较大的行业，所以不仅资本市场发展不起来，而且高端技术、自主创新、新兴产业也难以取得重大进展。富人作为投资者，太急功近利了，只想迅速获得暴利。如果股市看涨，他们常常带着投机的想法，大量涌入，徒然增加资产泡沫；一旦股市看跌，他们又匆匆撤离资本市场。这在一定程度上归因于发展中国家一直缺乏有战略眼光的、有志于振兴民族经济的企业家。另一方面，这也在一定程度上归因于一些发展中国家的政府几乎从不关心改善资本市场的现状，使得先天不足，后天又缺少对资本市场的关心和扶植，使资本市场未能在技术创新和新兴产业崛起中发挥应有的作用。

没有信心，就谈不上发展优势的创造

这里涉及所谓“红利”已经消失或正在消失的问题。

“红利”，实际上是指一个国家或地区在特定发展阶段所具有的发展优势，以及利用这种发展优势所带来的好处。比如，“人口红利”“资源红利”“改革红利”（或称“体制红利”“制度红利”）都是发展优势及其运用所带来的结果。

因此，“红利”的消失就是指发展优势的消失。无论是“人口红利”“资源红利”，还是“改革红利”的消失，对任何一个国家或地区来说，都应当被认为是经济发展过程中的正常现象。每一个国家或地区在经济发展的一定阶段都会出现这种现象，原有的“红利”

的消失并不是某一个国家特有的问题。

重要之处在于，经济发展方式在经济发展到一定阶段时就必须转变。如果原有的发展方式不能及时转换，那么在原有“红利”消失后，经济便会逐渐陷入困境。由此可知，每一个国家或地区都面临发展方式相应转换、发展战略重新制定以及产业结构及时调整等迫切问题。通常所说的经济转型正是这个意思。经济转型及时、顺利，“红利消失”这一关就闯过去了，否则经济将继续陷于困境之中，难以摆脱。

可以说，一些发展中国家如果认识不到经济及时转型的必要性，如果只是留恋原有“红利”或优势而不愿尽力转型，那只会造成以下三个恶果：

一是，继续发展经济的信心丧失了，认为既然原有的“红利”已经消失，发展的优势已经不存在，那就很难再有所作为了。

二是，由于信心的丧失，所以国内实体经济领域的投资者将会纷纷撤走投资，或者把企业迁移到较晚发展起来的国家，结果，国内投资总额减少，使本国经济的发展碰到投资不足的难题。同时，由于投资不足，与实体经济发展有关的专业人才也随着流向国外。

三是，由于本国实体经济空心化了，实体经济产业被投资者认为是没有发展前景的产业，大量资金转到了虚拟经济领域，使经济中的泡沫增加了，经济有可能陷入更深的陷阱之中。资产泡沫的破灭，也会使经济更加停滞不前，使以后的经济发展更加缺乏后劲。

从“旧人口红利”走向“新人口红利”

“人口红利”是指一国或一个地区在经济发展过程中因人力资源的存在而产生的发展优势及其体现。

但人力资源的优势在一国或一个地区的经济发展过程中是会变化的。常见的情况是，在经济发展前期，一国或一个地区人力资源的优势表现为大量廉价劳动力的存在。当时，有四个就业条件适合于这些国家或地区廉价劳动力的运用，于是就出现了廉价劳动力资源所带来的“人口红利”。这四个就业条件是：

第一，国内自然条件适合于经营种植园，生产谷物、甘蔗、水果、棉花、橡胶等农产品，而国内的廉价劳动力大量存在，只要有人（无论是本国投资者还是外国投资者）愿意经营种植园，就不愁雇不到廉价劳动力。

第二，国内有丰富的矿产资源，包括铁矿石、有色金属、煤炭、石油天然气、稀有金属、贵金属、钻石、宝石、建筑用石料等，有人愿意投资于采矿业，本地廉价劳动力的充裕供给可以满足投资者的需求。

第三，发展中国家在发展前期，在制造业方面主要根据本国的实际情况，以轻纺工业、食品工业等劳动密集型工业为主，需要廉价劳动力作为工人，对他们的技术要求不高。这样，对发展中国家的劳动力稍加培训就可以适应投资者的需要。除劳动密集型工业可以吸纳就业以外，大量个体手工业作坊和小商小贩的存在，也可以使劳动者获得就业的机会。

第四，建筑业在这个阶段的较快发展，也为廉价劳动力提供了就业岗位。如修建公路、铁路、港口设施、住宅、商店、工厂以及其他公用设施的建设，都使得廉价劳动力的使用带来“红利”。

上述这种“人口红利”都是同廉价劳动力的大量存在和被使用分不开的。在发展前期，廉价劳动力资源的丰富成为生产成本低廉的主要依据。一些发展中国家正是依靠生产成本低廉而开拓市场，增加资本积累，进而使GDP逐渐由低收入阶段接近中等收入阶段，再迈入中等收入阶段。

然而形势是会变化的。在那些逐渐由低收入阶段接近中等收入阶段和迈入中等收入阶段的国家或地区，廉价劳动力资源的优势会逐渐消失，原有的“人口红利”也逐渐随之消失。工资低廉不再成为这些国家或地区吸引投资者前来投资的独特的因素，因为又出现了一些较晚发展起来的国家和地区，那里同样存在丰富的廉价劳动力资源，而且他们的工资更低，生产成本更低，因而对外来投资者更有吸引力。加之，有些一直依靠廉价劳动力资源而使收入已摆脱低收入阶段的国家或地区，多年以来忽视人力资本的投资，即不注意提高自己的劳动力质量，仍然提供廉价劳动力。这就使原来的“人口红利”减少了，最后消失了，使这些发展中国家或地区陷入经济停滞的状态。这种例子并不少见。

怎么办？难道就此对今后的经济发展失去了信心？信心丧失能解决问题吗？这是一个对“人口红利”缺乏正确认识的问题。

要知道，一国在发展的不同阶段都会有适应于当时的人力资源优势。廉价劳动力优势和“旧人口红利”消失后，熟练劳动力优势将取而代之，“新人口红利”将成为发展新阶段的特征，经济将随着经济发展方式的转换而继续发展下去，这是已有先例的。任何一个国家或地区都应当有此信心。再说，当人均收入不断随经济持续发展而上升的时候，特别是当人口随着城镇化的推进和城镇化率越来越高以后，人口增长率一般都出现下降的趋势，于是开始出现人口老龄化和青壮年人口在社会总人口中所占比例下降的现象。这又从另一个角度说明了“旧人口红利”消失的原因。

“人口红利”的新旧替代是不可避免的。所以发展中国家和地区必须坚定信心，争取早日创造“新人口红利”。

措施之一是，增加人力投资，扩大职业技术培训，使工人的技术素质有大幅度提高。应当了解到，为什么当初劳动力廉价？这正与他们素质低、技术水平低、效率低有关。所以给低素质、低技术水平、低效率的劳动力进行职业技术培训，通过增加人力投资而使越来越多的工人成为技术工人非常必要。

措施之二是，让已经就业的和等待就业的工人有提高自身技术素质的积极性。这不仅取决于企业与职工双方都能认识到提高工人技术素质对于企业生存与发展的意义，而且也取决于企业与职工双方都认同工资应同绩效挂钩的重要性。如果职工工资不同绩效挂钩，只能导致许多职工认为自己努力学习、刻苦钻研、提高技术水平是没有太大意义的，这就有碍于他们向上进取的主动性、积极性的发挥。

措施之三是，农村进城务工人员的不平等待遇是阻碍“新人口红利”产生的一个重要因素。这主要因为，他们的权利被限制，甚至在某些方面还受到身份歧视。在这种处境之下，他们刻苦学习的积极性也就逐渐消失了。

在这个问题上，还要懂得这样一个道理，即应当重视小微企业在发展中国家经济进一步发展中对技工的培养所起的作用。这里所说的小微企业，是指自行投资、自主创业的小型微型企业，业主本人往往就是熟练工人、高级技术工人。英国工业革命开始于18世纪70年代，最早的蒸汽机、机器设备、铁路运输车辆（机车和载人载货车辆），都是前所未见的。它们是谁最先设计并制造出来的？主要是手工作坊的小老板或熟练手工工匠，如水车匠、钟表匠、磨坊匠等。手工技艺是家传的，或者是以师父带徒弟方式，师父手把手地教出来的。这样，久而久之，熟练工人人数就会越来越多，他们的技艺会越来越好。兴办职业技术学校，那是后来的事情。直到现在，中型企业和小微企业在西方发达国家中仍占有重要地位，它们不但缓解了就业问题，而且还是大型企业的合作伙伴，为后者生产零部件。许多小微企业以自己的技艺为特长，生产名牌产品，也向社会输送手艺高超的熟练工人，包括为特定的顾客定做商品的独特的熟练工人以及修理汽车、摩托车、游艇与一些家用电器的能工巧匠。因此，发展中国家在转向“技工时代”的过程中，不要忽视小微企业在这些方面的作用。

从“旧资源红利”走向“新资源红利”

“资源红利”是指一国或一个地区在土地资源、矿产资源、森林资源、淡水资源、草场资源等方面的优势。在经济发展前期，这些资源一般都比较丰富。以土地资源为例，那个时期可利用的土地数量一般都比较多，土地价格也相当低廉。这就是资源优势，其结果体现为“资源红利”。

应该看到，这些也许是“旧资源优势”。除非个别确实是地大物博的国家，“资源红利”会长期存在，否则经济发展到一定阶段，某些资源会越来越紧张、短缺，一定时间以后，原有的资源优势和“资源红利”都会逐渐消失。

“新资源红利”从何而来？新的资源优势和“资源红利”都来自先进的科学、先进的技术，以及对这些科学技术的运用。在一个国家境内，自然界提供的资源一般说来总有用完的时候，只有智力资源、人才资源是无限的。先进的科学和技术来自智力资源、人才资源。增加开发、利用智力资源和人才资源的投入，才能使科学技术越来越进步。一旦先进的科学技术研究成果应用于实际，新的资源优势就形成了，新的“资源红利”也就产生了。

比如说，在淡水资源严重不足的沿海国家，如果海水淡化的成本降低了，这将是一个巨大的突破。又如，新能源的开发和应用、沙地的改良、沙漠化的治理、草场牧草良种化等，都是有助于“新资源红利”产生的科研开发活动。

在某些方面，新的“资源红利”往往是同新的“人口红利”结合在一起的。

新的“资源红利”同新的“人口红利”相结合之处在于：没有大批科学研究人员、专业人才、熟练技工，就谈不上科技领域的新突破，也就不会出现新的“资源红利”。人才为本，资源优势才能显现。从这个意义上说，新的“资源红利”和新的“人口红利”相辅相成，谁都离不开谁。科研队伍和技术人员队伍的成长是新的“人口红利”产生的前提，也是新的“资源红利”产生的必要条件。

正由于新的“人口红利”和新的“资源红利”都要依靠专业人才的大力培养，也要依靠庞大的熟练工人、高级技术工人队伍的形成，因此，如果不建设新的、有效的职业技术教育制度，如果不打通社会垂直流动和社会水平流动渠道，使优秀人才能脱颖而出，如果不重视教育经费在 GDP 中比例的逐步上升，怎能使专业人才、熟练工人、高级技术工人队伍迅速成长和壮大呢？

为了实现更多的科学技术领域内的突破，一是需要有更多的新发明，二是需要把新的发明应用于经济领域，使这些科研项目在经济中产生效益。前者靠发明家，后者靠企业家，这两种人才缺一不可。

也就是说，社会需要有更多的发明家和更多的企业家，需要有更多的人加入成功的发明家队伍，加入成功的企业家队伍。成功的发明家，可能终身从事科学研究工作和技术创新工作，也可能在科技发明之后从事企业家的活动，他们自己创业，成为出色的企业家。

成功的发明家和成功的企业家的成长，都需要有合适的制度环境。比如说，乔布斯之所以能够成功，主要不在于他个人的聪明才智，也不在于他个人的魄力、勇气和决断，而在于他成长在一个适宜于人们施展才能的制度环境中。那里有产权激励的体制，有严格的知识产权保护制度，还有比较完善的资本市场，于是在乔布斯的周围形成一支庞大的科研开发的团队，整个团队的积极性被调动起来了。这样才形成了技术创新的热潮。

于是就必然涉及“新改革红利”问题。

从“旧改革红利”走向“新改革红利”

从以上所述可以知道，在“新人口红利”“新资源红利”和“新改革红利”中，“新改革红利”是最大的红利，也是最关键性的红利。

“改革红利”又称“制度红利”或“体制红利”。这是指通过改革，制度或体制得以调整，让制度或体制能释放出更大的能量，推动经济的前进。

每一项改革总是适应于经济发展过程中的特定状况而出台的。改革的“红利”体现于消除了原有制度或体制对生产力的束缚，使经济继续发展、前进。

要知道，任何一种改革措施实行了一段时期之后，改革带来的优势或“红利”总有越来越少的趋向。这是难以避免的。道理很简单：在一定体制之下，改革措施总会有从适应当初的形势到逐渐不适应新形势的变化，因为任何改革都适应于某种客观形势，后来由于形势改变了，原有的改革的效力的递减也就成为必然。原有的“改革红利”逐渐消失，是普遍现象，而并非只有某一个国家才发生的情况。

可以把原有的改革措施带来的优势或红利称为“旧改革优势”或“旧改革红利”。这里，新与旧都是相对而言，而不问有效期的长短：有的改革红利可能存在的时间相当长，有的改革红利可能只存在短暂的时间，这无非是因为形势变化的快慢不同，以及改革措施的效应有大有小的缘故。所以当“旧改革红利”行将消失之日，也就是原有改革措施的优势潜力耗尽之时。

改革，就是制度调整。制度调整必须及时推进。继续推出新的改革措施，继续进行制度调整，才能保证新的“改革红利”或“制度红利”的出现。民间从来都蕴藏着极大的积极性，这是改革的最大动力。不继续进行制度调整，就是对民间蕴藏的极大积极性的漠视，甚至是压制。

中国完全可以跨越“中等收入陷阱”

中国至今仍然是一个发展中国家，而且由低收入国家行列进入中等收入国家行列的时间并不久。在中等收入阶段继续前进时，中国会不会遇到“中等收入陷阱”并落入其中，这已经成为人们关注的热点问题之一。希望中国能够跨越“中等收入陷阱”，这虽然是一种愿望，但也只是一种假定，因为这里还有若干假设条件，需要探讨。

假设之一：在中国经济发展的现阶段，如果遇到“发展的制度障碍”，该怎么对待？是继续推进改革，清除这些制度障碍（例如城乡二元体制、市场的不公平竞争环境等），还是犹豫不决，不敢或不打算采取有效措施，或者认为这些方面的障碍在现阶段的格局下不可能阻碍中国经济的继续前进？只有采取第一种对策，下定决心，大力推进相关的改革，才可以跨越“发展的制度障碍”而不至于落入“中等收入陷阱”。

假设之二：要对中国现阶段和在经济继续发展的过程中的社会冲突的状况和趋势做出实事求是的估计，要正确对待已经露头的社会不和谐的迹象，既不能视而不见或听之任之，也不要惊慌失措。正确认识，正确评价，正确对待，是最重要的。如果认为贫富差距、城乡收入差距、地区收入差距等等问题确已到了必须正视而不能忽略的程度，那就应当迅速采取有效的措施来一一缓解，以增加社会的和谐程度。这样就可以防患于未然。否则，不是没有可能导致社会不安定和社会矛盾激化，从而落入“中等收入陷阱”的。

假设之三：在中国今后经济发展过程中，如果绕不过“技术陷阱”，不能在自主创新、产业升级、新兴产业壮大和尖端技术等方面有重大突破，如果资本市场依旧是不完善、不完整的体系，技术创新得不到资本市场有力支撑，那么即使跨越了中等收入阶段，在高收入阶段仍会长期停留在较低水平的高收入阶段。这可能反映出中国资本市场并没有发挥在促进技术创新中应有的作用。也就是说，中国的产品能以“中国制造”开拓国际市场是必要的，今后仍应继续在“中国制造”方面努力，不能丢掉“中国制造”的成果。但中国又不能以“中国制造”为限，而应当努力在某些关键性行业和产品上以“中国创造”代替“中国制造”。

假设之四：中国必须摆脱过去长时期内支撑经济增长率的旧模式，也就是主要依靠政府投资的旧模式。中国应当摆脱过多依赖投资来拉动增长的旧模式，转向投资与消费并重的拉动增长的模式，再进而实现以消费需求带动增长为主、投资需求带动增长为辅的拉动增长的模式。这样才会形成经济的良性循环，才能避免经济的大起大落，避免失业与通货膨胀的交替出现，也才能避免失业与通货膨胀的并发。否则，即使中国过几年人均GDP超过了10 000美元，仍不能认为中国走上了稳定、健康增长的道路。

假设之五：中国民间蕴藏着极大的积极性，中国之所以在改革开放之后能够在发展中取得这样显著的成绩，全依靠改革开放以来调动了民间的积极性，一个重要的原因是民营经济作为国民经济的重要组成部分迅速成长壮大了。如果今后循着这样一条道路走下去，致力于发展民营经济，培养一批又一批有战略眼光的、有志振兴民营经济的企业家，中国一定能跨越“中等收入陷阱”，进入高收入国家行列。反之，如果认为民营企业的发展到此为止了，民营经济将受到抑制，民间积极性将受到挫伤，这不仅会阻碍我国经济的继续成长，而且还会引发一系列社会问题，最突出的是会发生失业、贫困地区返贫、社会动荡激化等问题，这样，中国落入“中等收入陷阱”的可能性也将成为事实。

“中等收入陷阱”问题的提出为今后发展经济学的研究提供了明确的方向

从世界上某些发展中国家的发展经历可以了解到，虽然世界银行报告中提到的“中等收入陷阱”确实存在过，但只要应对得当，改革措施及时到位，中国完全可以跨越“中等收入陷阱”。

但是，除了“中等收入陷阱”外，就没有其他类型的“收入陷阱”吗？中国在跨越“中等收入陷阱”以后，就能保证此后不会再出现“高收入陷阱”吗？这些问题都需要讨论和研究。

其实，近代和现代有些最不发达国家人均 GDP 长时期停留在 1 000~2 000 美元，无法摆脱困境。这种情况可能比“中等收入陷阱”更为普遍，更值得关注。

一个国家的人均 GDP 跨越了 3 000 美元这道坎以后，再往前看，人均 GDP 5 000、10 000、12 000 美元不又是数道坎吗？如果经济到此就止步了，难道不仍然是“中等收入陷阱”在作怪吗？

再说，人均 GDP 达到 12 000 美元被认为是划分中等收入阶段和高收入阶段的一条分界线，跨越了人均 GDP 12 000 美元就算是高收入国家了。在高收入阶段，难道不会发生所谓的“高收入陷阱”吗？未必如此。当初，当希腊人均 GDP 迈上了 12 000 美元以上台阶时，世界银行为此大肆宣传，并向希腊表示祝贺，认为这是一个重大的进展。2011 年希腊人均 GDP 超过 20 000 美元了，可是它又遇到种种困难，经济增长停滞，失业猛增，民怨沸腾，社会动荡，不得不向欧盟国家伸手求援，这是“高收入陷阱”一个典型例子。西班牙、意大利、爱尔兰的情况同希腊相差无几，甚至像日本这样的高收入国家，人均 GDP 超过 40 000 美元以后，也遇到经济长期停滞的困境。当然，一个高收入国家的经济停滞也许是因为受到国际金融风暴的冲击，或者是受到国际经济衰退的影响，但长时间一直难以摆脱停滞、衰退，必定有深刻的内在原因，因此称它们落入了“高收入陷阱”，是有道理的。

那种认为一国的经济增长只要越过某个门槛就会顺利地增长下去的说法，并没有足够的说服力。世界银行报告中提出的“中等收入陷阱”概念，就属于这一类说法之列。这使人们回想起 20 世纪

60 年代初期西方经济学界环绕着美国经济学家罗斯托的“起飞”和“由起飞进入持续增长”的假设而进行的一场争论。罗斯托的观点是：在人类经济增长过程中，最主要的一个阶段是“起飞”阶段，“起飞”意味着一个国家从传统社会进入现代社会即工业化社会的关键时刻，越过了这一关键时刻，经济就可以持续增长了。用参加这次争论的西方经济学家们的比喻说，这就像飞机起飞一样，在起飞时必须加大油门，使飞机升空，一升入天空时，就可以顺利飞行了。经济的“起飞”也如此，为了“起飞”，必须费很大的劲，一旦“起飞”成功，就能顺利向前飞行。当时，在讨论会上，大多数经济学家不同意罗斯托的“起飞”学说。

现在看来，罗斯托关于“由起飞进入持续增长”的假设缺乏根据。一些发展中国家落入“中等收入陷阱”或一些高收入国家陷于“高收入陷阱”的事实表明了这样一点：经济发展的任何阶段，都会发生因社会矛盾深化和制度障碍的存在而引起的经济停滞状态。那些认为一国经济增长只要越过某个门槛就会顺利增长下去的说法都是没有根据的。换句话说，在经济发展的任何收入阶段，都会有门槛，都会有“收入陷阱”。能不能闯过去，要看有没有适当的制度调整，有没有社会的安定，有没有技术创新和资本市场的密切结合。

今天，中国完全可以跨越“中等收入陷阱”，难道以后不会遇到“高收入陷阱”吗？当我们跨越“中等收入陷阱”之际，应当站得更高些，看得更远些，为以后跨越可能发生的“高收入陷阱”早做准备。

总之，“收入陷阱”已成为发展经济学中值得注意的新课题了。无论是“低收入陷阱”“中等收入陷阱”，还是“高收入陷阱”问题，其中都包含了丰富的内容，值得人们认真研究。

创新驱动和观念转变

不要轻易谈拐点，“L”形更符合当前现实

当前经济形势，根据统计局最近所公布的材料，我们已经看得很清楚，的确经济是保持在6.7%的水平上，但是绝不能认为我们的经济到了拐点，远远没有到。拐点就是从现在的下行改为一个长期、平稳的发展。最近我们在外调查，煤的价钱上涨，很多小煤矿又恢复生产了。钢铁价格上升了，所以钢铁销路也比较好。

应该分析这些情况发生的原因，主要是：因为现在的企业的确需要改革的地方是囤积原料，所以企业为了保证自己的持续前进，必须要增加生产资料的储备料。生产资料的储备料本来是在减少，但是物价只要一开始上涨储备料就会跟着增加。因为再过一段时间这些生产资料贵了，这越发造成了煤炭、钢材价格的上涨。

这是当前出现的正常现象，但是并不意味着我们下行压力已经减轻了。要知道经济转型绝不是短期内能够完成的，往往需要较长

的时间，因为我们需要做很多工作。所以这样一来我们说不要轻易谈“拐点”。明年仍然是在一个“稳中求进”的阶段，但是不会有大的起色。“U”形、“V”形都不是今后出现的情况，更多的情况还是一个“L”形的情况，这是符合当前的现实的。

未来或许不需要企业家

20 世纪过去了，20 世纪流行的经济学术语中最流行而且一直在使用的就是“创新”两个字，熊彼特提出的“创新”的概念到现在整整 100 年了，思路是对的，需要创新，但很多情况是变了。因为当时工业化刚开始不久，所以熊彼特那个时候提出的创新与现在的创新含义不同。

举几个例子：第一个，熊彼特说“创新就是生产要素的重新组合”。这在当时是对的，因为当时是工业化时期，制造业起着重要的作用。但他没有料到以后就变成了信息化时代了，信息化时代是工业化后必然要经历的时代，所以目前不是生产要素的重新组合就是创新，是信息量的组合、信息的组合才是创新。不掌握最新的信息，不分析最新的信息，光是生产要素的重组，不可能有真正的突破。这一点已经被信息化时代所看到了。两厂合并不是创新了，要看信息量掌握到什么程度，有没有真正新的因素在里面。

第二个例子，熊彼特认为“企业家是创新者，主要是因为因为他们能够把发明家的成果用到经济发展中去，这就成了创新”。这个观点在当时是对的，也没有问题的。但是信息化时代来了之后这个观念成了落后的观念。现在主要是“创意、创新、创业”三个连在一起，要是经济能够创新的话必须先有创意，先有创意的人并不是企业家，先有创意的人是无数正在投入市场的年轻人。别小看那些咖啡馆，别小看那些俱乐部，经常有人在那里讨论他的创意何在，一旦有了创意了，能够抓住机会投资的这就是企业家。现在的情况是先有创意再有创新，有些企业是保守的维护既得利益的，并不是每一个大企业都能够创新。

第三个例子，熊彼特的观点是“你要创新创业必须要有资本，先筹资、融资，然后形成一个计划，然后把发明家的发明移到新的领域来”。这个观点不完全错，但是不够，因为不了解网络时代给人们带来的影响。网络时代使整个经济运转的速度加快了，一旦有新的创意出来，得到这个消息的人马上给你投资，不是过去你求别人投资。这个应该重视到，信息化时代应该跟过去是不一样的。

第四个例子，“失败是成功之母”这句话越来越不灵验，如果思路不改你永远都会失败，要成功必须转变思路。成功是成功之母，不是失败是成功之母，这是从一定意义上说，这是一个新的观念。这个过程中会出现无数的新的投资人，会出现新的组织者。有了成功就会有下一个成功，一直到另外的新创意出来了，这也是一种新的看法。

要知道今天的情况跟100年前熊彼特的情况是不一样的，那时候大量的年轻人都是体力劳动者，他们的知识少，今天不一样，尽管大量涌入创新市场的、创意俱乐部咖啡馆的是年轻人，可都是有知识的人，他们在这当中会发现许多新的问题，也有失败者，但更多的是成功者。

今天整个经济运转的速度比过去不知道快了多少，我们正处在一个加速变革的时期，包括人的观念要改变，50年以后中国的经济是什么样子？总的方向可以预测。但具体的问题不能断定，因为变化太快了，50年以后的消费是现在的消费模式吗？50年以后的投资是现在的投资模式吗？50年以后的就业是现在这种就业形势吗？那个时候就业者可能完全就在家里面工作，他跟企业签定合同，他自己有计算机就够了，能够跟企业联系就够了，企业的要求都可以满足。到那个时候，人们还会像现在一样身上都带了现金吗？那个时候人们出来还一定要自己购买汽车吗？好多东西都在变。失败者跟成功者同样在涌现出来，在这个过程中，我们一定要有新的思维。

可以这么说，未来的时代中，"企业家"这个名词可能都不存在了，不需要企业家了，需要的是领头者，领跑人，需要这样的人。发现新机遇、有新创意的人会成为新的领跑者、新的带头人，这样就行了。所以创新是中国的大势、创业是中国的大势，我们的观念需要改变。

经济学不只有理性人心理、更有社会人心理

古典经济学重视经济人，经济人又被称为理性的人，都是从自己经济的利益考虑的。成本要最低成本，收益要最大收益，如果消费者也是最低的价格能够买到最大的满足，这就是经济人的观念，所以经济人又被称为理性人，被奉为古典经济学的一个范例。

但是现在来看远远不够了，而且这个观点并不错，但是范围是窄了，不断地有经济学家对这个概念提出挑战。凯恩斯就是一个，他认为在投资方面人们往往有动物的本能，冲动性的投资。投资有冲动性是经济人的假设不能解释的。

凡勃伦的观点是，人们的消费不完全是为了自己物质上的满足，也为了自己精神上的满足。有人明明没那么多资产，却一定

要坐最好的马车，在街上走过使大家看到“这是一个有钱的人”，他就感到满足。他的满足是花钱能够带来一种愉快的感受。常言道“吃是百分之百为自己，穿是百分之八十为别人”，他是为了让别人看到他快乐和羡慕他。

西蒙认为最优的选择是达不到的，因为变量太多了，目标又不单一，消费者总在做次优的选择，还有什么理性人呢？所以西蒙提出了“有限理性”。这个观点现在越来越广了。

实际上在经济学里面除了有经济人以外还有社会人，社会人考虑的是社会问题，比如说去某个地方投资，可能不全是出于利益，也有可能出于回馈那个地方、对那个地方有感情，甚至可能出于一种弥补心理。

现在我们经常讲的一个企业之所以能够发展，一定是企业文化搞得好，而企业文化中的最核心问题是培育职工的认同感，这是非常重要的。同甘共苦不是一个概念，“同甘”是“同甘”，“共苦”是“共苦”。“同甘”是企业走上坡路、形势好、红利多，怎么样分配这些红利，必须有制度，没有制度就乱了，制度不合理也会乱。企业做到“同甘”靠制度。“共苦”靠精神，必须有一种精神在支持企业，这时制度是不管用的，是不够的。工厂老亏损，工资两三个月发不出来，这种情况下员工走了，企业怎么样跟员工谈制度都不管用，但是如果企业文化做得好，整个企业有一种共苦的精神，共渡难关，大家抱团取暖就行了。所以“同甘”是“同甘”，“共苦”是“共苦”，这就更证明了认同和社会责任感的重要性。今后我们不仅仅要在经济上发展，经济人假设仍然有用但是不够。社会人的假设影响力越来越大，大家都有一种社会公益感、社会责任感，这样的话我们的经济必定能够走向新的阶段。

中国宏观经济形势和新一轮的经济改革[①]

结构调整：提高经济增长质量

中国多年以来形成了投资冲动怪圈。投资冲动怪圈是这样形成的，地方政府要求加快经济发展，提高 GDP，才能使得地方政府财政收入改善，使就业问题得到缓解。地方政府有了增加投资、扩大信贷的强烈需要，但此后的结果是，经济虽然上去了，通货膨胀随之而来，致使物价上涨太快。于是，中央又不得已采取紧缩政策，通过紧缩财政和信贷，经济增速放慢，而这又引致地方出现问题，地方财政收入、就业受到影响，就再一次呼吁增加投资。如此循环反复，结果给经济带来了一种大起大落、大升大降的现象，这就是投资冲动的怪圈。

现在中国经济的情况跟这个怪圈都有关系。比如产能过剩，现

① 本文原刊于《上海证券报》，有改动。

在全国产能过剩情况相当严重，产能过剩必然造成很多的资源浪费。所以，中国当前最需要做的就是，提高经济增长的质量。这告诉我们：GDP 总量虽然重要，但更重要的是经济结构的优化。即便经济增速低一点，但是整个经济状态是好的。

结构比总量更重要。今天，虽然我们的经济总量超过了日本，但是我们的结构还不如日本。现在日本跟中国相比，它的高新技术产品占 GDP 的比重比中国要大得多。所以，当前我们的改革应着重结构问题。

另一个重要的结构是人力资源结构。同样的，我们跟日本相比，人力资源总量比它大 10 倍。但是在人力资源结构上，日本大学毕业生在全人口中的比重比中国大，日本的工人队伍中，熟练技工人数比重也比中国大。这都表明了结构问题的重要性。

当前，我们怎么提高经济质量呢？一是优化结构。优化结构是没有止境的，因为技术在发展，客观形势在变化。另外，经济增长质量的提高，反映在对低碳经济的要求越来越大，这是全世界的趋势。比如说，在 20 多年前，全世界的环保概念要求废水、废气、废渣不能有毒，明令禁止。今天的环保概念仍然是不能有毒，但却不同。二氧化碳并没有毒，但是二氧化碳必须要减排，因为它会影响世界的气候，大气变暖可能给人类带来很大的灾难。所以，我们一定要把环保的重要性提高到新的阶段，不仅要没有毒，而且要低碳。同时，人民生活水平要随着经济增长不断提高，经济增长的质量也要不断提高。

二是技术创新，要不断地技术创新。当前，中国虽然讲技术创新重要，但企业反映的实际情况是，我们的实体经济距离世界要求还有相当大的差距。关键是看制造业，中国的制造业能真正自主创新的仍然很少，大部分仍然是依赖外国的技术。这就表明，自主创新少，经济增长质量不够。在企业界流行一句话：“不自主创新，等死；自主创新，早死。”原因是自主创新带来了债务等负担。

这就表明，当前中国的主要问题就是结构调整。在结构调整的过程中，我们的经济增长才能提高质量，我们的结构才能够随之优化。

宏观调控：调控不能替代改革

经济如同一个人的健康情况。一个人如果要身体健康，应该是内在机制的完善，必要时打针吃药。但这毕竟是处于辅助地位，主要是靠身体内部机制的完善。经济亦是如此，经济能够顺利地发展、解决结构问题，主要靠机制的完善。

宏观经济调控好比是外来的力量，也重要，但它处于辅助的地位。近几年来，中国经济情况中出现了一种现象——宏观调控在实际中比它应该起的作用还要大。这就造成了“宏观调控依赖症”，什么事情都要宏观经济调控。经济发生通货膨胀，宏观调控；经济增长率下降，宏观调控。

而且，宏观调控的依赖性容易产生误导：既然宏观调控这么灵，还要改革干什么？宏观调控就这样耽误了改革。

改革是解决机制问题，宏观调控作为外来力量，是对经济的干预。所以，绝对不要因为宏观调控有点成效就频繁使用，造成经济大升大降、大起大落，陷入投资怪圈。改革是不能拖延的。若不依靠改革来健全内在机制，那么越拖到后来，代价会越大，成本会越高，而且难度越大。所以，在宏观调控问题上，一定要以改革为主，不能依赖宏观调控。宏观经济调控应该重在微调，重在预调，在不得已的情况下才可采用，一般情况要避免采用。

现在，经济学界中有两种观点争论。一种观点是，从 2012 年开始，我们经济增长率在滑坡，所以国外“唱衰”中国经济的人说，中国经济将会从此一蹶不振。

这个观点不对。因为，无论从哪个角度讲，中国维持 7%~8% 的增长率是没有问题的。7% 的增速，也绝不是一个低速度，而是一个中等偏上的速度。再想回到过去每年 10% 以上的增长，现在是不可能的。为什么不可能？因为付出的代价太大，10% 的增长率，环境承受不住，结构调整也无法进行。在原有的基础上加码，产能过剩的现象会不断地出现。

另一种观点是当前要加大投资促进经济增长，防止滑坡。加大投资忽略了经济增长质量。如果再增加几万亿投资，中国经济的后遗症将越来越大，使得中国经济长期不能摆脱这个阴影。

投资是要增加，但今后应着重在三个方面：一是技术创新的投资增大；二是民营经济投资力度加大；三是基础设施环境工程的投资要加大。这些是为中国经济增长准备后劲的。

投资固然重要，但应该考虑到中国的大局，当前绝不能够又来一个几万亿投资，这样下去，对中国经济长远发展是没有好处的。再一次组织增加投资，实际上会使中国经济卷入到一个遗患无穷的地步。

宁可速度慢一点。最近一段时间能保持在 7%~8% 的增长就行，不要追求过高的增长率，重在结构调整。

中国的宏观调控还有一点很重要，就是不能够照搬国外的增长模式。中国是一个双重转型的国家。第一种转型叫发展转型，为发展经济学所研究的，一个经济体从农业社会向工业社会、现代化社会的转型；中国还有第二个转型是体制转型，即从计划经济体制转到市场经济体制。对中国来说，这两个转型是重叠在一起的，全世界没有先例。

在中国的双重转型中，中国经济有自身的特点。比如说，现在有观点认为货币流通量要控制，不能太大。这是货币学派的一个观点，是根据国外发达的市场经济国家的经验提出来的，但对中国来说，不适合。

在双重转型下，原先中国农民被排除在市场经济以外，跟货币经济接触很少，但是现在广大农民都卷入市场中间。农民吃的粮食，不是自己种的，自己种的粮食卖了，他喜欢吃什么就吃什么，要到市场上买，很多要使用货币进行，过去没有这种现象。所以，农民卷入到市场经济中来，货币流通量一定要增大。

还有，中国的货币流通渠道不通畅。流通环节太多，加上农民的加入，中国的货币流通速度相对是慢的。跟西方国家流通渠道很畅通不一样，西方的农民加入市场是100年前就完成的。这对中国的情况来说，货币流通量必然比西方经济学家所计算出的货币需求量要大。西方是正常的标准，对中国来说，有这样的因素加入就不能一样。因此，中国的货币流通量应该有新的考虑，要根据中国的国情来考虑。

比如钱荒的问题就表明我们的宏观调控需要跟市场化结合在一起。

宏观调控绝不是万能的，更不是能够替代改革的。有人经常说，核心在政府调节和市场调节之间的关系，就有了种种说法，有的说法是“小政府、大市场”，这个说法有道理，但是不准确。“小政府”意味着政府工作人员少更好，政府管理事情少更好，但要具体情况具体分析。用大小来衡量，不是一个范围的问题。

还有一个说法是“强政府、强市场”，中国将来是“双强”体制。这个说法也不准。“强市场”就是市场发挥作用，“强政府”意思是好像政府一定处处管到，这也不一定对。比如家用电器市场，政府不管它，它就发展起来了。管得越多，产能过剩越多。

所以，正确的说法应该是“有效的政府、有效的市场”。政府不在于大小，因为它不是人员多少的问题，也不是管辖范围多大的问题，主要是政府做政府应该做的事，效率要高。市场也不是万能的，市场还有很多地方是管不到的。有效的政府加上有效的市场，这就是中国政府与市场的关系。两者都要讲效率，都要有效，政府做政府该做的事情，市场做市场可以做的事情，这样就行了。

土地确权：学习林权改革

土地确权是当前改革中一个很重要的问题。现在全国大概有 50 个县正在试点，实际上数量可能还要更多，中国准备在几年之内陆续推广。

为什么土地确权这么重要？必须从中国经济的非均衡谈起。非均衡分两类：第一类是市场不完善条件下的非均衡，西方国家的非均衡属于这一类；中国的非均衡属于第二类非均衡，即市场不完善再加上缺乏市场主体的非均衡。

在计划经济时代，没有市场主体。企业不是真正的企业，没生产主体，产权是不明确的。所以中国的改革必须分两步走，第一步是产权改革，让产权明确，让产权界定，让国有企业成为真正的市场主体。中国的改革不能从放开价格着手，因为价格不是改革的突破口，而是最终的成果。改革好了，最后的价格一定是根据市场规律制定的。中国搞股份制改革，就是让国有企业首先成为产权明确的市场主体。

中国的计划经济两大支柱，第一个支柱是国有企业体制，第二个支柱是城乡二元体制，或者叫城乡二元结构，两者支撑了计划经济。前 30 年的改革着重在国有企业体制改革，把大多数的国有企业，变成了股份制企业，变成了上市公司，这个任务进行得比较顺利。但是城乡二元体制改革一直没动，这就是中国的现状。

中国产权改革继续进行，农村也要进行产权改革。农村的集体所有制是空的，是虚的，集体所有制讲起来挺好，实际上在计划体制下，没有多少乡镇企业是真正属于集体的，而是由干部掌握、操纵，跟广大农民没关系，直到“文革”以后取消人民公社，才出现了真正意义上的集体所有的乡镇企业。

中国仍然存在第二类非均衡障碍，因为国有企业体制改了，农村体制还没改。改革农村体制，一定要谈到中国集体林权制度改革。2008 年，中共中央国务院决定总结福建、江西的集体林权制度试点的经验，进行全国推广。这一次林权制度改革的意义非常重大。

尽管集体林权制度改革晚了 20 多年，但中央根据试点的经验，有三个重要的突破。第一，承包期延长到 70 年不变。林权制度改革定了 70 年不变，农民一算，70 年后我孙子都长大了，于是放心了，爷爷种树让孙子来砍，全国农村的积极性加大。第二，林地可以抵押。这是一个大的突破，一抵押林区经济就活了。第三，林权承包落实到户，一竿子插到底。林权证发到每个农户手上，承包跟产权一块走。集体林权制度改革把农民的积极性全调动起来了，现在造林成风，大量劳动力开展林下经济，种蘑菇、木耳，还有林下养鸡，都富了。林权可以抵押，钱又活了，落实到户，积极性来了。

所以，土地确权要把林权改革的经验落实到农田的承包中。农田承包主要有“三权三证”，承包土地的经营权、宅基地使用权、宅基地上盖的房子的产权。全国政协在农村调查时，农民说，城里的土地是国有的，他们祖传的房子有房产证，新购买的商品房有房产证，而农村土地集体所有制下，祖传的房子没有房产证，在宅基地上自己盖的住房，哪怕盖得再高、再好，也没产权证。

于是，在农村流传着“两个老鼠”的故事。第一个“老鼠”是农民外出务工，有了稳定的工作，把老婆、孩子带走了。房子没有房产证不能出租，于是就让亲戚朋友代管房子。很多情况下，一把锁把门锁上，老婆孩子带走，这就变成了老鼠窝。第二个“老鼠”是农民两手空空进了城，找份工作做，但是城里的房子贵，买不起，租又很难租到合适的。于是很多农民在城里头，租居民楼的地下室住，变成像老鼠一样在城里生活。我看到过一份材料，一个不大的地下室有个门洞出入，用纸箱板隔成 16 间，住了 16 户，网上叫这一类打工者为“鼠族”。

2012 年十八大以后的 11 月下旬，我带着全国政协调查组在浙江杭州、嘉兴、湖州三个市做调查，那里的土地确权工作几年前就开始了，已告一段落。到那里看，农民兴高采烈，因为产权已经落实到户了。跟农民开座谈会，农民说最大的好处是财产有保障了，土地确权了，有证了。产权得到了保障，土地流转就加快了。

还有另一个好处，就是城乡收入差距明显缩小了。在嘉兴市做调查，土地确权后，城市人均收入和农村人均收入之比已经从

3.1 ∶ 1 变为 1.9 ∶ 1。

为什么呢？我们开座谈会时，农民说，首先，土地确权以后，农户更放心了，积极性大增。扩大了养殖业，扩大了种植业，家庭农场就在这个基础上形成了，2013 年中央 1 号文件明确提出家庭农场，这是中央文件中第一次提出中国要建立家庭农场，广大农民的积极性就提高了。二是土地流转加快了，农民心里也放心，于是进城打工，土地就转包给别人，出租给别人，或者是入股，他收入增加了，进城去打工了。宅基地归他了，有了房租收入。因为有了财产性的收入，所以收入就高了。这个情况应该说是很值得庆祝的，因为多年以来农民没有真正意义上的财产，没有财产性收入。

还有一个意想不到的结果，土地确权要重新丈量土地，发现土地多出了 20%。我们前文也分析过这 20% 的增加是怎么来的。那假定全国都开展了土地确权，可能中国土地会多出 20% 左右，甚至还更多。我们在甘肃、内蒙古考察，他们说这里当年承包的时候，坏地三亩顶一亩，他们差别大，这就是土地确权。

土地确权了，家庭农场在这个基础上建起来了，每一个家庭农场就是一个小微企业，重在经营。农民的积极性是不可低估的，会把家庭农场搞好，将来种田不用愁。浙江的经验看得很清楚，三种人是将来中国农业的主要生产力：第一，家庭农场主，他们受过培训。第二，农民专业合作社，农民一组织就不一样了。第三，民营企业带技术下乡，带资本下乡。改造土壤，把沙地改成良田，沙退人进。所以中国的情况，农田不愁没人种，土地确权后，会有这种情况的。

收入分配：初次分配更重要

这是中国一个重大的问题。我一再说，改革的重点应当放在初次分配，不要把二次分配作为重点。二次分配也重要，但是初次分配更重要。

一、农民必须有产权，有产权才有积极性，才有财产性收入。

二、受雇方跟雇用方必须有对等的谈判。今天中国初次分配不行，因为出来打工的农民是单个的，城里的人也是单个的。而雇用他们的是大企业，农民出来打工，城里人出来打工，都是弱者。而雇他们的大企业是强势方，谈判地位是不平等的。而工资水平制定由强者说了算，这就是初次分配的问题。这种问题西方国家也有，但它有工会组织。工会组织替弱者说话，这样力量就强了。在中国，没有这种情况。所以要改，如果这个不改，始终是强者和弱者处在不平等的地位上。

三、农民出售自己的蔬菜、水果，牧民出售奶制品和牛羊肉。他们也是弱势方，采购商是强势方，有定价权。在西方国家有农会，或者叫农民协会，以及力量强的联社，中国也需要农民专业合作社或者联社组织，这样才能抗衡采购商。

四、教育制度要改革。中国的人均教育经费城乡不平等。农民的义务教育、校舍比城里差，师资比城里的弱，设备也不如城里，农民接受义务教育的学习质量差。这样就形成了一个不正常的现象，就是职业世袭制。农民工的孩子还是农民工，他的孙子将来也可能还是农民工。如果这种情况不改变，收入初次分配就有问题。教育体制要改革，要加大农村的教育经费。好学校办在城里，农村的孩子到城里来，学校免费提供学习环境，这样就可以解决。

二次分配也重要，但是二次分配的重要性在于社会保障体制，城乡一体化，这是二次分配最重要的地方。

中央文件说“适当的时候推出遗产税”，从长远来说是可以的，但不容易。实行遗产税的第一条，就是要建立完善的家庭财产登记制度，这需要准备相当长的时间。中国跟西方国家不一样，西方国家资本主义社会已经200年了，它那些大家族已经传了很久，它的董事长、总经理，很多年纪很大，甚至有七八十岁的。中国不一样，中国老人没什么钱，计划经济下生活了一辈子。中国的管理者40多岁、50岁的也有，他不知道死了会收多少税，如果他知道这个消息后，转移了财产怎么办？因为很多地方是不收遗产税的。香港原来收，后来就取消了。税率多少？门槛多少？都必须研究得清清楚楚。

而且这当中有可能造成两个恶果：一个是资本外流；二是人生前不投资了，就挥霍、浪费。这样都不利于经济。中国需要培育中产阶级，要把分配结构做成橄榄形的，两头小、中间大。中产阶级不是根据收入水平定的，根据多年经验，中产阶级有三个条件：第一是有稳定的职业，稳定的收入；第二要有一定的知识水平；第三是要有一定的道德情操。这样的话，中国更多的中等收入比重，在全国人口中就会越来越多。

城镇化：老城区+新城区+新社区

城镇化就是要改变城乡二元体制，这是当前中国最大的改革之一。主要的问题在于农民的市民化，农民市民化实际上就是让农民和他的家属都融入城镇社会。中国的国情是地少人多，如果中国要做到农民和他的家属融入城镇社会，现在的城市是远远不够的。

我们现在这种城乡二元体制形成于 1958 年的户籍制度改革。当时户口分为城市户口和农村户口两种，农民在不知不觉中就成为不能离开农村的人。改革开放之后，尽管城乡二元体制放松了，但是没有改变。现在出问题了，上海的问题表现得比较明显，因为上海从农民工进城以后，它的骨干工人全是农民工，原来 20 多岁的农民工，现在都已经 40 多岁了，成为上海各工厂的技术骨干，但他们的身份还是农民，他们的孩子不能够在公立学校上学，医疗保障等也跟城里人不一样。

上海遇到的问题是，浙江各个市县工业也发展起来了，急需骨干工人，就到上海挖。上海农民工到浙江来，给城市户口，这就吸引了骨干工人向浙江转移，上海开始紧张。因为这批人一走，上海靠骨干工人的农民工支撑的制造业优势丧失了。所以上海加快了农民市民化，采取了积分制，千方百计将这些人留在上海。但若这个问题不解决的话，骨干工人迟早还是要流失，农民融入城镇社会是一个大问题。

另有一个问题值得考虑，中国的城市能容纳多少人？实际上我们的城镇化率只有 30% 多。假定中国将来城镇化率达到 80% 左右，20 年或者 30 年以后，中国的人口可能达 15 亿多。80% 意味着有 12 亿人住在城里。现在，按照常住人口来计算，51% 的城镇化率，城镇居住人口是 6 亿多，还要增加五六亿人进城。

这些人进城之后城里会成为什么样？有那么多的土地盖房子吗？有那么多供人们使用的城市设施吗？城市容纳不下的话，那么生活质量就会大幅下降。

中国必须走自己的路。如前文所述，中国国情的城镇化等于

“老城区＋新城区＋新社区”三部分所组成。老城区就是现在的城区，重在改造。城里造成污染的企业要往外迁，城里棚户区拆迁，贫民窟式的街道房子要拆迁，这样的话让老城区改造成为适合人居住的居住区、商业区、服务区，这就是老城区的任务。

新城区在远郊，或者是一些镇的周围，主要是工业园区、高新技术开发区、物流园区，它是城市发展自己支柱产业的地方，是新兴产业的落脚地。新城区最大的特点是工业进园区，好处一是节约能源，各种设施都可以充分利用；二是污染源集中，便于治理；三是企业聚在一起，交流机会多，商业机会也多；四是政府可以加强服务。

但是“老城区＋新城区”，容纳仍然有限，所以中国的特色就是“新社区”。新社区的出发点就是今天的社会主义新农村，很多地方已经搞了社会主义新农村，将居民的村子给迁移一下，盖上楼房，节约地出来。这样一来，就成为社会主义新农村，将社会主义新农村作为起点，把它建设成为新社区。

新社区有五个方面需要做工作：第一，园林化；第二，要走循环经济的道路，包括垃圾回收和利用、清洁生产、污染清理等；第三，公共服务到位；第四，城乡社会保障一体化；第五，建立社区的管委会，以代替现在的村委会。

新社区是城镇化的一个组成部分，以免人过多地涌入老城区、新城区，现在全国正在推广，叫“就地城镇化”。这对中国来说，对世界的城镇化历史是伟大的创造。

城镇化过程中，最需要解决几个问题。首先是让孩子能够融入城镇社会，和城镇的孩子们一样进公立学校，或者是进比较好的学校，这是农民的希望。其次是看病。再次是养老。所有这些，都需要在城镇化的过程中解决。

城镇化过程中，也有两个问题需要研究。第一个问题，在城镇化的过程中，城市建设经费从哪儿来？这个问题一定要解决。现在遇到两大困难，一是土地财政路已经走到尽头了，再也没有地可卖了；二是要进行城镇化，地方债务问题不能再无止境地增加。无止境地增加只会造成将来更大的泡沫，城市也会破产的，美国汽车制造中心底特律现在已经财政破产了。

中国经济学界讨论发现，澳大利亚、新西兰的模式可供中国参考。

澳大利亚、新西兰是城镇化比较晚的发达国家，因为美国、西欧的发展都在 20 世纪初就已经初具城镇化的规模，但是澳大利亚和新西兰城镇的发展主要是在“二战”之后。

它们的方式是以城市为主体，发行公共建设投资基金券。公共建设投资基金券以具体项目为主，比如说城镇发展需要自来水厂，需要增设一个发电厂，要建立地下交通干线、修地铁，一个项目一个项目全部公开，这些基金券的利息比银行存款利息高、比国库券收益高，购买之后不仅仅有利息，将来如果好的话还可以分红，这就有吸引力。年年有新增的项目，有新发的公共投资基金券，资金就不断地进来。澳大利亚、新西兰甚至连廉租房都是采用这样的形式。这样的建设方式，可供中国参考。

另外，在这个过程当中，中国的城镇化一定要将新社区放在里面。社会主义新农村已经是城乡社会保障一体化了，已经改成社区了，前面就不要加“农村”，这就是城镇。原农村居民迁到这里去，不应感到跟城市有隔阂。

我们在湖北调查，发现农民即使迁到老城区、新城区，还是融入不到社会，特别是一些老人都不愿意去，因为不熟悉周围人。“就近城镇化”，新社区就是城镇的一部分，户口市民化，周围也都是熟人，老人也感觉到生活有乐趣了。

中国的城镇化，实际上是造城运动，就是将原来的农村改成新农村，然后改成新社区，再一部分改成新城镇，造城镇是中国城镇化的主要路径。

城镇化还有一个难题，就是怎样让城镇居民有房子可住。现在的政策是不行的。第一，现在城市土地招标只能抬高地价，不断地出现新“地王”，土地成本高了，房子将来的价钱就一定高。应当采用政府采购的方式来建房，就是在同等技术标准、质量的情况下，谁报价最低就采购谁的。一块地先有人大、政协代表参与定出最合理的价格，在上面要建设什么样标准的房子先公布，看谁报价最低。每一个企业就会考虑怎样降低成本，而不能够像现在这样，土地价格越炒越高。

而且，房地产政策应当是不限购，只限转卖。所有这些，都应该在城市化的过程中予以解决。此外，给穷人住的房子，不应该建得很远，应该就近建。楼可以高一些，但是要方便群众，城市住房问题才能解决。新社区发展起来之后，新社区就是城镇，这样的话新城镇将来也会发展起来。

国资改革：提高资源配置效率

国有资本最大的问题是配置不当，应向该发展的新兴产业进行大量的国有资本投入，不重要的或者是市场可以解决的、民营企业可以解决的，资有资本退出来，以实现国有资产的最优配置。

另一个层次是国有企业管理体制改革，国有企业应当成为自主经营的国有企业，控股问题由法人治理结构定了之后，它控股多少，相应的董事参与制定。在这个过程中，应该尽量避免一家独大，这样董事会就不是一个声音、一个面孔，就会有争论，而争论有利于效率提高。

国有企业成为真正独立自主的企业，中国的面貌就会改变。国有企业都是独立自主的企业，由法人治理结构来管理，这样中国的改革就会有进一步发展的希望。

在这个过程中，我们应该看到国有企业跟民营企业应当是竞争对手，同时也是合作伙伴。没有民营企业，光靠国有企业，不可能一枝独秀，“国进民退”“国退民进”，这些都不是我们的政策目标，我们的政策目标是双赢，双赢对国企、民营都一样，这才是我们的目标。我们应该看到这一点，在国际市场上，将来国内市场也一样，不分哪一个产品是中国国企的产品，哪一个产品是中国民营企业的产品，都是中国产品，都是中国制造，都是中国品牌。这样的话，国企、民企最后达到共赢的格局。

民企转型：首在产权意识

民营企业当前需要转型。第一，要有产权意识。产权意识对民营企业非常重要，要知道保护自己的产权，要知道民营企业靠产权清晰为主，如果你的产权糊里糊涂的，甚至你当初成立的时候，以各种当时的惯例、情况建成的企业，结果产权始终是不清的，未来就会产生隐患。产权清楚，才能保护自己的产权。民营企业在转型中，首先就是要产权清晰，产权要界定清楚。民营企业规模大的，同样应该健全法人治理结构，股东会、董事会、监事会、总经理，各得其所、各在其位。家族制在企业成立之初起过作用，因为家长往往是一个能人，家长具有凝聚力，但是这个时间不会太长，一旦企业走向正规之后，就应该健全法人治理结构，其中最大的问题也涉及接班人的问题。趋势上讲，亲属可以有股份，但不一定要选为接班人。接班人要有能力，能够保证企业按照法律法规来经营、来发展。

民营企业要重视自主创新，要重视产业升级。比如说产品设计、原材料的自主选择权、节能减排、节约原材料、营销方式等都可以有新的变化，还有管理的创新。任何企业都不要忘记自主创新和产业升级问题。

在这个方面，中国的民营企业转型要做到两点，第一，除了注意生产之外，还要注意营销，要注意产后的服务。只有生产、营销、产前产后服务做得更好，企业才有钱赚。第二是要抱团。在危机之后我们常说抱团过冬，这是对的，大家要抱团互助，资金的融通方面可以想办法内部协调。

但是现在出现了两个例子，这就是抱团走出去。一个例子是在西欧，中国企业家抱团出去，单个一家企业到冰岛去，人家不要，结果失败了。现在抱团了，好几十家企业一块去，准备投资，同意就全部留下，不要其中一家，就统统都走。第二个例子，中国汽车行业正在谈判，准备进入美国的底特律市场。底特律破产，财政负担很重，但是它有很好的厂房设备，还有一支很强的工程师队伍、设计师队伍。中国的汽车行业准备接管，把它们的设备、厂房全部买下来，把这里开发成中国汽车研发中心，那些工程师、设计师能够起作用的，可以恢复工作就地就业。

中国民营企业抱团出去，这是非常有用的，都是属于民营企业的转型。要破除传统的小业主意识，小业主意识有害于中国民营企业进一步发展。

中等收入陷阱：中国可避免

中等收入陷阱的概念，是世界银行2007年报告中提出来的。报告说，拉丁美洲如墨西哥、阿根廷、智利等国家，东南亚的马来西亚、菲律宾等国家，在中等收入的道路上前进时落入了中等收入陷阱，经济长期停滞不前，停留在中等收入阶段。

世界银行这个观点对吗？这是似是而非的观点，并没有充分的证据来说明这个问题。真正的陷阱在任何收入阶段都会有，而全世界最普遍的是低收入陷阱，很多国家人均GDP在1 000美元，顶多2 000美元上下就徘徊不前了。很多国家长期都在最贫穷国家之列。

过了中等收入陷阱，难道从此就一帆风顺了吗？不可能。一个很明显的例子就是希腊，高收入一样也会有陷阱。再如日本，人均GDP到4万美元时就长期停滞不前。

世界银行提出的这几个国家陷入中等收入陷阱，至少有三个原因。第一，存在着发展的制度陷阱。这些国家在前期发展的时候就应该解决的问题没有解决，如土地问题没有解决。当时拉丁美洲国家都是大地产制度，当初应该解决而因害怕没有解决，越到后来越难动，这就充分证明了改革阻力越拖就越大，拖的时间越长就越难改。

第二是社会危机陷阱。土地问题没有解决，贫富差距就难以解决。拉美国家无论是执政党还是在野党，都提出过办法，但是都不能得到大家的支持，因为大地主对无论哪一种方案都不同意，结果社会处于绝望的状态，就出现了“极左”派，他们提出将大地主的土地全部没收，这样一来就受到政府的镇压，但是他们还是提这样的口号，结果社会就乱了，地下组织、“极左”派等什么派都有，没有精力来发展经济，社会危机陷阱就此形成。

第三是技术陷阱。这些国家也知道技术不突破、不创新，没有办法使经济进一步发展，可是人才都外流了，拉丁美洲国家派到美国学习的，后来自己考取美国、英国大学的专家也不回来了。而且他们对于资本市场认识也不足，本来这些国家资本就先天不足、后天失调，而且老百姓的观念是旧的，仍然将房地产看作是第一财产，全部精力都投入到这里去了，技术创新谁都不感兴趣，也没有人搞了，这样就造成了中等收入陷阱。

中国不但要防止掉入中等收入陷阱，而且即使今后进入高收入阶段，也要防止出现停滞状态。中国现在的改革，包括土地的确权、收入分配制度改革、城镇化，还有国有企业改革、民营企业转型，都表明了中国完全可以避免陷入这种陷阱，包括今后进入高收入阶段，也可以避免。

《华盛顿邮报》2010 年 9 月份登了一篇很长的通讯报道，用了一个很吸引人的标题，叫“美国究竟应该害怕中国什么？”。文章说，害怕的不是中国 GDP 的增长，认为中国 GDP 的增长不必担心。文章从中关村谈起，中关村有一些咖啡店，其中一个咖啡店在北京大学南面不远。这个咖啡店有几十张桌子，每天都挤满了人，每张桌子都有三五个人在那儿喝咖啡，这些人是名牌大学的博士、博士后、年轻教员，还有就是科研单位的一些年轻研究人员，还有一些民营企业家，他们在那里喝咖啡，谈的是创意、创新、创业、专利这些东西。这让记者想起 30 年前比尔 · 盖茨跟乔布斯都是大学城咖啡店的座上客，中国这些力量不可阻挡。文章登出不久，德国《镜报》记者也发表文章，说在中国有这种咖啡店的不只是北京中关村，上海、西安都有，广东也有，只是没有被我们发现而已。这些代表了中国的希望，我们需要一个创新时代。创新的动力在广大年轻人中间。

《华盛顿邮报》给我们的启示，是说我们的政策、我们的改革都要逐步将民间的积极性调动起来。民间的积极性调动起来了，进入创新的高潮、创业的高潮，这就是中国真正的希望所在。

“十三五”规划和中国经济的下一程[1]

供给和需求两端乏力需要结构调整

第一个问题是供给和需求两端乏力和结构的调整。在经济学里面，需求调节是近期行为，因为当经济中出现了失业过多，或者通货膨胀的时候，就需要调节总需求，或者是抑制总需求，或者是刺激总需求，这是近期的调控行为，一般的国家都能做到。

供给方面的调节被认为是中期国民经济管理的任务，为什么是中期而不是近期呢？近期是调需求、中期是调供给，调供给主要涉及的问题就是结构调整。

这个结构调整一般从四个方面来表现：第一个调整是产业结构的调整。有一些产业已经落伍了，所以停滞了，但是它们还在消耗

---

① 本文系作者在 2015 中国“互联网 +”开放合作大会暨第三届中国智慧城市高峰论坛上的演讲。

原材料、消耗能源，如果不进行调整的话，供给方面的乏力是很难解决的。

第二个调整是区域经济的调整。因为区域经济的格局是多年以来形成的，一定是其中有些方面不利于今后经济的发展，或者贫富差距扩大影响了消费，所以区域方面的调整是中期的任务，也是供给方乏力的转变。

第三个调整是技术结构的调整。因为一个国家的技术结构是不一样的，每个国家都不同，可能适应当时的情况，比如说先进的居少数、中间状态的多，还有一些落后的，为了维持社会的稳定、不要让更多人失业，也就保存下来了，这种技术结构的调整是必要的。创新实际上就是突破，就是不能停止在原来的那种技术结构上面，所以这也是供给乏力的前提。

第四个调整是资本结构的调整。人类资本结构的调整，原来不被注意，后来逐渐受到重视。因为每个国家劳动力的数字情况是随着时代的发展而有所变化的，假如不在这方面调整，那很可能出现过去的人类资源枯竭、用完了的情况，因为当时是着重使用低成本的劳动力，现在不行了，现在必须有新的劳动力，所以，供给方面的调整归根结底就是结构调整，这就是我们讲的一定要加大结构调整的力度。

结构调整中的产业结构调整和创新首先是连在一起的，高新技术一定是要发展的，短板行业中，如果是高新技术的短板，那就要尽快把它发展起来，这是结构调整的重要问题。那原来的怎么办？原来已经落伍的怎么办？一定要有壮士断腕的决心，不下这个决心，最后它们也在消耗原材料，也在消耗能源等，就没有多少精力放在高新技术的发展方面来补短板。所以这个结构调整是重要的，是供给乏力的一个重要方面。

第二个调整，区域结构调整是为什么呢？我们前面讲需求调整，区域结构调整很大的一个问题是和人民的收入水平连在一起的，人民的收入水平提高了，总需求就大了，现在就涉及这个问题，总需求为什么上不去？就是区域结构调整慢了、没解决问题，所以在产业结构调整的同时，必须有区域结构的调整，这就是我们常说的要开放中西部，要全力消灭贫困线，这就涉及很多问题，关键问题是，中国的收入分配问题实际上是三种资本的均衡，在城乡的分配中是不变的，哪三种资本？物质资本、人力资本、社会资本，这就是经济学里常说的三种资本。

在三种资本中，城乡之间的差距很大。改革开放以前，城乡收入差别并不显著，改革开放以后城乡差距越来越大了。城里人的房子祖传的有产权，购买的商品房有产权，他需要投资进入市场，一抵押房子钱就到手了。农民在土地确权以前长期内没产权，祖传的房子也没产权，宅基地上自己盖的房子也没产权，没有产权不能抵押，所以物质资本的差别就存在，并且在不断扩大着。

人力资本也一样。教育资源的分配是不均衡的，城里的义务教育校舍好，老师质量好，设备齐全，学生能学到点东西；农村教育多年以来是受歧视的，人员经费少、房子破破烂烂，现在才改，师资队伍不行，学生自然也不行。十几年前我到贵州去考察的时候，还没有高速公路通到毕节，从贵阳到毕节的路走的是省道，两边的墙上都是刷的大字标语“读完初中外出打工”，读完初中才 15 岁，顶多 16 岁，就能到外面打工了？鼓励农村居民读完初中就去打工也不对，这就是人力资本的欠缺。所以城乡人力资本差距大，越来越大，因为城市学校越办越好。这方面现在才开始改。

社会资本呢？城里人如果想投资，他总有亲戚、亲戚的亲戚，总有朋友、朋友的朋友。农村里，特别是山沟里的农民，他只认得同乡出去打工的，就跟着一块走，没有社会资本。

物质资本农村不如城市，人力资本农村不如城市，社会资本农村不如城市。这就是当前造成区域差距很大的原因，所以这个结构调整实际上就包括了一系列措施，包括农村的土地确权，农村怎么把信用开放，允许农民有自己的产权证做抵押等。

第三个是技术调整。这个问题很大很难，它影响到社会的公众目标，社会的目标是稳定，不能裁员，这也对，因为中国这么大了，一定要安排出路，在没有安排出路的时候，宁肯用旧技术，不能用新技术。新技术的情况是不同的，在中国，经济结构的调整不完全是技术的问题，也不完全是一个科技创新的问题，它涉及人员安排的问题。

新的人口红利正在增加

第四个结构就是新劳动力，也就是第二个问题，人口红利。有个名词叫“海归”，海外留学的学生回来工作叫“海归”，现在有一个新名词叫“城归”，从农村出来到城市干了一段时间活，积累了一些技术和金钱回家创业去了，这就叫“城归”。“城归”的出现不是简单的，实际上意味着中国正在变化，过去的人口红利渐渐消失了，新的人口红利正在增加。

我走了几个地方，在贵州毕节考察了它的职业教育培训区，整个一个区全是中专、全是职业学校，毕节人学好职业技能后再外出打工，这样自己有本事了，钱也赚得多，而且你不出去，自己回来干小微企业也行，所以说新的人口红利正在增加。

我在浙江考察就发现浙江土地确权以后，田不是浙江人在种，土地已经确权了，他有更好的门路，他到城里去，他已经学了技术，自己开作坊、开商店去了，田总有人种的，租给安徽人种。

我的家乡是长江北岸江苏扬州市的仪征市，是个县级市，那里的田都很肥沃，过去是鱼米之乡，到了现在谁在种田？苏北来的人种的，本地人到外面干手艺去了，因为他会洗澡、搓背、修脚。所以不要紧，只要有人种就行，现在他们需要的是知识方面的培训。

很显然，中国结构方面的调整是很必要的，供给乏力需要结构调整，即使是需求的刺激、需求的抑制，也需要跟结构调整配合在一起。

这就是我在前文不断强调的四点：让产品更个性化，让服务更人性化，把品牌扩大到国外，把消费者留在国内。我们一定要争取做到这几点。

混合所有制企业走职业经理人的道路

第三个问题是混合所有制经济和职业经理人市场。国有企业分两类，一类是竞争性的行业，一类是非竞争性行业。非竞争性行业最重要的产业应当是国家控股，这个原则现在变了。现在，竞争性行业不应规定国有资本占多大比例，根据情况而定。那就是说不一定要控股了，而是根据情况而定。但是要建立完善的法人治理结构，完善的法人治理结构中重要的譬如说股东会要开、董事会要开、监事会要发挥作用，除此之外还有一条就是总经理是聘任的，实行任期制、责任制。

在中国的下一个阶段，混合所有制企业、民营企业都应该走职业经理人的道路。民营企业已经到了考虑下一代甚至第三代接班人的问题的时候了。产权没问题可以继承，但是高管问题中国从来都是两种观点在争论：一个是用人唯贤；一个是用人唯亲。这两个都遇到问题了，因为够贤的这个人可靠吗？跟我有什么其他关系吗？没有。这个人如果是亲的，他有本事吗？所以这个问题在民营企业也会遇到，民营企业最后终归要从家长制、家族经营制转到现代企业制度，这在“十三五”期间是要逐步推进的，就是民营企业的转型，这个同样需要职业经理人制度。为了提高我们企业的效率，需要这么做。

城镇化要以人为本

第四个问题是我们来展望一下未来，城镇化的任务是什么？城镇化的任务是以人为本。农民工的问题中，刚才讲过了“城归”那是好的，他已经有成就了，但是大多数不是这样的。我们在外面的调查是有 2.7 亿左右农民工，还不包括以下三种：一是留守妇女，大概 4 000 多万；二是留守儿童，大概 4 000 多万；三是留守老人，大概 4 000 万，三者加在一起约 1.2 亿，再加上农民工 2.7 亿，接近 4 亿人。这个问题大了。我在农村调查，包括在陕西、贵州，都反映一个问题，农民两地分居，家庭不稳，出了很多凶杀案，就是丈夫常年不在家，妻子被怀疑或者真的有外遇，结果男的回来一气之下把丈母娘全家都杀了。留守儿童的问题也有，留守老人没人管，同样有问题。所以城镇化一定要解决这个问题，把儿童和老人丢在农村肯定出问题。男的在外面打工又不回来，老是两地分居不出问题才怪呢，所以在城镇化的过程中要考虑这样的问题。以人为本，在这些方面都是需要做的。

支持文化产业促进经济和社会发展

第五个问题是大力发展文化产业，文化产业在中国是很有前途的。比如我们今天讲的新闻传播是文化产业，图书出版是文化产业，演出是文化产业，手工艺品是文化产业，很多文化产业正在发展，所以我们一定要大力发展。在文化产业的发展过程中，一定要注意文化产业有它的特殊性，它有两种效应：一个是经济效益，一个是社会效益。因为文化产品、文化演出的对象，如小说、剧本、演出等的对象是观众、是读者，宣传什么东西，这个宣传对社会上的人有什么样的影响，给青少年带来什么后果，都需要考虑在内。现在这方面的需求量越来越大，所以文化产业不能忘记文化的启蒙作用，文化起着传播知识和道德信念的作用，核心价值观通过文化产业能够更深入人心。这对中国的发展前途是有用的，我们可以想象在最近几年内文化产业将会有很大的发展。

以上我一共讲了五个问题，从供给、需求两方面发力调整结构，混合所有制和职业经理人的市场，新人口红利将会涌现出来，城镇化的任务，文化产业和文化的创新。

最后，我们要对今后做一个预测。“十三五”规划只管 5 年，但是肯定还有“十四五”规划、“十五五”规划，我们经济就在这样的变化中发展，互联网普及、进一步发展以后，会带来什么样的结果很难预料，也没有人能够预料到 10 年、15 年以后的情况，但是我们现在看见了苗头，就是就业问题，就业问题完全可以用新观念，什么新观念？就是就业者不需要上班，不需要用写字楼的办公室，他在自己家里，只要能够上网就行了，通过上网就找到了工作，取得了报酬，但不需要上班了，不需要上班，但可能一天工作 12 小时甚至还要多，他们的积极性起来了，这就是新的趋势。

15 年以后，甚至不用 15 年，你还能分得清谁是蓝领、谁是白领吗？分不出来了，因为大家都在使用计算机工作，他们自己也不知道，这个名词以后就淡化了，没人用了。还有人们的休闲采取什么方式很难说，老人的养老会出现什么样的新模式很难讲。所以，未来会怎么样，我们拭目以待。